EMMANUEL JUNGCLAUSSEN

# IN DEN SPUREN
# DER MEISTER

EMMANUEL JUNGCLAUSSEN

# IN DEN SPUREN DER MEISTER

## FRANZ VON ASSISI, JOHANNES TAULER, BENEDIKT VON NURSIA, HEINRICH SEUSE

HERDER
FREIBURG · BASEL · WIEN

Alle Rechte vorbehalten – Printed in Germany
© Verlag Herder Freiburg im Breisgau 1992
Herstellung: Freiburger Graphische Betriebe
ISBN 3-451-22807-6

# VORWORT

Immer wieder fragen suchende Menschen unserer Tage nach Führung und Geleit auf dem inneren Weg. Nicht selten sind es Meister aus dem außerchristlichen asiatischen Bereich, die eine solche Führung und ein solches Geleit anbieten, seien es lebende oder auch schon verstorbene Meister, deren Schriften und exemplarisches Leben die entsprechende Faszination ausüben.

Nicht selten aber hilft die Begegnung mit solchen Meistern, die christlichen Meister der Vergangenheit neu zu entdecken. Aus einer solchen geistlichen wie auch geographischen „Morgenlandfahrt" erwuchs die in diesem Band vereinigte Auswahl von Texten aus Johannes Tauler („Der Meister in dir", 1975), aus Franz von Assisi („Beten mit Franz von Assisi", 1976) und aus der Regel des hl. Benedikt („Worte der Weisung", 1980). In einem Nachtrag versuche ich – mehr biographisch – meine innere Begegnung mit Heinrich Seuse darzustellen, um auf diese Weise das Geleit eines christlichen Meisters zu verdeutlichen („Ein stiller Begleiter – der selige Heinrich Seuse", in: „Gottes Freunde – unsere Freunde", Herderbücherei 1250, 1986).

Die einzelnen Bändchen haben im Laufe der Jahre eine zahlreiche Leserschaft gefunden und daher mehrere Auflagen erlebt. Um der anhaltenden Nachfrage gerecht zu werden, sollen sie nun – zu einem Band vereinigt – erneut ihren Weg zum Leser antreten.

Der Auswahl aus den Predigten Johannes Taulers lag deren neuhochdeutsche Übertragung von Georg Hofmann zugrunde, Freiburg 1961 (jetzt im Johannes-Verlag). Meine Übertragung der Gebete des hl. Franziskus stützt sich weithin auf den Text der kritischen Ausgabe von Kajetan Esser („Die Opuscula des hl. Franziskus von Assisi", Rom 1976). Dankbar wurden auch die „Franziskanischen Quellenschriften" (QuSchr), Coelde-Verlag, benutzt.

Mögen wir „in den Spuren der Meister" lernen, den Fußspuren Christi zu folgen, wozu uns gerade Franz von Assisi immer wieder ermutigt.

Niederaltaich, im Februar 1992

*Emmanuel Jungclaussen*

# INHALT

### III. Beten in der Nachfolge des heiligen Franz von Assisi

### Zweiter Teil
### Der Meister in dir

## Dritter Teil
### Worte der Weisung

Die Regel des heiligen Benedikt
als Einführung in das geistliche Leben

## Nachtrag
## *Ein stiller Begleiter*

# ERSTER TEIL

# BETEN
# MIT FRANZ VON ASSISI

# EINFÜHRUNG

## DIE STUNDE DES HEILIGEN
## FRANZ VON ASSISI

Die Kennzeichnung des heiligen Franz von Assisi als „Engel des sechsten Siegels" ist wohl der großartigste Versuch, seine universale, um nicht zu sagen: heilsgeschichtliche Bedeutung in einem biblischen Bild einzufangen. Dieser Versuch geht besonders auf Bonaventura (1217–1274) zurück, der dieses Bild in seinem Werk mehrfach bringt, und zwar im Anschluß an das 7. Kapitel der Geheimen Offenbarung. Dort wird bekanntlich nach der sechsten Plage (Öffnung des sechsten Siegels) eine Zwischenszene eingefügt: Vier Engel stehen an den vier Enden der Erde und schaffen eine „große Stille", indem sie die vier Winde festhalten. In diesem Augenblick nun steigt „ein anderer Engel" auf, von Sonnenaufgang her, „mit dem Siegel des lebendigen Gottes". Er gebietet den Plagen Einhalt, bis die Knechte Gottes mit dem Siegel Gottes gesiegelt sind, ihrer 144000 an der Zahl.

Die Übertragung dieser Stelle auf die Person des heiligen Franz wurde offenbar durch zwei Gegebenheiten seines Lebens ausgelöst: einmal durch die Tatsache, daß Franz selber seine Briefe mit dem Zeichen tau „T" zu unterschreiben pflegte, und dies wohl in Anknüpfung an den Propheten Ezechiel (9, 4), wo jene, die in Jerusalem gerettet werden sollten, mit diesem Zeichen bezeichnet werden. Da Ez 9, 4 seit alters mit Offb 7, 2 in Verbindung gebracht wurde, ergab sich hier bereits eine erste Linie, die zu dieser Ausdeutung der Franziskus-Gestalt führen konnte. Bedeutsamer noch wurde ein anderes Ereignis: die Stigmatisation. Dieser Vorgang stand als etwas Einzigartiges da und verlangte nach einer Deutung. Sie bot sich von Offb 7, 2 her an: War nicht wirklich das Zeichen des lebendigen Gottes, die Gestalt des Gekreuzigten, dem Leib des Heiligen aufgeprägt worden? Bekam nicht von hierher das Bild der Apokalypse erst seinen Sinn? Franziskus ist aber nicht nur selbst Träger des Gotteszeichens der Stigmata, sondern hat auch an der Funktion des apokalyptischen Siegelengels teil, nämlich die Berufenen der Endzeit zu siegeln. Kurz zusammengefaßt, läßt sich die geistliche Franziskus-

Schau des heiligen Bonaventura nach Offb 7 wie folgt wiedergeben:

Mit Franziskus ist die Situation der Ruhe vor dem letzten Sturm eingetreten. Franziskus ist der apokalyptische Siegelengel, von dem das endzeitliche Gottesvolk der 144 000 Gesiegelten abstammen soll. Dieses endzeitliche Gottesvolk ist eine Gemeinschaft *kontemplativer* Menschen, in der die Lebensform des heiligen Franz zur allgemeinen Lebensform wird. Ihm wird es beschieden sein, auf dieser Welt die „Ruhe" und den „Frieden" des siebenten Tages zu genießen, die der Wiederkunft des Herrn vorausgehen. Wenn dieses neue Gottesvolk demnach auch mit Recht als franziskanisch bezeichnet werden kann, ja wenn gesagt werden muß, daß sich erst in ihm das eigentliche Anliegen des Armen von Assisi erfüllt, so ist es doch mit dem gegenwärtigen Franziskanerorden nicht identisch. Franziskaner (und nach Bonaventura auch Dominikaner) stehen gemeinsam an der *Schwelle* der neuen Zeit, die sie vorbereiten, ohne sie selbst schon bringen zu können. Wenn aber diese Zeit kommt, wird sie eine Zeit der Kontemplation, eine Zeit des erfüllten Verständnisses der Schrift und insofern eine Zeit des Heiligen

Geistes sein, der einführt in alle Wahrheit Jesu Christi. (Vgl. zum Ganzen: J. Ratzinger, Die Geschichtstheologie des heiligen Bonaventura, München 1954.)

Diese endzeitliche Betrachtungsweise Bonaventuras scheint der Bedeutung des heiligen Franz für unsere Zeit ganz besonders zu entsprechen. Die „Kirche der Armen", die Franz und seine ersten Gefährten im Anschluß an das Evangelium gelebt haben, gehört zu den großen Themen einer sich erneuernden, das heißt sich auf ihren Ursprung besinnenden Kirche der Gegenwart. Als solch eine Kirche der Armen ist sie freilich in ihrer Dringlichkeit, ja Lebensnotwendigkeit innerhalb einer Gesellschaft, die voll Bestürzung der Grenzen des Wachstums inne wird, noch keineswegs erkannt. Noch weniger erkannt aber ist, daß Armut zuerst und zuinnerst „Armut im Geiste" meint im Sinne der Bergpredigt. Diese Armut im Geiste wird bei Franz von Assisi auch Einfachheit oder „reine Einfalt" genannt; sie ist mit der wahren Weisheit verschwistert, aus der die Kontemplation, die Beschauung, das verkostende Erfahren Gottes hervorgeht. Gerade nach solcher Weisheit, dem inneren Erfahren der letzten Wirklichkeit – Gott – wird heute

15

mehr verlangt, als es zunächst den Anschein hat, und zwar aus der tiefen Ahnung heraus, daß nur solches Erfahren – auch in Gemeinschaft – die Menschheit, die sich von apokalyptischen Zeichen mehr denn je umgeben sieht, wird überleben lassen.

Mag dieses ahnende Verlangen nach Weisheit sich zunächst auch zum Beispiel nur als Wunsch nach „Bewußtseinserweiterung durch Meditation", als Interesse für Esoterik oder in den verschiedenen Versuchen um die Form „neuer Religiosität" darstellen, so liegt gerade darin eine ernste Anfrage, was denn das Eigentümliche der christlichen Weisheit im Sinne des heiligen Franz sei. Eines wird man sagen müssen: Äußeres wie inneres Armsein meint – in einem umfassenden Sinn – nichts anderes als Freiheit zur Kontemplation. Diese freilich in strenger Christusbezogenheit.

So trägt denn auch das urfranziskanische Leben ein sehr viel stärker kontemplatives oder, wenn man so will, meditatives Gepräge, als man sich dessen gemeinhin bewußt ist. Franziskus selbst schwankte zeitweilig, ob er sich nicht ausschließlich dem Gebet, der Beschauung widmen sollte, und von den ersten Gefährten des heiligen Franz haben sich einige

nach einer gewissen Zeit des Wanderaposto-
lates gänzlich zu einem Leben des Gebetes,
der Kontemplation zurückgezogen, unter
ihnen Bruder Ägidius, der „Bruder der höchsten Beschauung", auf dessen Zeugnis später
noch eingegangen wird. Es handelt sich dabei
um eine Lebensform, die in der Frühzeit der
franziskanischen Bewegung als legitime Möglichkeit neben der apostolischen Tätigkeit erkannt wurde, zumindest mit dieser wechsel-
weise harmonisch verbunden war und von ihr
nicht erdrückt werden durfte. Diese Kontemplation wird nun in der Schau des heiligen
Bonaventura zur Lebensform des Gottesvolkes
der Zukunft schlechthin.

Für Menschen einer Kirche und Gesellschaft,
die – abgekürzt gesprochen – vor der Alter-
native steht: „Konsum oder Kontemplation"
(wobei sich „Konsum" unter Umständen bis
auf „Information" erstrecken kann), soll nun
im folgenden der Weise der Kontemplation
bzw. den Formen des Betens im Leben des heiligen Franz anhand der Quellen nachgegangen
werden, um daraus für einen Nachvollzug in
unserer Zeit zu lernen. Diese unsere Zeit soll
damit gleichsam der Hut des „Engels des sechsten Siegels" anheimgegeben werden und da-

mit auch der Verheißung und der Erfahrung des wahren Friedens, den Franziskus stets als erstes allen Menschen wünschte.

Ferner sollen die uns wörtlich überlieferten und als authentisch geltenden Gebete des heiligen Franz zum rechten Gebrauch für die Weisheit Suchenden unserer Tage erschlossen werden. Schließlich kommen noch die ersten Zeugen eines kontemplativen Lebens in der Nachfolge des heiligen Franziskus zu Wort, um zu zeigen, wie der kontemplative Impuls, der von Franz ausging, sich in seiner „Urgemeinde" verwirklicht hat, in der sich gleichzeitig die Umrisse der Lebensform des kommenden Gottesvolkes im Sinne des heiligen Bonaventura abzeichnen.

18

# I

## Franz von Assisi im Gebet

## 1. DIE BERICHTE

Als erstes bringen wir fünf zusammenfassende Berichte über das Beten des heiligen Franz, wie sie uns die frühesten Quellen bieten und die die Grundlage für die weiteren Untersuchungen bilden. Zunächst aus der ersten Lebensbeschreibung des Thomas von Celano (gest. um 1260), die wohl schon 1228, also zwei Jahre nach dem Tod des heiligen Franz, abgeschlossen vorlag und von Papst Gregor IX. gutgeheißen wurde.

*Der Gottesmann Franziskus war belehrt worden, nicht das Seine zu suchen, sondern das, was in seinen Augen vor allem das Heil des Nächsten förderte. Über alles jedoch hegte er den Wunsch, aufgelöst zu werden und bei Christus zu sein. Daher ging sein höchstes Streben dahin, von allem, was in der Welt ist, losgeschält zu sein, damit die heitere Ruhe seines Geistes auch nicht eine Stunde lang durch Berührung mit etwas, was nur Staub ist, gestört werde. Gegen jeden*

*Lärm von außen machte er sich unempfindlich,
zügelte mit ganzer innerster Kraft und überall
seine äußeren Sinne, beherrschte seine Gemüts-
bewegungen, um für Gott allein frei zu sein. In
Felsenklüften nistete er und in Steinhöhlen war
sein Aufenthalt. In wahrhaft seliger Andacht
verkehrte er in den himmlischen Wohnungen
und er, der sich ganz entäußert hatte, ruhte desto
länger in den Wunden des Erlösers. Er wählte
deshalb häufig einsame Orte, um sein Sinnen
ganz auf Gott richten zu können; doch verdroß
es ihn nicht, wenn er einen günstigen Zeitpunkt
gekommen sah, sich mit Geschäften zu befassen
und sich mit Freuden dem Heile des Nächsten zu
widmen. – Sein sicherster Hafen war das Gebet.
Dieses aber dauerte nicht nur einen kurzen Augenblick, war nicht eitel oder vermessen, sondern
währte lange Zeit, war voll Hingabe und wohlgefällig ob der Demut; wenn er am Abend mit
dem Gebete begann, konnte er es kaum am Morgen beschließen. Beim Gehen und Sitzen, beim
Essen und Trinken war er dem Gebete hingegeben.
In verlassenen und einsamen Kirchen brachte er
oft allein die Nacht im Gebete zu, und hier über-
wand er unter dem Schutz der göttlichen Gnade
viele Schrecknisse und viele Beängstigungen der
Seele* (QuSchr V, 136 f.).

Der nun folgende zweite Bericht entstammt der zweiten Lebensbeschreibung des Thomas von Celano, die eine Ergänzung zur ersten sein will, wie auch in diesem Bericht deutlich wird. Diese Lebensbeschreibung ist zwischen August 1246 und Mai 1247, also zwanzig Jahre nach dem Tod des heiligen Franz, abgefaßt worden. Beide Lebensbeschreibungen des Thomas von Celano bilden übrigens – nächst den Schriften des heiligen Franz selbst – die wichtigste Quelle für die Geschichte seines Lebens und die seines jungen Ordens.

*Von den Großtaten seiner Gebete möchte ich nun, soweit wir sie mit unseren Augen gesehen haben und soweit es möglich ist, sie dem menschlichen Ohr zu übermitteln, einiges wenige der Nachwelt zur Nachahmung berichten. Zu heiliger Muße, in der er die Weisheit in sein Herz schrieb, machte er seine ganze Zeit, um keinen Verlust zu erleiden, wenn er nicht immer Fortschritte machte. Wenn Besuche von Weltleuten oder irgendwelche Geschäfte dazwischenkamen, so brach er sie lieber ab, als daß er sie beendete, um gleich wieder in sein Innerstes zurückkehren zu können. Ihm, der von himmlischer Süßigkeit kostete, war die Welt unschmackhaft, und die Wonnen, die er in Gott fand, hatten ihn für die grobschlächtigen Freuden der Menschen zu fein gemacht.*

21

Immer suchte er einen verborgenen Ort auf, wo er nicht nur mit seinem Geist, sondern auch mit allen seinen Gliedern auf Gott hingerichtet sein konnte. Wenn er plötzlich in der Öffentlichkeit ergriffen und vom Herrn heimgesucht wurde, machte er sich aus seinem Mantel eine kleine Zelle, um nicht ohne Zelle zu sein. Manchmal, wenn er keinen Mantel bei sich hatte, bedeckte er wenigstens mit dem Ärmel das Gesicht, um das verborgene Manna nicht preiszugeben. Immer wußte er etwas zwischen sich und die Umstehenden zu stellen, damit sie nicht seine Berührung mit dem Bräutigam merkten. So konnte er sogar in dem engen Raume eines Schiffes inmitten vieler Leute ungesehen beten. Wenn er schließlich gar nichts von dem tun konnte, machte er aus seinem Herzen einen Tempel. Seine Entrückung nahm Schluchzen und Seufzen, sein Aufgesogensein in Gott keuchendes Atemholen und äußeres Mienenspiel weg.

So war es zu Hause. Wenn er aber in Wäldern und einsamen Orten betete, erfüllte er das Gehölz mit Seufzen, netzte den Boden mit Tränen, schlug sich mit der Hand die Brust. Gleich als hätte er dort eine noch verborgenere Geheimkammer gefunden, sprach er oft in lautem Zwiegespräch mit seinem Herrn. Dort stand er Rede und Ant-

*wort seinem Richter, dort flehte er zum Vater,*
*dort besprach er sich mit dem Freunde, dort*
*spielte er mit dem Bräutigam. Ja wirklich, um*
*alle Fasern seines Herzens auf vielfache Weise*
*zu einem Ganzopfer zu machen, stellte er sich*
*den höchst Einfachen in vielfacher Gestalt vor*
*Augen. Oft betete er, ohne die Lippen zu bewe-*
*gen, in seinem Innern. Alles Äußere wußte er*
*nach innen zu kehren, um dann seinen Geist da-*
*von ab- und nach oben zu lenken. All sein*
*geistiges Schauen und sein ganzes Gemüt richtete*
*er so einzig und allein auf das Eine hin, das er*
*vom Herrn begehrte. Der ganze Mensch war*
*nicht so sehr Beter als vielmehr selbst Gebet*
*geworden* (QuSchr V, 316 f.).

Der dritte Bericht ist dem 10. Kapitel des sogenannten „Großen Franziskus-Lebens" des heiligen Bonaventura (1217–1274) entnommen. Es wurde im Jahre
1262 niedergeschrieben und galt lange Zeit als die
offizielle Franziskus-Biographie. Der heilige Bonaventura ordnet und strafft den in vielfacher Weise überlieferten Stoff, von dem vieles sich auch bei Thomas
von Celano findet.

*Das kirchliche Stundengebet pflegte der Heilige*
*mit ebenso großer Ehrfurcht wie Andacht dem*
*Herrn darzubringen. Denn obschon er an Augen,*

*Magen, Milz und Leber krankte, wollte er sich dennoch nicht beim Psallieren an der Mauer oder Wand anlehnen; vielmehr verrichtete er seine Gebetsstunden stets aufrecht stehend und mit zurückgeschlagener Kapuze, ohne mit den Augen umherzuschweifen und ohne irgendwie Silben zu verschlucken. War er auf Reisen, so machte er dann halt; diese heilige ehrfürchtige Gewohnheit unterließ er auch bei strömendem Regen nicht. Er pflegte nämlich zu sagen: „Wenn der Leib seine Nahrung in Ruhe zu sich nimmt, obwohl er mit ihr einmal den Würmern zum Fraße dient, mit welchem Frieden und welcher Ruhe muß dann die Seele die Nahrung des Lebens zu sich nehmen?"*

*Er erachtete es als schwere Verfehlung, wenn er einmal beim Gebet sein Herz eitlen Phantasiebildern nachgehen ließ. Widerfuhr es ihm dennoch zuweilen, beichtete er recht bald, um seine Verfehlung sogleich zu sühnen. Diese Gewohnheit war ihm so zur zweiten Natur geworden, daß er nur selten unter solchen „Fliegen" zu leiden hatte.*

*Einst hatte er in der vierzigtägigen Fastenzeit ein Gefäß gemacht, um auch die kleinsten Augenblicke nicht ungenützt zu lassen. Weil es ihm aber beim Beten der Terz ins Gedächtnis kam und seinen Geist kurze Zeit abgelenkt hatte, verbrannte er in heiligem Eifer das Gefäß mit den Worten: „Dem Herrn will ich es opfern, dessen Opfer es gestört hat."*

*Beim Beten der Psalmen waren sein Geist und sein Herz so bei der Andacht, als schaute er den Herrn gegenwärtig. Kam in ihnen der Name des Herrn vor, dann schien er vor Wonne und Köstlichkeit die Lippen zu lecken.*

*Den Namen des Herrn wollte er besonders geachtet wissen, nicht allein, wenn man daran dachte, sondern auch wenn man ihn aussprach oder geschrieben fand. Darum riet er einst seinen Brüdern, sie sollten, wenn sie irgendwo beschriebene Zettel fänden, diese auflesen und sie an einen sauberen Ort bringen, damit nicht der heilige Name, wenn er sich vielleicht darauf finde, mit Füßen getreten werde.*

*Wenn er den Namen Jesu aussprach oder hörte, erfüllte Jubel sein Herz. Dann schien er äußerlich ein anderer zu sein, als ob ein köstlicher Wohlgeschmack seinen Mund oder eine wundersame Melodie sein Ohr berührt hätte* (QuSchr VII, 343 f.).

Aus den etwa zwischen 1322 und 1328 entstandenen „Fioretti“, den berühmten „Blümelein des heiligen Franz“, entstammt der folgende kurze, vierte Bericht, und zwar aus dem 2. Kapitel „Von der Berufung des Bruder Bernardus“. Er bringt als Ergänzung eine bestimmte Gebetsweise des Heiligen, ähnlich wie der sich daran anschließende fünfte Bericht aus der ersten Lebensbeschreibung des Celanesen. Die „Fioretti“, die erst hundert Jahre nach dem Tode des heiligen Franz niedergeschrieben wurden, bilden im übrigen für viele Franziskus-Verehrer leider oft die einzige Quelle ihrer Kenntnis des heiligen Franz. Sie liegen in vielfacher Übersetzung vor und haben die älteren Quellen zum Teil nicht voll zur Geltung kommen lassen.

Der vierte Bericht:
*Da aber der heilige Franz, der die Geheimnisse Gottes getreulich zu verbergen suchte, vermeinte, der Herr Bernardus liege im tiefen Schlafe, stand er im tiefen Schweigen der Nacht von seinem Lager auf. Er erhob sein Antlitz gen Himmel, und mit gleichfalls zu Gott erhobenen Händen und Augen betete er mit ganzer Sammlung und Hingabe voller Glut, indem er sprach: „Mein Gott und mein alles.“ Diese Worte brachte er mit vielen Tränen vor Gott und verweilte dabei mit solcher Andacht, daß er bis zum Morgen*

nichts anderes sprach als: „Mein Gott und
mein alles."
Bei diesen Worten betrachtete der heilige Franz
voll Bewunderung die Größe Gottes, die sich der
bedrängten Welt zuzuneigen schien, um durch
seinen Sohn für das Heil der Armen Sorge zu
tragen. Vom prophetischen Geist erleuchtet, sah
er die Großtaten voraus, die Gott durch seinen
Orden geschehen lassen werde. Im gleichen Geiste
erkannte er aber auch sein eigenes Ungenügen
und Unvermögen, und darum rief er den Herrn
an, auf daß Gott selbst, ohne den ja die
menschliche Schwachheit nichts vermag, voll-
ende, was er – Franz – nicht vermöge. Deshalb
sprach er: „Mein Gott und mein alles!"

Der fünfte Bericht:
Der selige Vater Franziskus wurde jeden Tag
mit Tröstung und Gnade des Heiligen Geistes erfüllt. Mit aller Wachsamkeit und Besorgnis
unterwies er die neuen Söhne durch neue Lehren, indem er sie den Weg der heiligen Armut
und seligen Einfalt unbeirrten Schrittes gehen
lehrte. Eines Tages aber, als er das Erbarmen
Gottes in den ihm erwiesenen Wohltaten bewun-
derte und wünschte, daß ihm vom Herrn ge-
offenbart werde, wie sein und seiner Brüder

*Wandel sich fernerhin gestalten solle, suchte er einen Ort des Gebetes auf, wie er sehr oft zu tun pflegte. Als er dort lange Zeit, mit Furcht und Zittern vor dem Beherrscher des ganzen Erdkreises stehend, verharrte und in Bitterkeit der Seele die schlecht verbrachten Jahre überdachte, wiederholte er immer wieder das Wort: „Gott, sei mir Sünder gnädig." Da begann unsagbare Freude und höchste Wonne sich nach und nach in das Innerste seines Herzens zu ergießen. Auch ward er allmählich ganz verändert; der Gemütssturm legte sich, die Finsternis wich, die infolge von Sündenangst sich über sein Herz gebreitet hatte, es wurde ihm die Gewißheit zuteil, alle seine Sünden seien ihm vergeben, und die Zuversicht in ihm erweckt, wieder zu Gnaden zu kommen. Alsdann geriet er in Verzückung und wurde ganz in Lichtflut eingetaucht. Die Kraft seines Geistes weitete sich, und er sah in hellem Lichte, was die Zukunft bringen werde. Als endlich jene Wonne mit dem Lichte entschwand, schien er geistig erneuert, schon in einen anderen Menschen umgewandelt* (QuSchr V, 88 f.).

## 2. DIE GRUNDÜBUNGEN

Wenn man die vorausgegangenen Berichte un-
befangen liest, hat man zunächst den Eindruck,
daß sie das Eigentliche vom Beten des heiligen
Franz mehr verbergen als offenbar machen.
Dennoch soll versucht werden, einige Grund-
vollzüge und Grundübungen deutlich werden
zu lassen.

Die erste Grundübung ist ein bewußtes Sich-
zurückziehen zum Gebet, und zwar zunächst
äußerlich: in Wälder, in „Felsenklüfte" und
„Steinhöhlen", in verlassene und einsame Kirchen, vor allem des Nachts; dann aber auch
innerlich: der wie auch immer gearteten äußeren „Zelle" entspricht der „Tempel des Herzens", die „verborgene Geheimkammer". Das
verborgene Alleinsein zielt auf das Schweigen
des Geistes. Hier steht Franz ganz und gar in
der Überlieferung des alten Eremitentums, sowohl in der Wahl der äußeren Bedingungen
für sein Beten, wofür übrigens auch seine kleine
„Regel für die Einsiedeleien" Zeugnis ablegt
(QuSchr I, 90), als auch in der Art des Sich-nach-
Innen-Wendens (in jener Geisteshaltung, wie
sie zu Beginn des ersten Berichtes beschrieben
ist). Das alles aber nicht als gelegentliche kurze

Stimmungssache, sondern als langanhaltende, regelmäßig gepflegte Übung des Sichabschirmens von zerstreuenden Einflüssen und des In-sich-Gehens. Am eindrucksvollsten ist uns das in Kap. 55–57 der „Fioretti" für die Zeit vom 15. August bis zum 30. September 1224 auf La Verna beschrieben, in der sich auch seine Stigmatisation ereignete.

Die zweite Grundübung ist die Leibhaftigkeit seines Betens, und zwar in einem doppelten Sinn: 1. als Übung des Leibes, 2. als Bildbezogenheit.

1. Die Leibhaftigkeit seines Betens beginnt schon mit der Wahl der obengenannten Stätten. Sie äußert sich ferner in bestimmten Körperhaltungen und Bewegungen, in denen sein Beten sich ausdrückt. Schließlich gehört auch die von ihm häufig und regelmäßig gepflegte Übung des Fastens unabdingbar zur Leibhaftigkeit seines Betens. Sie ist gleichsam das Gegenstück zu dem von ihm und auch von den Brüdern in den Einsiedeleien (auch in Portiuncula) streng beobachteten Stillschweigen.

2. Die Leibhaftigkeit seines Betens als Bildbezug hat eine doppelte Gestalt: a) als Beziehung zum Officium, b) als Beziehung zur Natur.

a) Officium meint hier nicht nur das kirchliche Stundengebet, von dem der heilige Bonaventura in seinem dritten Bericht spricht, sondern meint auch die heilige Messe, also das, was wir heute zusammenfassend die Liturgie, den öffentlichen Kult der Kirche nennen. Dieser prägt in der Tat ganz entscheidend das Beten des heiligen Franz. Die von ihm verfaßten Gebete sind bis auf wenige Ausnahmen aus Schrifttexten zusammengesetzt, die zumeist in der Liturgie vorkommen.

Oder aber die Gebete sind Nachklänge liturgischer Texte, wie zum Beispiel das Gebet aus dem Testament oder auch der Lobpreis der Gottesmutter, der in seiner poetischen Bildhaftigkeit sogar in den byzantinischen Einflußbereich verweist, wie übrigens auch die sakrale Malerei zu Franziskus' Zeiten (vgl. die zahlreichen Beispiele bei Nigg-Schneiders). Am stärksten ist diese Verwurzelung des Betens des heiligen Franz im liturgischen Schriftgebrauch bei seinen Christus-Psalmen zu spüren. Diese reihen einfach Verse des zu jener Zeit weithin auswendig gewußten Psalters aneinander, um darin das Bild des menschgewordenen, leidenden und triumphierenden Christus erstehen zu lassen. Freilich ist die

31

Auswahl dieser Aneinanderreihung ganz und gar bestimmt von der persönlichen, oft sehr spontanen Frömmigkeit des heiligen Franz, der sich nicht scheut, an den Texten kleine Veränderungen und Zusätze vorzunehmen, um seinem Bezug zum Christus-Bild und damit zum Christus-Geheimnis Ausdruck zu verleihen. Der betrachtende Umgang mit diesem aus dem liturgischen Schriftgebrauch gewonnenen Christus-Bild, zu dem Franz unter Umständen schon durch das einfache – vom Gebet begleitete – Aufschlagen des Evangeliums im Meßbuch in Beziehung tritt, vollendet sich für ihn im Sakrament des Leibes Christi, das heißt in der Schau der Gestalten von Brot und Wein. Darum wird Franz auch nicht müde, immer wieder und in jeder Weise zur größten Ehrfurcht gegenüber diesem Sakrament zu ermahnen. Ein eindrucksvoller Hinweis auf die Bildhaftigkeit des Betens des Heiligen ist übrigens auch die Krippenfeier zu Greccio (vgl. Nigg-Schneiders, Nr. 44 f.).

Schließlich wird Franz von Assisi in seinem Beten so sehr eins mit dem Bilde Christi, daß zwei Jahre vor seinem Tode zu La Verna die Wundmale des Gekreuzigten an ihm leibhaftig offenbar werden (vgl. Nigg-Schneiders, Nr. 53,

56). Aber immer weist das Bild Christi als des menschgewordenen Wortes des Vaters über sich hinaus in die Weite und Bildlosigkeit des einen und dreifaltigen Gottes, wie es gerade der nach der Stigmatisation verfaßte „Lobpreis Gottes von La Verna" für Bruder Leo erkennen läßt und wie es später ein seliger Johannes von La Verna erfahren wird, wenn er in den Abgrund Gottes entrückt wird.

b) Ähnliches gilt auch von jenem anderen Bildbezug, der das leibhafte Beten des heiligen Franz ausmacht, nämlich dem zur Natur. Von ihm schreibt Thomas von Celano (II, 165): „Obwohl er die Welt als den Verbannungsort unserer Pilgerschaft zu verlassen eilte, hatte er doch, dieser glückliche Wanderer, seine Freude an den Dingen, die in der Welt sind, und nicht einmal wenig. Gegen den Fürsten der Finsternis gebrauchte er die Welt als Kampfplatz und Gott gegenüber als klaren Spiegel seiner Güte. In jedem Kunstwerk lobte er den Künstler; was er in der geschaffenen Welt fand, führte er zurück auf den Schöpfer. Er frohlockte in allen Werken der Hände des Herrn, und durch das, was sich seinem Auge an Lieblichem bot, schaute er hindurch auf den lebenspendenden Urgrund der Dinge. Er erkannte

im Schönen den Schönsten selbst; alles Gute
rief ihm zu: Der uns erschaffen, ist der Beste!
Auf den Spuren, die den Dingen eingeprägt
sind, folgte er überall dem Geliebten nach und
machte alles zu einer Leiter, um auf ihr zu
seinem Thron zu gelangen.
Mit unerhörter Hingebung und Liebe umfaßte
er alle Dinge, redete zu ihnen vom Herrn und
forderte sie auf zu seinem Lobe . . . Mit dem
Namen ‚Bruder' rief er alle Lebewesen, wenn
er auch von allen Tieren die zahmen bevorzugt liebte. Wer könnte hinreichend alles
aufzählen? Jene Urgüte, die einst alles in
allem sein wird, erhellte ja diesem Heiligen
schon hienieden alles in allem" (QuSchr V,
380 f.).
Diese von Thomas von Celano beschriebene
Erfahrung findet bei Franz ihren ersten Niederschlag in der „Ermahnung zum Lobe Gottes" –
wiederum ganz aus Schriftstellen zusammengesetzt. Gegen Ende seines Lebens, 1225/26,
aber gewinnt sie dann ihren vollendeten dichterischen Ausdruck in dem berühmten „Sonnenlied".
Vom leibhaftigen Beten im Bildbezug gilt sowohl im Hinblick auf die Menschheit Jesu
Christi wie in ähnlicher Weise auch im Hin-

blick auf die Natur das, was der Celanese im zweiten Bericht sagt: „Um alle Fasern seines Herzens auf vielfache Weise zu einem Ganzopfer zu machen, stellte er sich den höchst Einfachen in vielfacher Gestalt vor Augen. – All sein geistiges Schauen und sein ganzes Gemüt richtete er so einzig und allein auf das eine hin, das er vom Herrn begehrte."

In diesen Worten werden noch zwei weitere Grundübungen erkennbar: einmal die Übung des Sichsammelns, der *Konzentration*, und zwar verbunden mit dem inneren Erglühen und Entbrennen, die charakteristisch sind für den franziskanischen Weg zur Beschauung, wie die späteren Zeugen noch zeigen werden. Es ist das „Begehren des Einen", wie Thomas von Celano sagt; zum anderen – damit verbunden – ist es die Übung der fortschreitenden *Vereinfachung* der Gebetsformen mit dem Ziel, eins zu werden mit dem Einen und zugleich Drei-Einen. Alle Übung und jedes Bild müssen dem Sichfestlegen, dem konzentrischen Sichsammeln des sonst üblicherweise umherschweifenden und Zerstreuung suchenden Geistes dienen, wie es auch der dritte Bericht vom heiligen Bonaventura zeigt. Konzentration und Vereinfachung auf das Eine hin aber bedeuten die *Steigerung* der inneren Intensität, des Erglühens und Entbrennens, des Eifers für Gott, dem Franz in Kap. 22–23 seiner ersten, der sogenannten nicht bestätigten Regel in beschwörenden Worten Ausdruck verleiht: „Vielmehr bitte ich in der heiligen Liebe, die Gott ist, alle Brüder, die Oberen und auch die anderen, alle Hindernisse zu beseitigen und alle Sorgen und Kümmernisse hintanzustellen, um so nach besten Kräften mit geläutertem Herzen und reinem Sinn Gott dem Herrn zu dienen, ihn zu lieben, anzubeten und zu ehren, denn ihn verlangt über alles Maß danach. Ja, stets wollen wir in uns Wohnung und Bleibe bereiten ihm, der ist Gott, der Herr, der Allmächtige, Vater, Sohn und Heiliger Geist ... Und anbeten wollen wir ihn mit reinem Herzen, denn man muß ja beständig beten und nicht nachlassen, weil der Vater solche Anbeter sucht. Gott ist Geist, und die ihn anbeten, müssen ihn im Geiste und in der Wahrheit anbeten. Nichts anderes wollen wir darum ersehnen, nichts anderes wünschen, nichts anderes soll uns gefallen und erfreuen als unser Schöpfer und Erlöser und Heiland, der alleinige, wahrhafte Gott, der da ist die Fülle des Guten, alles Gute, das gesamte

Gute, das wahre und höchste Gut, der allein gut ist . . .

Überall, an jedem Orte, zu jeder Stunde und zu jeder Zeit, täglich und unablässig, aufrichtig und in Demut wollen wir allzumal an ihn glauben, ihn im Herzen bewahren und ihn lieben, ihn ehren und anbeten, ihm dienen, ihn loben und benedeien, ihn verherrlichen und hocherheben, ihn preisen und ihm Dank erweisen, dem höchsten und erhabensten ewigen Gott, dem Dreifaltigen und Einen, dem Vater und dem Sohn und dem Heiligen Geiste, dem Schöpfer aller Dinge, dem Erlöser derer, die an ihn glauben, auf ihn hoffen und ihn lieben, der ohne Anfang und ohne Ende ist, unveränderlich, unsichtbar, unaussprechlich und nicht mit Worten zu erfassen, unbegreiflich, unerforschlich, gepriesen, lobwürdig, ruhmreich und hocherhaben, erhaben, groß, milde, liebenswert, voll der Wonnen und allezeit über alles hoch zu ersehnen, von Ewigkeit zu Ewigkeit" (QuSchr I, 72 f.).

Diese Intensität und Vereinfachung finden als Übung bei Franz ihren Ausdruck in kurzen Wiederholungsgebeten, von denen wir im vierten und fünften Bericht erfahren haben oder wie ihn – nach Ausweis der „Fioretti" (Kap 54) –

37

Bruder Leo nächtens im Walde von La Verna wiederholen hört: „Was bist du, liebreicher Gott, und was bin ich Würmlein, dein kleiner Knecht?"

Die äußerste Vereinfachung stellt dann das sogenannte „Ein-Wort-Gebet" dar, nämlich: JESUS. Davon spricht der heilige Bonaventura im dritten Bericht. Gerade vom Umgang des heiligen Franz mit diesem Wort JESUS gilt, was Thomas von Celano zum Abschluß des zweiten Berichtes sagt: „Der ganze Mensch war nicht so sehr Beter als vielmehr selbst Gebet geworden." Dieser Satz besagt nicht mehr und nicht weniger als das im immerwährenden Herzensgebet Eins-geworden-Sein mit dem Gegenüber des betenden Anrufes! Celano drückt es aus mit „ruhen in Jesu Wunden", „aufgesogen sein in Gott", mit dem Wort vom „Bräutigam"; ähnlich Franz selbst in Nr. 9 seines „Schreibens an die Gläubigen" (QuSchr I, 149), ebenso in dem oben zitierten Wort aus der ersten Regel vom „Bereiten von Wohnung und Bleibe für Vater, Sohn und Heiligen Geist". Überaus bemerkenswert ist dabei die reiche Zitation aus dem Johannesevangelium in den genannten zwei Schriften, besonders aus dem hohepriesterlichen Gebet

(Joh 17), das auf diese Weise die mystische Einheitserfahrung innerhalb der frühfranziskanischen Bruderschaft zum Ausdruck bringt. Gerade die Liturgie läßt in der frühfranziskanischen Gemeinschaft ihre Beziehung zum Gesamt des mystischen Leibes Christi, das heißt zur Kirche schlechthin, offenbar werden, jener Kirche, die Franz als Gemeinschaft der Heiligen und der Büßer in dem Abschnitt „Gebet und Danksagung" (Kap. 23) der ersten Regel vor Augen hat. Dieser Gemeinschaft *und ihrer geistlichen Überlieferung* ist Franz bei aller persönlichen Ausprägung seiner Frömmigkeit und seines Gebetslebens viel stärker verpflichtet, als man es heute oft sieht. Das zeigt vielleicht gerade der Charakter der feierlichen Präfation, den „Gebet und Danksagung" trägt.

## 3. GEBET ALS WEG DER WEISHEIT

Der mit den eben beschriebenen Übungen verbundene mystische Erfahrungsweg muß aber noch etwas genauer in seinem inneren Verlauf beschrieben werden. Als grundsätz-

liche Feststellung sei vorausgeschickt, daß
dieser Weg, wenn auch von „Übung" die Rede
ist, nicht eigentlich machbar ist, sosehr er
eine Einladung an alle ist! Dieser Weg steht
von Beginn an unter dem Wirken des Geistes;
und es bleibt das undurchdringliche Geheimnis
dieses Weges, wie denn dieses Wirken des
Geistes und ein Eingehen darauf seitens des
Menschen einander zugeordnet sind. Eben
diese wechselseitige, aber nicht abwägbare
Zuordnung erwirken im Menschen das Erwachen der Weisheit.
In diesem Erwachen der Weisheit empfindet
der Mensch ein Doppeltes: auf der einen Seite
Ängste und ein totales Ungenügen an dem
bisherigen Lebensvollzug in all seinen Dimensionen, eigentlich dessen Nichtigkeit; und auf
der anderen Seite: Süße – und ein inneres
Erglühen. Dieses Wort von der „Süße" (auch
„Freude", „Wonne", „Jubel") durchzieht den
gesamten inneren Erfahrungsweg des heiligen
Franz, soweit er aus den Lebensberichten ersichtlich ist. Dieser Weg ist nichts anderes als
das immer stärkere innere Sichkundtun, das
heißt Sichoffenbaren des dreieinigen Gottes
als der unfaßbaren und unaustrinkbaren Ur-
Güte, von der Thomas von Celano spricht. Das

wachsende Verkosten dieser Ur-Güte einerseits und die ganze Ausrichtung des gesamten Lebens daraufhin andererseits machen den Weg der christlichen Weisheit aus. („Weisheit" hat in seiner lateinischen Form „sapientia" die Beziehung zum Tätigkeitswort „sapere" – schmecken, verkosten.)

Diese Erfahrung des Verkostens der Ur-Güte ist bei Franz Christuserfahrung, Erfahrung der menschgewordenen „Ewigen Weisheit". Sie erzwingt die betende Ur-Frage, die gleichzeitig die eigentliche Initiation in die christliche Weisheit und damit auch die bestimmende Grundhaltung allen Betens beim heiligen Franz darstellt, „in welcher Weise er Gott dem Herrn nach dem Ratschluß und Wohlgefallen seines Willens noch vollkommener anzuhangen vermöge" (vgl. I Cel 91/92, QuSchr V, 158f.).

Das Gebet vor dem Kreuzbild in S. Damiano (Nr. 1 unserer Sammlung) ist kennzeichnend für das sich entfaltende Beten des heiligen Franz: Gebet als Erfragen und Erspüren des Willens Gottes. Das ist der eigentliche Franziskus-Weg; denn auch Liebe zu Gott und seine Anbetung sind letztlich nichts anderes als Erfüllung seines Willens ebenso wie das damit verbundene Verkosten seiner Ur-Güte.

41

Umgekehrt könnte man über den Franziskus-Weg schreiben: „Tun aus Versunkenheit". Besonders der vierte und fünfte Bericht zeigen deutlich, wie das beständig wiederholte Stoß-gebet auf Zukunft hin geschieht und das Versunkensein und die Entrückung auf künftiges Verhalten und Handeln ausgerichtet sind. Nur muß man dabei sehen, daß „Wille Gottes" weniger einen äußeren Appell meint oder eine äußere – leicht als „Willkür" zu empfindende – Festsetzung; vielmehr ist der „Wille Gottes" er selbst als Person! Und zwar einmal im offen-barenden Gegenüber des armen und gekreu-zigten Herrn Jesus Christus, zum anderen als heiliger Geist in der inneren Kundgabe an den Menschen. Beides steht unter dem Grundsatz trinitarischen Denkens: „Bonum est diffusivum sui – Dem Guten ist es eigen, sich mitzu-teilen (sich zu verströmen)." Als sich ver-strömende Ur-Güte erfahren, bekommt der „Wille Gottes" eine ganz neue Qualität.

Wenn die Worte „mein Herr" oder „der Herr" die immer wiederkehrende religiöse Ur-Aus-sage des heiligen Franz werden, nämlich des-halb, weil er dem „Willen Gottes" begegnet ist, so kann Franz bei dieser Begegnung selbst, die er als eine *Epiphanie* der Güte Gottes er-

fährt, im Gebet letztlich nicht anders antworten als mit *Eulogie*, das heißt mit Lobpreis:
„Sei gelobt, mein Herr!" So wird sein Beten
in erster Linie hymnisches Beten: es steht im
Bannkreis der Aussageweise religiöser Dichtung, die – von der Bibel her – seine Gebets-
sprache vollständig prägt; und solches stets
unter dem Eindruck des schauervollen und
beseligenden Geheimnisses der Kundgabe des
Willens des Einen und Dreieinen als Ur-Güte.
Vor dieser anbetend zu verweilen, sie zu „be-
schauen" ist die eigentliche Kontemplation,
sei es im bildlosen Sichversenken nach dem
völligen Einswerden mit dem Gekreuzigten,
wie im „Lobpreis Gottes zu La Verna", oder
im Sich-immer-neu-Entzünden an den konkreten Spiegelbildern dieser dreieinigen Ur-Güte
in der Schöpfung, so im „Sonnenlied".
Freilich wird das Spiegelbild dieser Ur-Güte
nur dort wahrgenommen, wo im Menschen
selbst der Spiegel seines Herzens geglättet
und gereinigt, das heißt zum Paradiesesstand
zurückgeführt ist! Solches geschieht durch die
Tugenden, die vom Herrn ausgehen und herkommen, durch die der Heilige Geist sein Werk
im Menschen vollführt. Ihnen hat der heilige
Franz einen eigenen Lobpreis gesungen (Nr. 8).

43

Dieser Lobpreis ist der Schlüssel zum inneren Verständnis des franziskanischen Gebetsweges. Um die Dimensionen dieses Weges auszumessen, muß man dem „Sonnengesang" diesen Lobpreis der Tugenden gegenüberstellen. Nur in seinem immer erneuten Nachvollzug kann man den Gebetsweg des heiligen Franz nachgehen und gelingt der Durchbruch zum Lobpreis Gottes im Verein mit aller Kreatur. Wer sich tiefer in den Lobpreis der Tugenden versenken will, nehme als Ergänzung noch die „Worte heiliger Mahnung" vom heiligen Franz hinzu (QuSchr I, 119–130). Hier seien nur einige kurze Hinweise zum Verständnis gegeben.

Sowenig der „Lobpreis der Tugenden" auf der einen Seite den systematischen Aufriß einer Tugendlehre geben will, so sehr muß auf der anderen Seite der Lobpreis als ganzes in einem inneren Zusammenhang betrachtet werden, wie der heilige Franz selbst sagt: „Wer eine verletzt, besitzt keine!" Worum es letztlich geht, ist das Sterben des Ego, des Ich im Sinne des alten, das heißt des in sich selbst verschlossenen Menschen, der sich selbst behalten, besitzen und genießen will.

Königin ist die *Weisheit*. Sie ist das Innewerden

des Wirklichen, also Gottes, und das Erkennen des Unwirklichen, nämlich der Welt in ihrer Weltlichkeit, die Satan dem Menschen in seiner Verblendung als letzte – allein zu besitzende und zu genießende – Wirklichkeit vortäuschen möchte. Es ist das, was Thomas von Celano in seinem ersten Bericht „Staub" nennt.

Die *reine Einfalt*, man könnte auch sagen einfältige Reinheit, ist offenherzige, ungeteilte Gottunmittelbarkeit. Sie hat die Spitzfindigkeiten und die Kompliziertheit des Intellektes hinter sich gelassen und diese als geschicktes Versteckspiel des selbstsüchtigen Ich, des „Fleisches", wie es Franz im Anschluß an Paulus nennt, entlarvt und aus dem zerstreuenden Vielerlei zum einen Notwendigen gefunden.

Als solche ist die reine Einfalt *Armut*, in erster Linie als ein Leerwerden von sich selbst, „Armut im Geist", die zwar auch in der äußeren Lebensführung zugunsten von Bedürfnis- und Anspruchslosigkeit auf das Habenwollen verzichtet und damit aller Sorgen sich begeben hat, die aber als „Armut im Geiste" vor allem jeglicher Imagepflege und allem Prestigedenken ein Ende setzt und somit *Demut* ist. Diese aber ist als Erniedrigung und Zunichtewerden das eigentliche Sterben des Ego-Ich, das eben nur „ich" meint, aber nicht aufrichtig „du" zu sagen vermag.

Freilich ist eine solche Demut als Erniedrigung und Vernichtung nur verantwortbar als ein Raumgeben für die *Liebe*. Sie ist die positive Überwindung des Ego-Ich und seiner Versuchlichkeit, das heißt seiner Sorge um die Selbst-Erhaltung im erbsündlichen Sinne, wie der Herr sagt: „Wer sein Leben erhalten will, wird es verlieren" (Mk 9, 35). Damit ist die Liebe auch das Ende aller Ängste (1 Joh 4, 18). Hier wird der Mensch fähig, sich selbst und alle Kreatur von der Ur-Güte her neu als Geschenk zu empfangen und anzunehmen, um sich selbst im Lobpreis heiliger Hingabe immer neu zu verschenken, zu verströmen als Abbild der dreieinigen Ur-Güte und in der Nachfolge des Gekreuzigten, der *menschgewordenen* Ur-Güte.

Freilich, das Siegel der Bestätigung, das heißt der Echtheit, auf alle genannten Tugenden, vor allem auf die Liebe, ist der *Gehorsam*. Er ist die Vollendung der Weisheit, wo das Innewerden des Wirklichen zur „Verwirklichung" dieses Wirklichen, das heißt, zur Gestaltwerdung des Gekreuzigten, im Menschen selbst wird in einer letzten Ergebenheit und heiligen Fügsamkeit, auch gegenüber jeder Kreatur (siehe Text). Das ist dann aber auch die allgemeine Versöhnung und zeitigt jenen Frieden, der die „Heimkehr ins verlorene Paradies" von einer inneren Möglichkeit des einzelnen Menschen zu einer sichtbaren Wirklichkeit für die ganze Schöpfung werden läßt, wie es Celano für den Umgang des heiligen Franz mit den Tieren ausdrücklich vermerkt.

„Pax et bonum – Friede und Güte", als Formulierung der Jüngerschaft des heiligen Franz, ist die Zusammenfassung des Zieles des franziskanischen Gebets- und Tugendweges; und Franz selbst gibt der Tiefe seines inneren Erfahrens auf La Verna nicht nur Ausdruck in dem schon mehrfach erwähnten Lobpreis, sondern spricht in der persönlichen Zuwendung zu Bruder Leo diese innere Erfahrung in dem berühmten Friedenswunsch aus: „Der Herr segne und behüte dich. Er zeige dir sein Angesicht und erbarme sich deiner. Er wende dir sein Antlitz zu und schenke dir Frieden. Der Herr segne dich, Bruder Leo."

Zu diesem eigenhändig geschriebenen Friedenswunsch zeichnet Franz noch ein – heute nur noch schwach erkennbares – Bild: Auf der Schädelstätte, das heißt Golgota, liegt der

Schädel Adams, mit dem sich hier Franz möglicherweise identifiziert, in der Erde unmittelbar am Fuße des Kreuzes, zu diesem auf-
blickend. Ihm wird durch das Blut Christi die
Erlösung zuteil. Damit wird gesagt, daß Erlösung ein Wiedererfahren der Paradieses-
wirklichkeit ist und uns an den Anfang
der Menschheitsgeschichte zurückverweist.
Gleichzeitig aber kann die Zeichnung des heiligen Franz gedeutet werden als die Versiege-
lung der Erwählten mit dem Zeichen ‚Tau‘ am
Ende der Zeiten, wie in der Einführung gezeigt wurde. So verbinden sich hier Anfang
und Ende zur *Gegenwart des Heiles* im Gekreuzigten, „der da ist und war und kommen,
wird", wie Franz ihm selbst in den „Lob-
gebeten" zusingt.

# II
## Gebete
### des heiligen Franz von Assisi


## 1. DAS GEBET VOR DEM KREUZBILD IN SAN DAMIANO

*Höchster, glorreicher Gott,*
*erleuchte die Finsternis meines Herzens,*
*und schenke mir rechten Glauben,*
*feste Hoffnung und vollkommene Liebe*
*Gib mir, Herr, Gespür und Erkennen*
*daß ich erfüllen möge*
*deinen heiligen und wahrhaften Auftrag.*


Zum Verständnis
Nach einer Zeit inneren Ringens und Suchens vernimmt – wohl im Januar 1206 – Franz in der fast zerfallenen Kirche S. Damiano vom Bilde des Gekreuzigten her die Worte: „Franziskus, geh und stell mein Haus wieder her, das, wie du siehst, ganz verfallen ist!" – Thomas von Celano bemerkt dazu in seiner zweiten Lebensbeschreibung (Nr. 10): „Franziskus zitterte und staunte nicht wenig und kam beinahe von Sinnen ob dieser Worte. Zum Gehorchen bereitete er sich, ganz sammelte er sich für den Auftrag. Wirklich, durch und durch spürt er die un-

aussprechliche Wandlung seines Wesens." – In der
völligen Offenheit für den zunächst noch undeut-
lichen Auftrag des Herrn und in der rückhaltlosen
Auslieferung an den Willen Gottes betet er das oben
stehende Gebet. Wichtig ist dabei, was Thomas von
Celano weiterhin schreibt: „Von jener Stunde an
durchbohrte seine heilige Seele das Mitleiden mit
dem Gekreuzigten." Diese Bemerkung gibt dem Gebet eine besondere Note: einerseits handelt es sich
beim Gekreuzigten um den „höchsten glorreichen
Gott", andererseits bedarf es zur Erfüllung eines göttlichen Auftrags des Gespürs und des Erkennens
gegenüber dem Gekreuzigten, auf den hin sich bei
Franz ja alles konzentrierte; das heißt, wahre Weisheit ist „Weisheit des Kreuzes". Diese allein ermöglicht bei der Frage nach Willen und Auftrag Gottes
eine zuverlässige Orientierung. So läßt sich von diesem Gebet des heiligen Franz eine Verbindungslinie
bis hin zu den Worten des heiligen Bruders Konrad
von Parzham ziehen: „Nur ein Blick auf das Kreuz
lehrt mich in jeder Gelegenheit, wie ich mich zu
verhalten habe."
Das bekannte – heute in S. Chiara in Assisi auf-
bewahrte – romanische Kreuzbild, vor dem Franz
dieses Gebet sprach, läßt mit seinen hoheitsvollen
Zügen das Gebet noch tiefer verstehen: „Höchster,
glorreicher Gott . . ." Es gibt auch eine Darstellung
(Fresko von Giotto), wie Franz vor diesem Kreuz
betet (vgl. Nigg-Schneiders, Der Mann aus Assisi,
Freiburg 1975, Nr. 11–13).

Zum Vollzug
Das Gebet vor dem Kreuzbild in S. Damiano kann
in Lebenssituationen, in denen uns eine schwierige,
unter Umständen lebenverändernde Entscheidung
abverlangt wird, eine außerordentliche Hilfe sein.
Voraussetzung dazu ist die eindringliche Betrachtung
eines Bildes des Gekreuzigten, auf den hin dann die
Worte des Gebetes langsam und wiederholend mit
ganzer Hingabe gesprochen werden.

## 2. DAS GEBET AUS DEM TESTAMENT

*Wir beten dich an, Herr Jesus Christus – und
in all deinen Kirchen, die in der ganzen Welt
sind –, und benedeien dich, denn durch dein
heiliges Kreuz hast du die Welt erlöst.*

Zum Verständnis
Dieses aus Abschnitt 2 seines Testamentes stam-
mende Gebet findet sich mit geringfügigen Abände-
rungen auch bei Thomas von Celano, bei Bonaventura und in der Drei-Gefährten-Legende. Es ist also
besonders gut bezeugt. Es stammt aus der ersten
Zeit der franziskanischen „Urgemeinde" und hat
seine liturgische Vorlage in einem Responsorium vom
Fest „Kreuzerhöhung" (14. Sept.). Thomas von Celano
schreibt zu diesem Gebet (I, 45): „In jener Zeit baten
ihn die Brüder, er solle sie beten lehren. Denn als

51

sie in Einfalt des Geistes wandelten, kannten sie noch nicht die kirchlichen Tagzeiten. Ihnen sagte der Heilige: ‚Wenn ihr betet, so sprecht: Vater unser, und: Wir beten dich an . . .‘ – Wo darum nur immer eine Kirche stand, verneigten sie sich, auch wenn sie nicht bei der Kirche selbst waren, sondern sie nur von weitem irgendwie sehen konnten, gegen sie hin tief zur Erde, und mit Leib und Seele ihre Verehrung bezeugend, beteten sie den Allmächtigen an mit den Worten: ‚Wir beten dich an . . .‘, so wie der heilige Vater sie gelehrt hatte. Und, was nicht weniger zu bewundern ist, wo immer sie ein Kreuz oder das Zeichen eines Kreuzes erblickten, sei es am Boden oder an einer Wand, an Bäumen oder an Zäunen am Weg, taten sie das gleiche.“

Zum Vollzug:
Der hier beschriebene Brauch der ersten Jünger ist bei Franziskanern und Klarissinnen bis heute in Übung, wenigstens beim Betreten der Kirche. Ein schlichter regelmäßiger Nachvollzug dieses Brauches, so wie ihn Thomas von Celano beschreibt, vermag das Empfinden für die Gegenwart Christi außerordentlich zu stärken. Das setzt natürlich ein Auswendigkönnen des Textes voraus! Das gilt mehr oder weniger auch für die übrigen Gebete des heiligen Franz, wenn sie durch den freien Umgang mit ihnen ihre Wirksamkeit entfalten sollen.

# 3. DER GRUSS AN DIE GOTTESMUTTER

*Gegrüßet seist du, heilige Herrin,*
*hochheilige Königin, Gottesgebärerin Maria.*
*Du bist Jungfrau, zur Kirche gemacht*
*und erwählt vom heiligsten Vater im Himmel.*
*Dich hat er geweiht mit seinem heiligsten*
*geliebten Sohn und dem Geist, dem Tröster.*
*In dir war und ist*
*jegliche Fülle der Gnade und alles Gut:*
*Sei gegrüßt, du sein Palast.*
*Sei gegrüßt, du sein Gezelt.*
*Sei gegrüßt, du seine Wohnstatt.*
*Sei gegrüßt, du sein Gewand.*
*Sei gegrüßt, du seine Magd.*
*Sei gegrüßt, du seine Mutter.*
*Und seid gegrüßt,*
*ihr heiligen Tugenden alle,*
*die ihr durch Gnade*
*und Erleuchtung des Heiligen Geistes*
*in die Herzen der Menschen ausgegossen werdet,*
*um für Gott aus Ungläubigen Gläubige zu machen.*

Zum Verständnis

Über die Zeit und die Umstände der Entstehung des Gebetes ist nichts bekannt. Manche Handschriften verbinden es wegen seines letzten Satzes unmittelbar mit dem Lobpreis der Tugenden oder aber auch mit

53

der Antiphon zu den Christus-Psalmen (IV). Mit dieser hat der „Gruß an die Gottesmutter" zweierlei gemeinsam: einmal, daß der Bezug Mariens zur Trinität besungen und damit die Stellung Mariens im Heilsplan Gottes aufgezeigt wird; zum anderen, daß am Ende der Blick des Beters sich auf die „Virtutes" richtet, womit hier die Tugenden gemeint sind, in der Antiphon aber die Engel. So wird in beiden Gebeten eine isolierte Betrachtungsweise Mariens vermieden. In diesem Gebet erscheint sie als der exemplarische Mensch, von dem Franz kurz vor seinem Tode in seinem „Vermächtnis für die Schwestern der heiligen Klara" sagt: „Ich ... will dem Leben und der Armut unseres höchsten Herrn Jesus Christus und seiner heiligsten Mutter nachfolgen." In der Antiphon sieht Franz die Gottesmutter vereint mit der Fürbitte der Engel und aller Heiligen, also im Gesamt der Kirche. Ihre Beziehung zur Dreifaltigkeit überträgt Franz – in seinem „Schreiben an die Gläubigen" (Nr. 9) – als mystische Verbindung auch auf diese! (QuSchr I, 148 f.).

## Zum Vollzug

Damit ist auch für den Vollzug bzw. für die Betrachtung genügend Anregung gegeben. Nichts steht im Wege, beim persönlichen Beten den Lobpreis der Tugenden anzuhängen. Wie die meisten Gebete des heiligen Franz gewinnt auch dieses vor einem entsprechenden Bild bzw. vor einer Muttergottesikone besondere Wirksamkeit.

# 4. DIE CHRISTUS-PSALMEN

Vorbemerkung
Die fünfzehn Christus-Psalmen dürfen nicht als Einheit gesehen werden, sondern jeder Psalm muß für sich im Rahmen des folgenden Schemas, des sogenannten „Stundengebets vom Leiden des Herrn", verstanden werden.

| Schema des Stundengebetes | Komplet | Matutin | Prim | Terz | Sext | Non | Vesper |
|---|---|---|---|---|---|---|---|
| Karwoche und Wochentage | I | II | III | IV | V | VI | VII |
| Österliche Zeit | VIII | IX | III | IX | IX | IX | VII |
| Sonn- und Festtage des Jahres | VIII | IX | III | X | XI | XII | VII |
| Adventszeit | XIII | XIV | III | X | XI | XII | VII |
| Weihnachtszeit | XV | XV | XV | XV | XV | XV | XV |

Jede Gebetszeit beginnt mit dem Vaterunser (sinnvollerweise mit „denn dein ist das Reich . . ."), dann folgen die „Lobgebete" (S. 76 f.), die Antiphon „Heilige Jungfrau Maria . . .", der im Schema angegebene Psalm und nochmals die Antiphon. Nach der letzten Gebetszeit des Tages betet man: „Lasset uns preisen den Herrn, den lebendigen und wahren Gott. Ihm laßt uns allezeit darbringen Lob, Ruhm, Ehre, Preis und alle Güter. Amen, Amen. Ja, so sei es."

## Antiphon

*Heilige Jungfrau Maria, unter den Frauen der Welt ist keine dir ähnlich geboren, du Tochter und Magd des höchsten Königs, des Vaters im Himmel; du Mutter unseres heiligsten Herrn Jesus Christus, du Braut des Heiligen Geistes. Bitte für uns mit dem heiligen Erzengel Michael und allen himmlischen Mächten und mit allen Heiligen bei deinem heiligsten geliebten Sohn, unserem Herrn und Meister.*

### I

*Mein Leben, Gott, tu' ich dir kund; * du lässest meine Tränen zu dir kommen.*
*Es planen Böses wider mich die Feinde insgesamt, * sie halten Rat zusammen.*
*Mein Gutes-Tun vergelten sie mit Bösem, * mit Haß nur meine Liebe.*
*Dafür, daß ich sie liebte, befeinden sie mich nun, * ich aber bete nur.*
*Mein heil'ger Vater, König des Himmels und der Erde, verlaß mich darum nicht: * die Not ist nah, und niemand ist, der hilft.*
*Doch müssen meine Feinde jäh zurück sich wenden: * sooft ich ruf' zu dir, erfahr' ich stets aufs neu: Du bist mein Gott!*
*Die Freunde, meine Lieben, weichen scheu zu-*

rück vor meinem Unglück, * und die mir nahe-
standen, rücken von mir ab.
Selbst die Verwandten hältst du fern von mir,
zum Abscheu bin ich ihnen nun geworden. *
Ich bin gefangen und kann nicht heraus.
Du, heil'ger Vater, bleib nicht fern von mir, *
mein Gott, komm mir zu Hilfe.
Hab acht auf meine Hilfe, * Herr, Gott meines
Heiles.

## II

O Herr, Gott meines Heiles, * am Tag ruf' ich
zu dir und auch des Nachts.
Laß mein Gebet vor deinen Thron gelangen, *
neig her dein Ohr zu meinem Flehn!
Zu meiner Seele neige dich, erlöse sie, * um
meiner Feinde willen rette mich.
Du bist's, der mich hervorgezogen aus des Wei-
bes Schoß, du, der mich sorglos ruhen ließ an
meiner Mutter Brust, * vom Mutterschoße an
bin ich dir anvertraut.
Vom Mutterschoße an warst du mein Gott, *
verlaß mich darum nicht.
Dir ist bekannt die Schmach, die mich betroffen, * mein Schimpf und meine Schande.
Dir stehn vor Augen alle meine Dränger *, auf
Schmach und Jammer ist mein Herz gefaßt.

Ich harrt' auf einen, welcher Mitleid trüge –
keinen gab es *, auf einen Tröster harrte ich,
und keiner war zu finden.
O Gott, die Frevler stürzen auf mich los, der
übermächtigen Rotte strebt mir nach dem Leben, *
sie wenden ab von dir ihr Auge.
Man zählt mich schon zu den ins Grab Gesun-
kenen, * hilflos bin ich geworden ganz und gar,
entlassen zu den Toten.
Du aber bist mein heiligster Vater, * mein
König und mein Gott.
Hab acht auf meine Hilfe, * Herr, Gott meines
Heiles!

### III

Erbarme dich meiner, Gott, erbarme dich, * denn
ich vertrau' auf dich.
Im Schatten deiner Flügel will ich harren, *
bis ausgetobt der Unheilssturm.
Ich ruf' zu meinem heiligsten und höchsten
Vater, * zu Gott, der mir stets wohlgetan.
Er greift vom Himmel her nach mir und rettet
mich, * er überhäuft mit Schmach, die mich
zertreten.
Von grimmen Feinden hat er mich errettet, *
von meinen Hassern, die gar mächtig waren
wider mich.

58

*Sie legten meinen Füßen eine Schlinge* * *und
beugten meine Seele nieder.*
*Sie gruben eine Grube mir* * *und fielen selbst hinein.*
*Gerüstet ist mein Herz, o Gott, gerüstet,* * *dir
will ich singen, spielen.*
*Wach auf mein Ruhm, wach auf, du meine
Harfe, meine Zither,* * *erheben will ich mich
noch vor der Morgenröte.*
*Dich will ich preisen, Herr, vor allen Völkern,* *
*lobsingen dir vor den Geschlechtern.*
*Denn dein Erbarmen reicht bis an den Himmel,* *
*bis an die Wolken deine Treue.*
*Erheb dich über alle Himmel, Gott,* * *dein Glanz
durchstrahle alle Welt.*

## IV

*Erbarm dich meiner, Gott, denn man zertritt
mich,* * *den ganzen Tag bedrängt mich hart der
Gegner.*
*Den ganzen Tag bedrücken mich die Feinde,* *
*und wahrlich viele sind's, die mich bekriegen.*
*All meine Feinde sinnen Unheil wider mich,* *
*und gottlos sprechen sie von mir.*
*Auflauernd meinem Leben, gehen sie zu Rat,* *
*kaum sind sie draußen, sprechen sie davon.*
*Und alle, die mich sehen, höhnen mich,* * *den
Mund verziehen sie und schütteln ihren Kopf.*

Ich aber bin ein Wurm, kein Mensch, * den
Leuten zum Gespött, dem Volke zur Verachtung.
Zur Schmach bin ich geworden meinen Gegnern,
zur Last selbst meinen Nachbarn, * ein Gegen-
stand des Schreckens meinen Freunden.
Du, heil'ger Vater, bleib nicht fern von mir. *
Du, meine Stärke, eile, mir zu helfen.
Hab acht auf meine Hilfe, * Herr, Gott meines
Heiles.

## V

Mit lauter Stimme rufe ich zum Herrn * und
klage laut zu meinem Gott.
Ich schütte aus vor ihm mein Flehgebet * und tu'
ihm meine Trübsal kund.
Der Geist will mir entschwinden, * du aber weißt
um meinen Lebenspfad.
Und auf dem Wege, den ich wandle, * da legten
sie mir heimlich Schlingen.
Ich blick' zur Rechten, schau nach Hilfe aus, *
doch niemand achtet meiner.
Für mich gibt's kein Entrinnen mehr, * und niemand kümmert sich um mich.
Doch trage ich die Schmach um deinetwillen *
und ist mein Angesicht mit Scham bedeckt.
Ganz fremd bin ich geworden meinen Brüdern, *
ganz unbekannt den Söhnen meiner Mutter.

*Heiliger Vater, der Eifer für dein Haus hat mich verzehrt, * die Lästerreden deiner Lästerer, die fielen auch auf mich.*

*Dafür nun freuen sie sich über mich und rotten sich zusammen, * es treffen ihre Geißeln mich, den Ahnungslosen.*

*Zahlreicher als die Haare meines Hauptes * sind die geworden, die mich grundlos hassen.*

*Erstarkt sind meine Feinde, die mich ungerecht verfolgen, * ich soll erstatten, was ich nie geraubt.*

*Ruchlose Zeugen treten auf * und fordern Rechenschaft von dem, was ich nicht weiß.*

*Die Gut mit Bös vergelten, lästern mich, * weil ich das Gute suche!*

*Du heil'ger Vater mein, mein König und mein Gott, hab acht auf meine Hilfe, * Herr, Gott meines Heiles.*

VI

*O alle ihr, die ihr des Wegs vorüberzieht, * schaut her und seht, ob da ein Schmerz gleich meinem Schmerz!*

*Umringt hat mich der Hunde Meute, * der Frevler Rotte mich umlagert.*

*Mit Schaulust gaffen sie nach mir, * sie teilen meine Kleider unter sich und werfen über mein Gewand das Los.*

61

Sie haben Händ' und Füße mir durchbohrt, *
gezählt an mir all mein Gebein.

Sie sperren gegen mich ihr Maul weit auf, *
gleich einem Löwen, der raubgierig brüllt.

Wie Wasser bin ich hingegossen, * gelöst ist
mein Gebein in mir.

Wie Wachs geworden ist mein Herz, * zerflossen
in des Leibes Mitte.

Der Scherbe gleich ist mir die Kraft vertrock-
net, * und meine Zunge klebt am Gaumen.

Zur Speise gaben sie mir Galle, * sie tränkten
mich in meinem Durst mit Essig.

Sie warfen in den Staub des Bodens mich * und
haben meinen Wunden Schmerz verursacht.

Ich legte mich zur Ruh' und bin erstanden, *
weil mich mein heiligster Vater aufgenommen
hat in Herrlichkeit.

Du hältst mich bei der Rechten, heiliger Vater, *
du leitest mich nach deinem Rat und nimmst
mich auf in Ehren.

Was hab' ich auch im Himmel, Herr, * und was
auf Erden außer dir?

Erkennet, ja erkennet: „Ich bin Gott", so spricht
der Herr, * „erhaben über alle Völker, über alle
Welt."

Gepriesen sei der Herr, Gott Israels; mit seinem
eigenen, allheiligen Blut hat seine Diener er er-

*löst \*, und wer auf ihn vertraut, wird nicht enttäuscht.*

*Wir wissen, daß er einstens kommt, \* zu richten in Gerechtigkeit.*

## VII

*Ihr Völker all, klatscht in die Hände, \* jauchzet Gott mit Jubelruf.*

*Denn hocherhaben ist der Herr und furcht-gebietend \* der große König über alle Welt.*

*Denn der im Himmel unser heiligster Vater, er, unser König, hat vor aller Zeit uns seinen lieben Sohn herabgesandt \* und Heil gewirkt inmitten seines Landes.*

*Drob freue sich der Himmel, und die Erde jauchze, aufrauschen soll das Meer in seiner Wogenfülle, \* frohlocken soll die Flur und alles, was auf ihr.*

*Singt dem Herrn ein neues Lied, \* singt dem Herrn, alle Lande.*

*Groß ist der Herr und hohen Lobes würdig, \* erhaben über alle Götter.*

*Bringt dem Herrn, ihr Völkerstämme, bringt dem Herrn Ruhm und Preis, \* bringt ihm seines Namens Ehre.*

*Bringt eure Leiber dar und tragt sein heil'ges Kreuz \* und folget bis zum Ende seinen heilig-sten Geboten.*

*Vor seinem Angesicht erschauere das All. * Den
Heiden sagt, daß König ist der Herr.*

Am Fest Christi Himmelfahrt wird noch hinzugefügt:

*Er fuhr zum Himmel auf * und sitzt zur Rechten
des allheiligen himmlischen Vaters.
Erheb dich über alle Himmel, Gott, * dein Glanz
durchstrahle alle Welt.
Wir wissen, daß er einstens kommt, * zu richten
in Gerechtigkeit.*

## VIII

*Gott, merk auf meine Hilfe, * Herr, eile, mir
zu helfen!
Zuschanden sollen werden und beschämt, * die
mich hinwegzuraffen suchen.
Voll Scham zurück sich wenden sollen, * die mir
nur Böses wünschen.
In Eile sollen ihre Schmach sich holen, * die da
höhnen: „Ganz recht, ganz recht!"
Frohlocken sollen und in dir sich freuen * alle,
die dich suchen.
Und die nach deinem Heil sich sehnen, sollen
allzeit sprechen: * „Preis dem Herrn!"
Doch ich bin arm und elend, * hilf mir, Gott!
Mein Heil bist du und mein Erretter, * Gott,
säume nicht!*

64

# IX

*Stimmt an dem Herrn ein neues Lied, * der große*
*Wunder hat getan.*
*Geheiligt hat er seinen Sohn mit seiner Rechten, ***
*geholfen ihm mit seinem heil'gen Arm.*
*Der Herr hat kundgetan sein Heil, * enthüllte*
*vor den Heiden die Gerechtigkeit.*
*An jenem Tage ließ er sein Erbarmen walten, ***
*so ward des Nachts ihm Lobpreis schon zuteil.*
*Das ist der Tag, den uns der Herr bereitet, ***
*drum laßt uns jauchzen, fröhlich sein an ihm.*
*Gelobt sei, der da kommt in seinem Namen, ***
*Gott ist der Herr, er ist uns aufgestrahlt.*
*Drob freue sich der Himmel, und die Erde*
*jauchze, aufrauschen soll das Meer in seiner*
*Wogenfülle, * frohlocken soll die Flur und alles,*
*was auf ihr.*
*So bringt dem Herrn, ihr Völkerstämme, bringt*
*dem Herren Ruhm und Preis, * bringt ihm seines*
*Namens Ehre.*

Am Fest Christi Himmelfahrt wird noch hinzugefügt:

*Ihr Erdenreiche, singt dem Herrn, spielt auf dem*
*Herrn, und preiset Gott, * ihn, der am höchsten*
*Himmel hinfährt gegen Aufgang.*
*Horch nur, wie mächtig seine Stimme schallt, ***
*gebt Gott die Ehre!*

*Seine Huld mög' walten über Israel, * in Wolken-
höhen seine Macht.
Wie wunderbar ist Gott in seinen Heiligen! *
Er ist's, Gott Israel, der seinem Volke Macht
verleiht und Stärke. Preis dir, o Gott!*

## X

*Jubelt Gott, ihr Lande all, singt ein Loblied sei-
nem Namen, * verkündet laut sein herrlich Lob.
Sagt Gott: „Wie hehr sind deine Werke, Herr! *
Wie groß ist deine Macht, selbst deine Feinde
müssen dir sich beugen.
Dich beten alle Lande an und singen dir * und
preisen deinen Namen."
Kommt her, ihr Gottesfürchtigen, und hört! Ich
will es euch erzählen, * was er an mir getan.
Ich rief ihn an mit meinem Mund, * und schon
pries ihn zum Danke meine Zunge.
Von seinem heiligen Tempel hörte er mein Rufen, *
und mein Geschrei drang ihm zu Ohren.
Ihr Völker, preiset unsern Gott, * laßt laut sein
herrlich Lob erschallen.
Gesegnet sollen in ihm sein der Erde Stämme, *
hoch rühmen sollen ihn die Völker alle.
Gepriesen sei der Herr, Gott Israels, * der Wunder tut allein.*

*Gepriesen sei auf ewig sein erhabener Name,* *
*die ganze Erde ist erfüllt von seiner Herrlichkeit.*
*Amen, ja Amen.*

## XI

*Der Herr erhöre dich am Tag der Trübsal,* *
*des Gottes Jakobs Name schütze dich.*
*Aus seinem Heiligtum send' er dir Hilfe,* * *er*
*schütze dich von Zion aus.*
*All deiner Opfergaben sei er eingedenk,* * *dein*
*Opfer möge segensschwer er machen.*
*Gewähren mög' er, was dein Herz begehrt;* * *er*
*lasse deine Pläne alle glücken.*
*Wir freuen uns, wenn Hilfe dir geworden,* *
*und rühmen uns im Namen unsres Gottes.*
*Erfüllen soll der Herr dir deine Bitten.* * *Nun*
*weiß ich, daß der Herr gesendet Jesus Christus,*
*seinen Sohn, und richten wird er nach dem Recht*
*die Völker.*
*Des Armen Zuflucht ist der Herr,* * *er hilft zur*
*Zeit der Not. Drum mögen fest auf dich ver-*
*trauen, die deinen Namen kennen.*
*Gepriesen sei der Herr, mein Gott,* * *denn Zu-*
*flucht ward er mir und eine Burg am Tag der*
*Trübsal.*
*Mein Hort, dir will ich singen,* * *denn du, o Gott,*
*bist meine Zuflucht. Mein Gott, du mein Erbarmer.*

## XII

Auf dich, o Herr, vertraue ich, auf ewig werd'
ich nicht zuschanden. * Du bist gerecht, befreie
und errette mich.
Neig her zu mir dein Ohr. * Komm mir zu Hilfe.
Sei mir Beschirmer, Gott, sei mir die Zuflucht-
statt, * in der ich Rettung finde.
Denn du, o Herr, bist meine Zuversicht, * du
meine Hoffnung schon von meiner Jugend an.
Vom Mutterleibe her warst meine Stütze du,
vom Schoße meiner Mutter an warst du mein
Schutz, * drum sei mein Lobgesang dir stets ge-
weiht.
Voll deines Lobes sei darum mein Mund, * ich
will besingen deinen Ruhm und deine Größe alle-
zeit.
Erhöre mich, o Herr, denn mild ist dein Er-
barmen, * blick her zu mir in deiner großen
Huld.
Verhülle nicht dein Angesicht vor deinem Knecht, *
mir ist so bang, erhör mich schnell.
Gepriesen sei der Herr, mein Gott, denn Zuflucht
ward er mir * und eine Burg am Tag der
Trübsal.
Mein Hort, dir will ich singen, * denn du,
o Gott, bist meine Zuflucht. Mein Gott, du mein
Erbarmer.

68

## XIII

*Wie lange noch, o Herr, vergissest du mich
ganz, * wie lange noch verbirgst dein Antlitz
du vor mir?*
*Wie lange noch muß ich mich härmen, * muß
sich mein Herz in Gram verzehren alle Tage?*
*Wie lang noch soll der Feind sich über mich er-
heben? * Schau her, erhör mich, Herr, mein
Gott!*
*Stärk du mein Aug', sonst sinke ich in Todes-
schlaf, * sonst brüstet sich mein Feind: ,,Be-
zwungen hab' ich ihn.''*
*Und wenn ich stürze, jubeln meine Dränger. *
Ich aber hoff' auf deine Güte.*
*Mein Herz frohlockt schon über deine Hilfe. *
Dem Herrn, der Gutes mir erwiesen, will ich
singen, des Allerhöchsten Namen will ich preisen.*

## XIV

*Ich will dich preisen, Herr, heiligster Vater,
König Himmels und der Erde, * denn du hast
mich getröstet.*
*Du bist mein Heiland, Gott, * ich stehe fest und
bange nicht.*
*Der Herr ist meine Stärke und mein Ruhm, *
durch ihn ward ich gerettet.*

Herr, deine Rechte zeigt' sich groß an Kraft,
ja deine Rechte, Herr, zermalmt' den Feind. *
Durch deiner Hoheit Wucht erdrückst du meine
Gegner.
Die Armen mögen schauen und sich freuen. *
Sucht Gott, und euer Herz wird leben.
Lobsingen sollen Himmel ihm und Erde, * das
Meer samt allem, was sich regt in ihm.
Denn Gott wird Zion wieder Hilfe schaffen, *
und Judas Städte werden neu erbaut.
Sie werden wohnen drin * und sie besitzen:
die Söhne seiner Knechte werden sie ererben, *
die seinen Namen lieben, werden drin ver-
bleiben.


XV

Froh jauchzet unsrem Helfer-Gott, * dem Herrn,
dem wahren und lebend'gen Gott, ihm jubelt zu.
Denn hoch erhaben ist der Herr und furcht-
gebietend, * der große König über alle Welt.
Denn der im Himmel unser heiligster Vater, er,
unser König, hat vor aller Zeit uns seinen lieben
Sohn herabgesandt, * geboren von der seligen
Jungfrau, der heiligen Maria.
Er spricht zu mir: „Du bist mein Vater." *
Zum Erstgebor'nen will ich ihn erheben, zum
Höchsten unter Erdenkönigen.

70

*An jenem Tage ließ er sein Erbarmen walten, \**
*so ward des Nachts ihm Lobpreis schon zuteil.*
*Das ist der Tag, den uns der Herr bereitet, \**
*drum laßt uns jauchzen, fröhlich sein an ihm.*
*Denn das hochheilige, geliebte Kind ist uns ge-*
*schenkt und ward geboren für uns auf dem*
*Wege, gelegt in eine Krippe, \* denn in der Her-*
*berge fand es keinen Platz.*
*Ehre sei in der Höhe dem Herrn und Gott \* und*
*auf der Erde Friede den Menschen, die guten*
*Willens sind.*
*Drob freue sich der Himmel, und die Erde*
*jauchze, aufrauschen soll das Meer in seiner*
*Wogenfülle, \* frohlocken soll die Flur und alles,*
*was auf ihr.*
*Singt dem Herrn ein neues Lied, \* singt dem*
*Herrn, alle Lande.*
*Groß ist der Herr und hohen Lobes würdig, \**
*erhaben über alle Götter.*
*Bringt dem Herrn, ihr Völkerstämme, bringt dem*
*Herrn Ruhm und Preis, \* bringt ihm seines Na-*
*mens Ehre.*
*Bringt eure Leiber dar und tragt sein heil'ges*
*Kreuz \* und folget bis zum Ende seinen heilig-*
*sten Geboten.*

71

Zum Verständnis

Möglicherweise ist die Mehrzahl dieser „Psalmen" während einer österlichen Bußzeit in einer Einsiedelei entstanden, da sie viele Anklänge an die Texte der Fasten- und Passionsliturgie enthalten (vielleicht 1221/23). Diese „Psalmen" sind, wie schon gesagt (S. 31 f.), aus Versen der verschiedensten Psalmen und Cantica zusammengesetzt; nur VIII bietet den Psalm 69 und XIII den Psalm 12.

In I–VI; VIII; X; XII–XIV erhebt Christus seine Stimme zum Vater, meist als der Leidende, in X aber auch als der Auferstandene; in XIV (Advent) spricht er vom kommenden Heil. VII ist ein Lobpreis an den erhöhten Herrn, IX besingt die Auferstehung; XI ist ein Segenswunsch an Christus, der in den letzten beiden Versen selbst wieder spricht. In XV wird das Geheimnis der Weihnacht besungen.

Natürlich kann man versuchen, in der Klage des leidenden Herrn die einzelnen äußeren Stationen seines Leidensweges ausfindig zu machen; aber das Ganze ist mehr eine Zusammenschau der Passion von der inneren Gesinnung Christi her, in die auch österliches Erwarten einfließt, ebenso wie die Osterfreude selbst. Insofern ist der Titel „Stundengebet vom Leiden des Herrn" irreführend. Auch der Titel „Kreuz-Offizium", unter dem die heilige Klara es gebetet hat, ist nur zutreffend, wenn das Kreuz als Siegeszeichen verstanden wird. Man hat es auch „Officium vom Pascha des Herrn" genannt. Wir sprechen einfach von den Christus-Psalmen, auch um anzudeuten, wie hilfreich ein solches christologisches Psalmenverständnis für uns Heutige sein kann, das durch das Neue Testament selbst sowie durch die Vätertradition in der Kirche gegeben ist, aber heute zuwenig gewürdigt wird. (Der Übersetzung lagen „Die Psalmen" von Athanasius Miller OSB [Freiburg i. Br. 1923] zugrunde.)

Zum Vollzug
Die Christus-Psalmen werden all denen willkommen sein, die nach dem angegebenen Schema einzeln oder in Gemeinschaft durch ein kurzes einfaches Stundengebet dem Tageslauf eine feste Ordnung geben wollen, selbst wenn die heutige Stundeneinteilung im Brevier eine andere ist. Matutin wäre ein nächtliches Gebet. Prim, Terz, Sext und Non entsprächen 6.00 Uhr, 9.00 Uhr, 12.00 Uhr und 15.00 Uhr, wobei Terz, Sext, Non jeweils mit der Verurteilung, Kreuzigung und dem Tod Jesu in Verbindung gebracht werden. Die Vesper wird bei Sonnenuntergang, die Komplet zum Tagesausklang gebetet. – Ein solches Beten könnte eine Einübung sein in das, was der heilige Franz in seinem „Brief an das Kapitel" für die Kleriker vorschreibt, daß sie „das Stundengebet mit Hingebung vor Gott verrichten mögen, wobei sie nicht auf den Wohllaut der Stimme, sondern auf den Gleichklang des Geistes achten sollen, auf daß die Stimme mit dem Geiste einig sei, der Geist aber mit Gott. So können sie Gott durch die Reinheit des Herzens gefallen."

## 5. LOBGEBETE

*1. Heilig, heilig, heilig ist der Herr, Gott, der Allmächtige. Der da ist und war und der kommen wird. R Ihn laßt uns loben und hocherheben in Ewigkeit.*
*2. Würdig bist du, Herr, unser Gott, zu empfangen Lob, Ruhm, Ehre und Preis. R Ihn laßt uns loben und hocherheben in Ewigkeit.*
*3. Würdig ist das Lamm, das geschlachtet ist, zu empfangen Macht, Gottheit und Weisheit, Kraft und Ehre und Herrlichkeit und Lobpreis. R Ihn laßt uns loben und hocherheben in Ewigkeit.*
*Laßt uns preisen den Vater und den Sohn samt dem Heiligen Geist. R Ihn laßt uns loben und hocherheben in Ewigkeit.*

*1. Preiset den Herrn, ihr Werke alle des Herrn. R Ihn laßt uns loben und hocherheben in Ewigkeit.*
*2. Lobpreiset unseren Gott, ihr alle seine Diener, und die ihr Gott fürchtet, Kleine und Große. R Ihn laßt uns loben und hocherheben in Ewigkeit.*
*3. Es sollen ihn loben in seiner Herrlichkeit Himmel und Erde und alle Kreatur, die im Him-*

*mel ist und auf Erden und unter der Erde, das
Meer, und was in ihm sich regt. R Ihn laßt uns
loben und hocherheben in Ewigkeit.*
*Ehre sei dem Vater und dem Sohne und dem
Heiligen Geist. R Ihn laßt uns loben und hocherheben in Ewigkeit.*
*Wie im Anfang, so auch jetzt und allezeit und
in Ewigkeit. Amen. R Ihn laßt uns loben und
hocherheben in Ewigkeit.*

## Gebet

*Allmächtiger, allheiliger, höchster und erhaben-
ster Gott. Du alles Gut, du höchstes Gut, du
Fülle des Guten. Der du allein gut bist, dir
spenden wir alles Lob, allen Ruhm, allen Dank,
alle Ehre, allen Preis und alle Güter. Es geschehe, es geschehe! Amen.*

## Zum Verständnis

Auch dieses Gebet läßt sich nicht datieren. – Es hat
einen sehr klaren Aufbau (Dreierstruktur). Dabei wendet sich der Blick mit dem Seher der Geheimen
Offenbarung (Kap. 4 und 5) zunächst zur himmlischen
Liturgie „vor dem Thron und dem Lamme", um dann
– nach dem Vorbild des vom heiligen Franz so geliebten „Gesangs der drei Jünglinge im Feuerofen" –
die ganze Schöpfung zum Lobpreis Gottes aufzu-

fordern. Die bildhafte, eschatologische Schau der Apokalypse geht im Schlußgebet wieder über in die Kontemplation des höchsten Gutes (der Ur-Güte), dem von seiten der Schöpfung schlechthin „alles" gebührt und gehört.

Zum Vollzug

Über seine praktische Verwendung wurde im Zusammenhang mit den Christus-Psalmen gesprochen. Selbstverständlich kann es auch für sich allein gebetet werden. Bei regelmäßiger Übung erweist gerade dieses Gebet eine besonders prägende Kraft. Nach Ausweis des „Spiegels der Vollkommenheit" (Buch 4, Kap. 7) ließ Franz, wenn in Portiuncula das heilige Schweigen von einzelnen durch unnütze Worte gebrochen worden war, neben dem Vaterunser auch die „Lobgebete" als Buße beten. Weiter heißt es wörtlich: „Der heiligste Vater selbst war sehr darauf bedacht, diese ‚Lobgebete' beständig zu beten, und er lehrte sie auch die anderen Brüder mit brennendem Eifer und Verlangen; er trieb sie an, diese ‚Lobgebete' mit Andacht und Hingabe zu sprechen."

# 6. DIE AUSLEGUNG ZUM GEBET DES HERRN

*Heiligster Vater unser:*
*unser Schöpfer, Erlöser, Tröster und Heiland.*

*Der du bist im Himmel:*
*in den Engeln und in den Heiligen. Du erleuch-*
*test sie zum Erkennen, weil du, Herr, das Licht*
*bist. Du entflammst sie zum Lieben, weil du,*
*Herr, die Liebe bist. Du wohnst in ihnen und*
*erfüllst sie zur Seligkeit, weil du, Herr, das*
*höchste Gut bist, das ewige, von dem jedwedes*
*Gut kommt, ohne den nichts gut ist.*

*Geheiligt werde dein Name:*
*Aufleuchten soll in uns die Kenntnis von dir,*
*damit wir innewerden der Breite deiner Wohl-*
*taten, der Länge deiner Verheißungen, der Höhe*
*deiner Erhabenheit, der Tiefe deiner Gerichte*
*(Eph 3, 18).*

*Dein Reich komme:*
*damit du herrschest in uns durch die Gnade*
*und uns läßt in dein Reich kommen, dort, wo*
*sich findet die offenbare Anschauung von dir,*
*die selige Gemeinschaft mit dir, das ewige Ver-*
*kosten in dir.*

*Dein Wille geschehe wie im Himmel, so auf Erden:*
damit wir dich lieben aus ganzem Herzen – und stets an dich denken; aus ganzer Seele – und stets dich ersehnen; aus ganzem Gemüte – und nur dich meinen und deine Ehre in allem suchen; aus all unseren Kräften – und alle Kraft und alles Gespür von Seele und Leib auf deine Liebe verwenden und auf nichts anderes; unseren Nächsten lieben wie uns selbst und alle nach Kräften zu deiner Liebe hinziehen, uns freuen am Gute der anderen gleich wie am eigenen, mitleiden am Elend und je niemand verletzen.
*Unser tägliches Brot gib uns:*
deinen geliebten Sohn, unseren Herrn Jesus Christus.
*gib uns heute:*
zum Gedächtnis, zum Verstehen und zur Verehrung der Liebe, die er zu uns hegte, und all dessen, was er für uns gesprochen, getan und erduldet.
*Und vergib uns unsere Schuld:*
durch dein unaussprechliches Erbarmen und kraft der Leiden deines geliebten Sohnes, unseres Herrn Jesus Christus, und auf die Verdienste und Fürbitte der seligsten Jungfrau Maria und all deiner Auserwählten.

78

*Wie auch wir vergeben unseren Schuldigern:*
*und was wir nicht vollkommen vergeben, mach*
*du, o Herr, daß wir es gänzlich vergeben, da-*
*mit wir um deinetwillen die Feinde wahrhaftig*
*lieben und dich für sie aufrichtig bitten, nie-*
*mandem Böses mit Bösem vergelten und für alle*
*in dir dazusein uns bemühen.*

*Und führe uns nicht in Versuchung:*
*sei sie geheim oder offenkundig, unvermutet*
*oder ungestüm.*

*Sondern erlöse uns von dem Übel:*
*dem vergangenen, gegenwärtigen und zukünf-*
*tigen.*
*Amen.*

Zum Verständnis
Franz von Assisi wird gern der „Heilige des Vater-
unsers" genannt, da er immer wieder dieses Gebet
in die Mitte allen Betens stellt. So ist denn auch die
„Auslegung" das eindrucksvolle Zeugnis für seinen
liebevollen meditativen Umgang mit dem Herrengebet. Wobei allerdings nicht sicher ist, ob es sich
um eine dem heiligen Franz selbst schon überkom-
mene und dann durch ihn erweiterte Paraphrase
handelt (diese waren zu seiner Zeit beliebt) oder ob
er aus verschiedenen Vorlagen „Bausteine" zu der
vorliegenden endgültigen Form zusammengefügt hat.

Diese jedenfalls stammt von ihm, und so hat er sie
seine Jünger gelehrt. Sie zeigt uns das Vaterunser
als Anweisung zu christlicher Lebensgestaltung in
Gemeinschaft und ist zugleich ein Beispiel für das
spirituelle Schriftverständnis des heiligen Franz.

Zum Vollzug
Neben einem unmittelbaren persönlichen Gebrauch
kann die „Auslegung" mittelbar Modell und Anregung sein, sich selbst in ähnlicher Weise das
Herrengebet zu erschließen.


## 7. GEBET UND DANKSAGUNG AUS DER ERSTEN REGEL

*Allmächtiger und allheiliger, höchster und er-
habenster Gott, Vater, heilig und gerecht, Herr,
König Himmels und der Erde, um deiner selbst
willen sagen wir dir Dank, daß du durch deinen heiligen Willen und durch deinen eingeborenen Sohn die unsichtbare und sichtbare Welt
erschaffen und uns, geformt nach deinem Bild
und Gleichnis, ins Paradies versetzt hast. Durch
unsere Schuld sind wir gefallen.*
*Wir sagen dir Dank, daß du uns durch deinen
Sohn erschaffen und auch gleicherweise durch
die heilige Liebe, mit der du uns geliebt, ihn*

selbst als wahren Gott und wahren Menschen aus der glorreichen, seligsten, immerwährenden Jungfrau, der heiligen Maria, hast geboren werden lassen und uns Gefangene durch sein Kreuz, Blut und seinen Tod hast erlösen wollen.

Wir sagen dir Dank, daß dieser dein Sohn einst kommen wird in der Herrlichkeit seiner Majestät, um die Verdammten, die nicht Buße getan und die dich nicht erkannt haben, dem ewigen Feuer anheimzugeben und allen zu sagen, die dich erkannt, angebetet und dir in Buße gedient haben: ,,Kommet, ihr Gesegneten meines Vaters, und empfanget das Reich, das euch bereitet ist vom Anbeginn der Welt.''

Und weil wir Elenden und Sünder allesamt nicht würdig sind, deinen Namen im Munde zu führen, so bitten wir demütig: unser Herr Jesus Christus, dein geliebter Sohn, an dem du dein Wohlgefallen hast, wolle zusammen mit dem Heiligen Geist, dem Tröster, dir Dank sagen für alles, so wie es dir und ihm gefällt. Er, der dir in allem immer Genüge ist, durch den du uns soviel erwiesen. Alleluja.

Und die glorreiche, seligste, allzeit jungfräuliche Mutter Maria, die seligen Michael, Gabriel, Raphael und alle Chöre der seligen Geister: die Seraphim, die Cherubim und die Throne, die

81

*Herrschaften, die Fürstentümer und die Mächte,
die Kräfte, die Engel, die Erzengel; den seligen
Johannes den Täufer, Johannes den Evangelisten, Petrus, Paulus und die seligen Patriarchen,
die Propheten, die Unschuldigen Kinder, die Apostel, Evangelisten, Jünger, Märtyrer, Bekenner,
Jungfrauen, die seligen Elias und Henoch und
alle Heiligen, die da waren, sein werden und
jetzt sind, sie alle bitten wir in Demut um deiner
Liebe willen, daß sie so, wie es dir gefällt, für
all das Dank sagen: dir, dem höchsten und wahren Gott, dem Ewigen und Lebendigen, mit deinem vielgeliebten Sohne, unserem Herrn Jesus
Christus, und dem Heiligen Geiste, dem Tröster,
von Ewigkeit zu Ewigkeit. Amen, Alleluja.*

## Zum Verständnis

Es gilt heute als sicher, daß die einzelnen Kapitel
der ersten, sogenannten nichtbestätigten Regel zu
verschiedenen Zeiten zwischen 1210 und 1221 entstanden sind. Wenn Kap. 22, wie einige meinen, eine
Art Vermächtnis des heiligen Franz aus dem Jahre
1219 ist (bevor er zu den Sarazenen ging, wo er sich
das Martyrium erhoffte) – ein Vermächtnis, in dem
er seine neue Lebensform als ein „Leben der Buße",
das heißt beständiger Umkehr, nochmals umreißt,
dann könnte man Kap. 23 als „erweckenden Lobpreis" (Laude) bezeichnen, zu dem Franz schon in

Kap. 21 Anweisung gibt. In dieser Laude wird die Anrufung Gottes (Invokation) zugleich Aufruf zur Buße (Evokation). Die verkündete Danksagung ist die Einladung an alle, sich Gottes und seiner Heilstaten zu erinnern, sie zu bedenken, um in einem Leben der Umkehr und Lobpreisung Antwort zu geben auf die im Glauben erkannte weltgeschichtliche Stunde der Entscheidung zu Heil oder Unheil.

Dieser von der Verkündigung der Heilsgeschichte bestimmte präfationsartige Lobpreis bildet ähnlich wie der Lobpreis der Tugenden ein überaus wichtiges Gegenstück zum „Sonnenlied". Er macht nämlich offenbar, daß Lobpreis mehr ist als bloß gesteigertes Naturempfinden. Er hat viel mehr beim gefallenen Menschen in seiner Gottvergessenheit die geistgewirkte Um-kehr, ein Sicherinnern (in der ganzen Bedeutungsfülle des Wortes!) zur Voraussetzung, und zwar innerhalb der Gemeinschaft der Kirche als heilsgeschichtlicher Wirklichkeit: sie ist das eigentliche Subjekt dieses Lobpreises.

Zum Vollzug

Ein Morgengebet des einzelnen, um sich seiner Berufung vor Gott und seiner Stellung in der Kirche bewußt zu werden; ferner ist es auch als Gemeinschaftsgebet zum Abschluß von Besinnungstagen zu verwenden.

83

## 8. DER LOBPREIS DER TUGENDEN

*Sei gegrüßt, Königin Weisheit, der Herr bewahre dich durch deine Schwester, die heilige, reine Einfalt.*

*O Herrin, heilige Armut, der Herr bewahre dich durch deine Schwester, die heilige Demut.*

*Herrin, heilige Liebe, der Herr bewahre dich durch deine Schwester, den heiligen Gehorsam.*

*Ihr hochheiligen Tugenden, euch alle bewahre der Herr, von dem ihr ausgeht und herkommt.*

*Kein einziger Mensch ist auf der ganzen Welt, der nur eine von euch besitzen könnte, ohne vorher sich selbst zu sterben. Wer eine besitzt und die anderen nicht verletzt, der besitzt alle, und wer eine verletzt, der besitzt keine und verletzt alle; und jede für sich macht Laster und Sünde zuschanden.*

*Die heilige Weisheit macht Satan mit all seiner Bosheit zuschanden.*

*Die reine, heilige Einfalt macht alle Weisheit dieser Welt zuschanden mitsamt der Weisheit des Fleisches.*

*Die heilige Armut macht alle Habsucht und Geiz und weltliches Sorgen zuschanden.*

*Die heilige Demut macht den Stolz und alle Weltmenschen und alles nur Weltliche zuschanden.*

*Die heilige Liebe macht alle teuflischen und fleisch-*
*lichen Versuchungen und alle fleischlichen Ängste*
*zuschanden.*
*Der heilige Gehorsam macht alles fleischliche und*
*selbstische Wollen zuschanden und hält seinen*
*Leib abgetötet, damit er dem Geist gehorche und*
*seinem Bruder gehorche, und macht den Men-*
*schen allen Menschen dieser Welt untertan, und*
*zwar nicht nur den Menschen, sondern selbst*
*allen unvernünftigen und wilden Tieren, damit*
*sie mit ihm nach ihrem Belieben tun können, so-*
*fern es ihnen von oben, vom Herrn, gegeben ist.*

Zum Verständnis und Vollzug dieses Gebetes vgl.
die ausführlichen Darlegungen auf S. 43 ff.

## 9. DIE ERMAHNUNG ZUM LOBE GOTTES

*Fürchtet den Herrn*
*und gebt ihm die Ehre* (Offb 14, 7).
*Würdig ist der Herr,*
*zu empfangen Lob und Ehre* (Offb 4, 11).
*Alle, die ihr den Herren fürchtet,*
*lobet ihn* (Ps 21, 24).

*Gegrüßet seist du, Maria, voll der Gnade,*
*der Herr ist mit dir* (Lk 1, 28).
*Lobe ihn, Himmel und Erde* (Ps 68, 35).
*Ihr Ströme alle, lobet den Herrn* (Dan 3, 78).
*Ihr Söhne Gottes, preiset den Herrn* (Dan 3, 12).
*Dies ist der Tag, den der Herr gemacht,*
*laßt uns frohlocken*
*und seiner uns freuen* (Ps 117, 24).
*Alleluja, Alleluja, Alleluja,*
*König von Israel!* (Joh 12, 13).
*Alles, was Odem hat,*
*lobe den Herrn* (Ps 150, 6).
*Lobet den Herrn, denn er ist gut;*
*alle, die ihr dies lest, preiset den Herrn* (Ps 146, 1).
*Ihr Kreaturen alle,*
*preiset den Herrn* (Ps 102, 22).
*Ihr Vögel des Himmels,*
*preiset den Herrn* (Dan 3, 86).
*Ihr Kinder alle, lobet den Herrn* (Ps 112, 1).
*Ihr Jünglinge und Jungfrauen,*
*lobet den Herrn* (Ps 148, 12).
*Würdig ist das Lamm, das geschlachtet ist,*
*zu empfangen Lob, Ruhm und Ehre* (Offb 5, 12).
*Gepriesen sei die heilige Dreifaltigkeit*
*und ungeteilte Einheit.*
*Heiliger Erzengel Michael,*
*verteidige uns im Kampfe.*

Zum Verständnis

Dieses Gebet, das hier erstmals in deutscher Sprache vorliegt (die lateinische Urfassung ist in der im Erscheinen begriffenen kritischen Ausgabe der Opuscula des heiligen Franz von P. Kajetan Esser und P. Engelbert Grau OFM zu finden), ist aller Wahrscheinlichkeit nach vom heiligen Franz eigenhändig auf eine als Altar-Antependium dienende Holztafel geschrieben worden, versehen mit der figürlichen Darstellung einiger Geschöpfe. Sie befand sich in der Einsiedelei Cesi di Terni in den Bergen Umbriens, die Franz von einem Benediktinerabt angeboten worden war. Die Tafel ging nach 1537 verloren. – Das Kirchlein der Einsiedelei war – wie das von La Verna und Portiuncula – der Jungfrau Maria von den heiligen Engeln geweiht. Das erklärt die Anrufung Mariens in diesem Lobpreis. Möglicherweise ist dieser Lobpreis zum Weihetag der Kirche verfaßt worden: „Dies ist der Tag, den der Herr gemacht." Das Gebet ist ein eindringliches Beispiel für die spontane Gebetsweise des heiligen Franz. Es kann als ein Vorläufer des „Sonnenliedes" betrachtet werden und wie dieses seinen Vollzug finden.

(Hier, wie bei den anderen Gebeten, verdanken die Hinweise „Zum Verständnis" vieles den „Studien zu den Opuscula des Heiligen Franziskus von Assisi" von Kajetan Esser OFM, zuletzt als Sammelband: Rom 1973.)

## 10. DER LOBPREIS GOTTES
## VON LA VERNA

*Du bist der Heilige, Herr, der alleinige Gott;*
*Wunderwerke vollbringst du.*
*Du bist der Starke.*
*Du bist der Große.*
*Du bist der Höchste.*
*Du bist der allmächtige König,*
*du, heiliger Vater,*
*König des Himmels und der Erde.*
*Du bist der Dreifaltige und der Eine,*
*Herr und Gott über allen Göttern.*
*Du bist das Gute, jegliches Gut, das höchste Gut,*
*Herr und Gott, lebendig und wahr.*
*Du bist die Liebe und Güte.*
*Du bist die Weisheit.*
*Du bist die Demut.*
*Du bist die Geduld.*
*Du bist die Schönheit.*
*Du bist die Sicherheit.*
*Du bist die Ruhe.*
*Du bist die Freude und das Frohlocken.*
*Du bist unsere Hoffnung.*
*Du bist die Gerechtigkeit.*
*Du bist das Maß.*
*Du bist all unser Reichtum zur Genüge.*

*Du bist die Schönheit.*
*Du bist die Milde.*
*Du bist der Beschützer.*
*Du bist der Hüter und unser Beschirmer.*
*Du bist die Stärke.*
*Du bist die Erquickung.*
*Du bist unsere Hoffnung.*
*Du bist unser Glaube.*
*Du bist unsere Liebe.*
*Du bist unsere ganze Glückseligkeit.*
*Du bist unser ewiges Leben.*
*Großer und wunderbarer Herr,*
*allmächtiger Gott, barmherziger Heiland.*


Zum Verständnis

Dieser schon mehrfach erwähnte Lobpreis des heiligen Franz (vgl. S. 33, 43) entstammt seinen heiligsten
Stunden auf La Verna, der Zeit von Mitte bis Ende
September 1224. Er versagt sich somit einer eigentlichen „Erklärung". Man kann nur in etwa sagen,
daß Franz hier versucht, sein Erfahren der Ur-Güte,
das auf La Verna seinen Höhepunkt fand, in ent-
faltender Anrede betend zum Ausdruck zu bringen.
Zu einem Nachvollzug kann man nur aus tiefer Stille
und einem völligen Leergewordensein kommen. Langsames rhythmisches Sprechen – zum Beispiel nach
dem Empfang der heiligen Kommunion – mag vielleicht auch einen erlebnishaften Zugang auftun.

89

## 11. DAS SONNENLIED

*Du höchster, allmächtiger, guter Herr, dein ist Lobpreis und Ruhm, Ehre und jeglicher Segen. Dir allein, Höchster, gebühren sie. Und keiner der Menschen ist wert, dich im Munde zu führen.*

*Sei gelobt, mein Herr, mit all deinen Kreaturen, sonderlich mit der hohen Frau, unserer Schwester Sonne, die den Tag macht und mit der du uns leuchtest. Schön in der Höhe und strahlend im mächtigen Glanz, ist sie dein Sinnbild, du Herrlicher!*

*Sei gelobt, mein Herr, durch Bruder Mond und die Sterne. Du hast sie am Himmel geformt, klar, kostbar und schön.*

*Sei gelobt, mein Herr, durch Bruder Wind, durch Luft und Gewölk, durch heitres und jegliches Wetter. Alle Kreatur belebst du durch sie!*

*Sei gelobt, mein Herr, durch Schwester Wasser. Es ist so nützlich, gering, köstlich und keusch.*

*Sei gelobt, mein Herr, durch Bruder Feuer. Durch ihn erhellst du die Nacht, schön ist er, heiter und kraftvoll und stark.*

*Sei gelobt, mein Herr, durch unsere Schwester Mutter Erde. Sie ernährt und versorgt uns und zeitigt allerlei Früchte, farbige Blumen und Gras.*

*Sei gelobt, mein Herr, durch jene, die verzeihen in deiner Liebe, die Krankheit tragen und Trübsal. Selig, die da dulden in Frieden! Von dir, du Höchster, empfangen sie die Krone.*

*Sei gelobt, mein Herr, durch unseren Bruder, den Leibestod. Kein Lebender kann ihm entrinnen. Weh denen, die sterben in Todessünden! Selig, die sterben, geborgen in deinem heiligsten Willen! Der zweite Tod vermag nichts wider sie.*

*Lobet und preist meinen Herrn, danket und dient ihm in großer Demut!*

Zum Verständnis

Es ist das bekannteste aller Gebete des heiligen Franz. Er verfaßte die ersten Strophen und den Schluß dieses Liedes, als er im Herbst des Jahres 1225 krank bei S. Damiano weilte (vgl. Nigg-Schneiders, Nr. 58.59).

Wenig später fügte er die Strophe über den Frieden hinzu, als zwischen dem Bürgermeister und dem Bischof von Assisi ein Streit entbrannt war. Er soll damals zwei seiner Brüder mit dem Sonnenlied und dieser neuen Strophe dorthin gesandt haben, um sie

91

vor dem Hause des Bürgermeisters und ebenso vor dem Hause des Bischofs singen zu lassen, die sich daraufhin miteinander versöhnten (Beispiel für die evokative Macht einer „Laude"). – Als Franz dann seines bevorstehenden Todes gewiß war, fügte er 1226 die Strophe über den Tod hinzu. Wann das Sonnenlied zuerst schriftlich aufgezeichnet wurde, ist nicht auszumachen; ebenso nicht, wie es ursprünglich gesungen wurde.

Zu einem ersten Verstehen ist auf S. 43 wohl genügend gesagt. Die vielfachen Übersetzungen des Sonnenliedes machen deutlich, wie schwer eine dichterische Wiedergabe des italienischen Originals ist, zumal die Sonne – hier Sinnbild Christi – im Italienischen männlichen Geschlechts ist, der Mond hingegen weiblichen. (Die vorliegende Übersetzung geht im wesentlichen auf die Fassung im alten Passauer Diözesangebetbuch zurück; der Titel „Sonnenlied" auf die schöne Arbeit von E. W. Platzeck OFM, „Das Sonnenlied des Heiligen Franziskus von Assisi", München 1956.)

Zum Vollzug

Abgesehen vom persönlichen oder auch gemeinsamen wechselseitigen Beten – möglicherweise in freier Natur –, tut sich hier ein Weg zur eigenen schöpferischen Verwirklichung des Liedes auf, indem man – im Geiste der Armut – alle Lebensumstände und alle Dinge des Alltags in ein beständiges „Sei gelobt, mein Herr, durch . . ." aufnimmt. Überhaupt lassen die Gebete freien Raum für den schöpferischen Umgang mit ihnen, ja sie wollen geradezu die eigene Spontaneität im Beten wecken.

## 12. SCHLUSSGEBET AUS DEM BRIEF AN DEN GANZEN ORDEN

*Allmächtiger, ewiger, gerechter und barmherziger Gott. Verleihe uns Elenden, um deiner selbst willen das zu tun, von dem wir wissen, daß du es willst. Und immer zu wollen, was dir gefällt, auf daß wir, im Innern geläutert und erleuchtet und entflammt vom Feuer des Heiligen Geistes, nachfolgen können den Fußspuren deines Sohnes, unseres Herrn Jesus Christus, und zu dir, du Allerhöchster, durch deine Gnade gelangen. Der du in vollkommener Dreifaltigkeit und einfacher Einheit lebst und herrschest und verherrlicht wirst als allmächtiger Gott in alle Ewigkeit. Amen.*

Zum Verständnis
Der Brief an den ganzen Orden dürfte bald nach 1220 entstanden sein. Das Gebet faßt noch einmal den Franziskus-Weg, wie er sich in den vorausgegangenen Berichten und Gebeten aufgetan hat, zusammen. Es erweist die radikale Theozentrik dieses Weges: Gott, sein Wille und Wohlgefallen sind die Mitte.

Die klassischen drei Phasen des mystischen Erfahrungsweges klingen an: Läuterungs-, Erleuchtungs- und Einigungsweg. Das Beschreiten dieses Weges ist ganz und gar geistgewirkt. Der Weg aber ist Christus selbst; das Ziel: Leben im Banne der Dreieinigkeit.

Zum Vollzug
Das Gebet eignet sich gut zum Abschluß der täglichen Betrachtung oder Schweigemeditation; ebenso zum Abschluß von Tagen der Geistessammlung. Eventuell kann es auch mit den Christus-Psalmen verbunden werden.

# III
## Beten in der Nachfolge
## des heiligen Franz von Assisi

## 1. DIE HEILIGE KLARA VON ASSISI

Was der Meister und Lehrer aus der Fülle der inneren
Erfahrung heraus spontan und umfassend verwirklicht, nimmt bei seinen Schülern in einer mehr ge-
zielteren Teilverwirklichung eine im einzelnen oft
greifbarere Gestalt an. So können Beispiele heiliger
Menschen aus der franziskanischen Urgemeinde hilfreich sein, den vom heiligen Franz aufgezeigten Weg
des Gebetes tiefer zu verstehen. Unter ihnen ragt
die heilige Klara von Assisi (1194–1253), die „kleine
Pflanze" des heiligen Vaters Franziskus, wie sie sich
selbst nennt, in besonderer Weise hervor. Sie, die
der heilige Franz ganz persönlich auf den Weg der
Christus-Nachfolge führte, vermochte, auf die Dauer
gesehen, in ihrer Gründung das Armutsideal radikaler
zu verwirklichen als der männliche Zweig des Ordens
(vgl. Nigg-Schneiders, Nr. 25–28).
So haben denn auch das Gebet und das kontemplative Leben bei ihr unbedingten Vorrang. Die Worte
des heiligen Franz über das Gebet aus der zweiten,
sogenannten „bestätigten Regel" gewinnen in ihrem

Mund, das heißt in ihrer eigenen Regel, eine Ent-
schiedenheit, von der die heutigen Ordensgemein-
schaften insgesamt betroffen sein müßten, nämlich
daß die übernommene Arbeit den Geist des Gebetes
und der Hingabe nie ersticken dürfe. Es geht in
erster Linie darum, den Geist des Herrn zu besitzen
und allezeit zu ihm zu beten.

Sie selbst verwirklichte solches Beten in der lieben-
den Einsgerichtetheit ihres Geistes („Spitze des innerlichen Verlangens") auf Christus hin, im vollkommenen Sichöffnen und Auf-ihn-Hören. Thomas von
Celano, der auch das Leben der heiligen Klara aufgezeichnet hat, beschreibt mit wenigen Worten ganz
exakt den Vollzug der Kontemplation (Nr. 19), ebenso den Zustand ihres Versunkenseins bei der Lei-
densbetrachtung (Nr. 31). Schließlich gibt Klara selbst
noch im dritten Brief an die selige Agnes von Prag
eine kurze Anweisung für die Beschauung (die in
ähnlicher Weise auch im vierten Brief zu finden ist).

## Aus der Regel der heiligen Klara

### VII. Kapitel

*1. Die Schwestern, denen der Herr die Gnade
gegeben hat, arbeiten zu können, sollen nach
der Terz in Treue und Hingabe arbeiten, und
zwar soll es sich um eine ehrbare und für die
Gemeinschaft nützliche Arbeit handeln,*

*2. so daß sie zwar den der Seele schädlichen Müßiggang fernhalten, aber den Geist des heiligen Gebetes und der Hingabe nicht ersticken; ihm sollen ja die anderen zeitlichen Dinge dienen.*

## X. Kapitel

*6. Und die keine wissenschaftlichen Kenntnisse haben, dürfen nicht danach trachten, sich wissenschaftliche Bildung zu verschaffen.*

*7. Sie sollen vielmehr bedenken, daß ihr Verlangen vor allem dahin gehen muß, den Geist des Herrn zu besitzen und sein heiliges Wirken, allzeit mit reinem Herzen zu ihm zu beten, Demut und Geduld in Trübsal und Krankheit zu bewahren und jene zu lieben, die uns verfolgen, tadeln und anschuldigen; denn der Herr sagt: Selig, die Verfolgung leiden um der Gerechtigkeit willen, denn ihrer ist das Reich der Himmel (Mt 5, 10). Wer aber ausharrt bis ans Ende, der wird gerettet werden (QuSchr II, 100 und 105).*

Aus Thomas von Celano,
Leben der heiligen Klara von Assisi

Nr. 19. *Wie sie dem Leibe nach schon vor dem
Tode gestorben war, so war sie der Welt gänzlich entfremdet. Ständig beschäftigte sie ihre
Seele mit heiligen Gebeten und göttlichen Lob-
preisungen. Die glühende Spitze ihres innerlichen
Verlangens hatte sie schon fest auf das Licht
gerichtet, und sie, die sich über den Bereich der
wandelbaren irdischen Dinge emporgeschwun-
gen hatte, öffnete ihr Herz um so weiter dem
Strom der Gnade. Noch lange Zeit betete sie nach
der Komplet mit den Schwestern, und während
sie in Tränen ausbrach, rührte sie auch die
übrigen zu Tränen. Nachdem dann die übrigen
Schwestern darangingen, ihre müden Glieder auf
harten Lagern neu zu stärken, harrte sie selbst
stets wachsam und unerschütterlich im Gebet aus,
damit sie heimlich den Inhalt des göttlichen Flü-
sterns erlausche, wenn tiefer Schlaf die anderen
befallen hatte.*

Nr. 31. *Einst war wieder der Tag der Einsetzung
des heiligsten Abendmahles herangekommen, an
dem der Herr die Seinen bis ans Ende geliebt
hatte. Spät, um die Stunde, da die Todesangst
des Herrn nahte, schloß sich Klara voll Trauer*

*und Betrübnis in die Einsamkeit ihrer Zelle ein.
Als sie betend den Herrn im Gebet begleitete und
ihre bis zum Tod betrübte Seele sich teilnahms-
voll in jene Betrübnis versenkte, erschauerte sie
alsbald im Gedenken der Gefangennahme und
der ganzen Verspottung und ließ sich auf ihr
Lager nieder. Die ganze Nacht und den folgenden Tag war sie so hingerissen und blieb sie so
entrückt, daß sie, mit unverwandtem Blick auf
den einen Gegenstand hingerichtet, mit Christus
gekreuzigt und ganz gefühllos für alles andere
erschien* (QuSchr II, 51 f. und 61).

## Aus dem dritten Brief an die
## selige Agnes von Prag

*Stelle deine Gedanken vor den Spiegel der Ewig-
keit, stelle deine Seele in den Glanz der Glorie,
stelle dein Herz vor das Bild der göttlichen
Wesenheit und formte dich selbst durch Betrachtung gänzlich um in das Abbild seiner Gottheit,
damit du selbst empfindest, was seine Freunde
empfinden durch das Verkosten der verborgenen
Süßigkeit, die Gott selbst von Anbeginn seinen
Liebhabern aufbewahrt hat* (QuSchr II, 122).

## 2. DER SELIGE BRUDER ÄGIDIUS

Ägidius war der dritte Gefährte des heiligen Franz.
Er wurde am 23. April 1209 in seine Gefolgschaft
aufgenommen. Er starb am 22. April 1262. Aufgrund
einer persönlichen Erscheinung des Herrn in der Einsiedelei Cetona am 22. Dezember 1226 – das Erleben
selbst erstreckte sich bis zum 5. Januar 1227, es war
durch das lange Martinsfasten vom 11. November an
vorbereitet worden – zog er sich gänzlich in die
Einsamkeit zurück, um ausschließlich der Beschauung, der Kontemplation zu leben, nachdem er schon
zuvor seine Zeit weithin in den Einsiedeleien der
frühen franziskanischen Gemeinschaft verbracht
hatte. Er selbst stellt das oben erwähnte mystische
Erleben in seiner Unmittelbarkeit noch über das,
was dem heiligen Franz auf La Verna widerfuhr:
,,Wie Gott die Apostel anhauchte, so hat er auch
mich angehaucht." Als ein Bruder in einem behut-
samen, sich fast nur mit Andeutungen begnügenden
Gespräch über des Ägidius mystische Erfahrung
meinte: ,,Man müßte eine wunderschöne Kirche an
der Stelle erbauen, wo der Herr so Großes gewirkt",
pflichtete der selige Ägidius bei mit dem Bemerken:
,,Pfingstkirche müßte sie heißen." Damit spricht Ägidius etwas aus, was sich durch das Leben des heiligen Franz und seiner Gefährten, vor allem nach
dem Ausweis der ,,Fioretti", wie ein roter Faden
zieht: die Hinweise auf das Wirken des Heiligen
Geistes. Es spricht sich darin die Sehnsucht aus, daß

von der ganzen Kirche Gottes als lebendige Erfahrung gelten möge, was bei Bruder Ägidius der einfache Name einer möglichen Kirche ist: Pfingstkirche. Das Leben des Bruders Ägidius, der übrigens als einziger der ersten Gefährten des heiligen Franz als Seliger liturgisch verehrt wird (23. 4.), hat uns Bruder Leo berichtet. Des Ägidius Aussprüche wurden früh gesammelt in den „Goldenen Worten des Bruders Ägidius", von denen wir nur eine ganz kleine Auswahl bringen, um damit gleichzeitig auf das Gesamtwerk zu verweisen, wenn auch seine herbe Art den Zugang nicht gerade leicht macht.

## Worte von Bruder Ägidius

*1. Was immer man ersinnen und besehen, bereden und mit Händen greifen kann, ist ein Nichts im Vergleich mit dem, was weder ausgedacht noch ausgesprochen, nicht geschaut oder abgetastet werden kann.*
*Alle Weisen und Heiligen aus Vergangenheit, Gegenwart und Zukunft, die über Gott gesprochen haben oder noch sprechen werden, haben nichts ausgesagt und werden auch niemals etwas aussagen, das dem entspräche, was Gott ist. All ihre Aussagen bedeuten höchstens soviel wie ein einziger Nadelstich im Vergleich*

101

mit Himmel und Erde und allen Geschöpfen, die darinnen sind, ja über tausendmal weniger noch. Die ganze Heilige Schrift spricht ja gleichsam nur lallend zu uns, wie eine Mutter mit ihrem Kindlein lallt, weil es sonst die Worte nicht auffassen könnte.

2. Der Mensch macht sich einen Gott zurecht, wie er ihn will. Er aber bleibt immerdar so, wie Er wirklich ist.

3. Wer nicht zu beten weiß, erkennt Gott nicht.

4. Das Gebet ist Beginn und Beschluß alles Guten.

5. Gute Werke zieren die Seele, aber Beten ist etwas ganz Großes.

6. Zur Beschauung der göttlichen Majestät in ihrer Herrlichkeit vermag niemand aufzusteigen, außer durch Geistesglut und vieles Beten. Durch das Glühen des Geistes gerät der Mensch in Brand und steigt zur Beschauung empor, sobald das Herz zusammen mit den übrigen Organen vollkommen darauf abgestimmt ist, so daß er nichts anderes mehr denken will und kann, als was er besitzt und fühlt.

7. Leben in der Beschauung besagt: alles Irdische aus Liebe zu Gott abstreifen, allein das Himm-

lische suchen, anhaltend beten, häufig Lesung halten, in Hymnen und Liedern allzeit Gott lobsingen.

8. In der Beschauung leben heißt: von allen und allem geschieden sein und allein mit Gott verbunden sein.

9. Da es keinen Menschen gibt, der ins beschauliche Leben eintreten kann, ehe er nicht durch ein tätiges Leben treu und mit Hingabe sich geschult hat, muß man mit Anstrengung und aller Sorgsamkeit das tätige Leben ausnutzen.

10. Der Geist kommt in der Demut zur Ruhe. Geduld ist ihre Tochter.

11. Reinheit des Herzens schaut Gott, Hingabe kostet ihn.

12. Zahlreich sind die Gnaden und Tugenden, die man beim Beten verdient und findet. Zunächst wird der Mensch im Geist erleuchtet. Dann wird er im Glauben gefestigt. Drittens erkennt er sein Elend. Viertens gerät er in heilige Furcht, kommt zur Demut und wird klein vor sich selber. Fünftens gelangt er zur Herzenserschütterung. Zum sechsten wird das Gewissen geläutert. Zum siebten wird er in der Geduld bestärkt. Achtens

103

*unterstellt er sich dem Gehorsam. Neuntens gelangt er zu wahrer Unterscheidung. Zehntens erlangt er Wissen. Elftens erlangt er Verständnis. Zwölftens findet er Stärke. Dreizehntens findet er Weisheit. Vierzehntens kommt er zur Kenntnis Gottes, der denen sich offenbart, die in Geist und Wahrheit ihn anbeten. Darauf entbrennt der Mensch zur Liebe, eilt zum Duft, kommt zu lustvoller Wonne, wird zur Geistesruhe geführt und schließlich in die Herrlichkeit überführt. Nachdem er aber einmal seinen Mund auf des Allerhöchsten Worte, die die Seele sättigen, eingestellt hat, was vermag ihn da vom Beten zu scheiden, das ihn zu solcher Schau geführt hat? Daher sagt Gregor: Wer die Himmelswonne gekostet hat, dem wird alles, was die Erde zu bieten hat, belanglos* (QuSchr III, 58f. 59 81 84 87 98).

## 3. DER SELIGE BRUDER JOHANNES VON LA VERNA

Mit Bruder Johannes von La Verna soll noch der Zeuge einer etwas späteren Generation der Franziskus-Jünger zu Wort kommen, obwohl es noch mehr ältere Zeugen der Kontemplation im frühen Franziskanertum gibt, z. B. den heiligen Antonius von Padua

(1195–1231). Aber durch die „Fioretti", in deren zweitem Teil die Kapitel 49–53 (nach der lateinischen Ausgabe „Floretum") ganz dem seligen Johannes von La Verna gewidmet sind, rückt er in eine solche geistige Nähe zum heiligen Franz, daß der Verfasser der „Fioretti" mit Recht schreibt: „Wie herrlich Franz in den Augen Gottes ist, erscheint in den auserwählten Söhnen, die der Heilige Geist in seinem Orden vereinigt hat." Zudem überliefern zwei alte Handschriften einen vom seligen Johannes selbst verfaßten ganz kurzen Traktat über den Aufstieg der Seele zu Gott, den wir hier erstmals in deutscher Sprache vorlegen können. Er ergänzt das geistliche Bild, wie es uns die „Fioretti" bieten, durch Johannes' von La Verna eigene Aussagen und faßt gleichzeitig den mystischen Gebetsweg des heiligen Franz zusammen, wie die Wiederkehr uns bereits bekannter Ausdrücke wie „Eifer", „Erglühen", „Süße" u. ä. es zeigen. Auch ein Vergleich mit Text Nr. 12 des Bruders Ägidius zeigt deutliche Entsprechungen. Wenn der selige Johannes seinen kleinen Traktat mit dem Wort „Offenbarung" schließt, dann beinhaltet dieses Wort einen mehrfachen Sinn, unter anderem auch das in der Einführung erwähnte, immer erfülltere geistliche Verständnis der Heiligen Schrift unter Führung des Heiligen Geistes durch die erleuchtende Vermittlung der himmlischen Hierarchie der Engel. Vor allem aber ist im Anschluß an Dionysius Areopagita hier jene bildlose Entschleierung der göttlichen Wirklichkeit gemeint, die sich im mystischen Aufstieg der Seele vollzieht. Beides ist auch hier getragen von der tiefen Sehnsucht nach einer „Pfingstkirche".

Johannes von La Verna wurde 1259 zu Fermo geboren (darum auch Johannes von Fermo genannt). Er ging mit zehn Jahren bereits zu den Augustiner-Chorherren, trat aber bald zu den Minderbrüdern über und war in Spiritualenkreisen geschätzt. Seit 1292 hatte sich der Selige ganz nach La Verna zurückgezogen, wo er am Abend des 9. August 1322 starb. Seine jahrhundertelange Verehrung erhielt 1880 durch Leo XIII. die päpstliche Gutheißung.

*Wie Bruder Johannes von La Verna in den Abgrund Gottes entrückt ward.*

*1. Weil der vorher erwähnte Bruder Johannes den Tröstungen dieser Welt ganz und gar entsagt hatte, war er eifrig darauf bedacht, in Gott allein Tröstung zu finden. Wenn daher die Hochfeste unseres gebenedeiten Herrn Jesus Christus kamen, pflegte er neue Tröstungen und wunderbare Offenbarungen mit Hilfe der göttlichen Gnade sich zu bereiten.*
*2. So geschah es – als die Geburt unsres Herrn und Erlösers sich nahte und er selbst eine Tröstung von der Menschheit des gebenedeiten Christus mit Sicherheit erwartete,*

106

3. *daß der Heilige Geist, der es wohl versteht – nach seinem Wohlgefallen –, seine Gaben zur rechten Zeit und am rechten Ort zu verteilen, indem er nicht achtet auf das Planen des Menschen, wie dieser will oder eilt, sondern auf die Weisheit des Herrn, welcher sich erbarmt, – daß eben dieser Heilige Geist also*

4. *dem Bruder Johannes nicht den Trost gewährte, den er von der Menschheit Christi erwartete, sondern von Christi Liebe eine so glühende Hinneigung, daß es Johannes dünkte, die Seele werde ihm aus dem Leibe gerissen.*

5. *Denn hundertmal stärker, als wie wenn er in einem Ofen säße, brannten sein Herz und seine Seele, wegen welcher Glut er sich ängstigte und stöhnte und vor Erschütterung laut aufschrie, weil er ob der übermächtigen Glut der Liebe und ob des Ansturms des Geistes sich vom Schreien nicht zurückhalten konnte.*

6. *In jener Stunde aber, in welcher er so sehr die Glut der Liebe spürte, stärkte die Hoffnung auf das Heil ihn in solchem Maße, daß er glaubte, wenn er damals gestorben wäre, er nicht mehr durch das Fegefeuer hätte hindurch müssen.*

7. *Jene übergroße Liebe dauerte – wenn auch mit Unterbrechung – ein halbes Jahr hindurch an, die Glut aber währte mehr als ein Jahr, so*

daß er einmal sogar meinte, seinen Geist aufgeben zu müssen.

8. Nach jener Zeit aber hatte er unzählige Heimsuchungen und Tröstungen, wie ich selbst öfters als Augenzeuge feststellen konnte und wie auch mehrere andere es wohl bemerkten. Denn wegen des Übermaßes der Glut der Liebe konnte er die Heimsuchungen nicht verbergen: er wurde nämlich mehrfach entrückt – ich konnte es selbst sehen.

9. Eines Nachts wurde er erhoben in ein wunderbares Licht, so daß er alles Geschaffene im Schöpfer schaute, das Himmlische wie das Irdische, alles gemäß seiner Stufenordnung unterschieden:

10. nämlich wie die Chöre der seligen Geister unterhalb Gottes sind, und das irdische Paradies und die selige Menschheit Christi, die Wohnstätte der Abgeschiedenen und so fort. Und er schaute, und er spürte, daß alles den Schöpfer als gegenwärtig bezeugte.

11. Hernach erhob ihn Gott über alle Kreatur, so, daß seine Seele verschlungen und aufgenommen ward in den Abgrund der lauteren Gottheit, begraben im Meer der Ewigkeit und Unendlichkeit Gottes,

12. und zwar so sehr, daß er nichts Geschaf-

108

*fenes oder Gestaltetes, nichts Begrenztes, nichts
Denkbares, was nämlich das menschliche Herz
gedanklich fassen und die Sprache wiedergeben
könnte, mehr wahrnahm.*

*13. Und es ward aufgesogen jene Seele in jenen
Abgrund der Gottheit und in das Meer, das heißt
in die Fülle des Verklärungslichtes, deshalb, weil
die Seele selbst weit geworden war wie ein
Tropfen Wein im weiten Meere.*

*14. Und so wie dieser Tropfen nichts in sich
findet als nur Meer, so schaute jene Seele nur
Gott in allem und über allem sowie innerhalb
und außerhalb von allem, und gleicherweise die
drei Personen in einem Gott und den einen Gott
in drei Personen.*

*15. Und sie spürte jene ewige Liebe, welche be-
wirkte, daß Gottes Sohn Fleisch annahm im Gehorsam gegenüber dem Vater, durch welchen
Gehorsam er Mensch ward. Und durch diesen
Weg der Menschwerdung und des Leidens des
Sohnes Gottes, den sie unter Tränen betrach-
tend sich zu eigen machte, gelangte sie zu unaussprechlichen Lichtern*

*16. und spürte auch, daß es keinen anderen
Weg gibt, durch den die Seele zu Gott eingehen
könnte, als nur durch Christus, welcher ist der
Weg, die Wahrheit und das Leben (Joh 14, 6).*

17. *Auch wurde ihr in derselben Schau gezeigt alles, was von Christus getan ward, seit dem Fall des ersten Menschen bis hin zum Eintritt Christi in das ewige Leben [bei seiner Himmelfahrt]. Er ist ja das Haupt und der Erstling aller Erwählten, die von Anbeginn der Welt an waren, sind und sein werden bis zur Vollendung, so wie es verkündigt ist durch die heiligen Propheten. – Zum Lobe unseres Herrn Jesus Christus. Amen.*

Worte des Bruders Johannes von La Verna
über die Stufen der Seele

*Der erste Zustand, den die Seele durchschreitet, beginnt mit Tränen und Schmerzen über die Sünden, im Mitleiden mit dem Nächsten und im Mitleiden mit Christus und im Ringen mit den eigenen Fehlern.*
*Der zweite besteht im brennenden Erglühen der Gottesliebe aus allen Kräften; und das reinigt die Seele von Rost und Fäulnis, die sie sich zugezogen hat und noch beständig zuzieht. Solches geschieht unter Mühen und Erschöpfung.*
*Der dritte Zustand ist Süße, und das gibt eine gewisse Salbung und Erquickung nach dem Er-*

glühen und erleuchtet die Seele; und es scheint,
daß die Seele ganz Auge sei und die Glieder
des Leibes wohltuend gelöst und das Weltgetriebe
klingend wie eine Zither, und so wird die Seele
fähig gemacht, Gott zu umfangen.

Der vierte ist Ruhe. Da ist der Mensch der Welt
und dem Fleisch begraben und ans Kreuz ge-
heftet und ruht in Gott, wenn er das auch nicht
beständig tut.

Der fünfte ist Herrlichkeit, und das ist, wenn der
Mensch beginnt, verherrlicht zu werden und sich
ihm die Schauungen der Glorie erschließen. Dadurch erhebt sich die Kreatur in jene Himmels-
welt und schaut, wie der Stand der Engel dem
unserigen und unseren Gnaden entspricht, und
sie schaut, wie von der Dreieinigkeit die Erleuchtungen zu Christus als dem Menschen her-
niedersteigen, sodann von Christus zu den Engeln und von den Engeln zu uns; und somit wird
der Mensch fähig, Offenbarung zu empfangen.
Dank sei Gott.

## Die Aufgabe der Gegenwart

Welche Aufgaben sich aus dem anhand der Texte des heiligen Franz und seiner Jünger Aufgewiesenen für uns Heutige ergeben, vermag noch deutlicher zu werden, wenn wir das in der Einführung erwähnte „ahnende Verlangen nach Weisheit" noch ein wenig hinterfragen. Hier scheint inmitten eines vom Fortschrittsdenken bestimmten technokratischen Zeitalters, im erbarmungslosen Streß einer Leistungsgesellschaft mit ihren klischeehaften, von Konsumhaltung geprägten, neubürgerlichen Lebensformen sich als eigentlicher Hintergrund die *Sehnsucht nach universaler Kommunikation* aufzutun, und zwar in dreifacher Hinsicht: 1. mit sich selbst als Identitätsfindung, 2. mit dem Du als Gruppenerfahrung und versuchte neue Formen von Partnerschaft (u. a. in Kommunen), 3. mit dem Kosmos als das Ringen um eine ganzheitliche Welt- und Naturbetrachtung (im Gegenzug zu unserem

112

technokratischen Zeitalter). Es gibt wohl kaum
einen von dieser Sehnsucht Betroffenen, der
nicht bereit wäre, einzuräumen, daß solche
universale Kommunikation nur möglich ist in
der Kommunikation oder, besser, im Einswerden mit der letzten Wirklichkeit, dem tra-
genden Grund aller Dinge, *Gott*, wie immer
dieses Wort auch ausgelegt werden mag. Die
Sehnsucht nach universaler Kommunikation
ist die Signatur jener neuen Spiritualität, die
oft gerade junge Menschen zu verwirklichen
trachten als den inneren und äußeren Weg,
der ein Überleben inmitten der Grenzen des
Wachstums gerade noch ermöglicht. Um diesen Weg zu gehen, ist man bereit, auch harte
innere und äußere Disziplin auf sich zu nehmen. Ja, zum Teil sehnt man sich geradezu
nach straffer Führung und strenger Forderung,
die freilich spirituell begründet sein müssen.
Mönchtum, Ordensstand und zumal Franziskanertum als gelebte universale Kommunikation im genannten dreifachen Sinn durch die
Verwirklichung des Franziskuswortes von der
Bruder- und Schwesterschaft aller Wesen sind
nur möglich in Besinnung auf die kontemplative Komponente in Liturgie und persönlicher
Meditation. Sie war zum Beispiel bestimmend

113

für die Reformbewegung der Kapuziner, die zunächst eremitisch geprägt war und deren ursprüngliches Predigtapostolat – so weit es aus den hinterlassenen Schriften ersichtlich ist – vor allem darin bestand, bei weitesten Kreisen der Gläubigen das innerliche Gebet zu fördern. Schließlich hat, wenn man so will, ein Franziskaner, Petrus von Alcántara (1499 bis 1562), als Berater der heiligen Teresa von Ávila die streng kontemplative Form der Unbeschuhten Karmeliten mit aus der Taufe gehoben. Es war nun aber eben gerade dem Franziskanertum eigen, von der Kontemplation her apostolisch tätig zu sein (was die heilige Teresa auch an Petrus von Alcántara rühmt), wobei es eine besondere Form dieses Apostolates war, feste Gemeinschaften unter Christen – Laien – in ihren alltäglichen Lebensbereichen zu bilden. Wir meinen hier all das, was die Bewegung der Dritten Orden einschließt, die sich als Laienbewegung auch im Zusammenhang mit den Dominikanern und anderen Bettelorden findet. (Als ähnliche Erscheinung wäre das Oblatentum der Benediktiner oder das Familiarentum der Zisterzienser zu nennen.) Ohne die von der Geschichte her gegebene Problematik der Dritten Orden oder auch des

114

Oblatentums aufrollen zu wollen, sei doch ausgesprochen, daß hier letztlich eine Aufgabe
liegt, nämlich dem endzeitlichen Gottesvolk
als einer Gemeinschaft kontemplativer Menschen (vgl. Einführung) den Weg zu öffnen
in der Bereitstellung von Stätten der Anbetung
und des Sichversenkens (modern ausgedrückt:
Meditationszentren), wo durch erfahrene geistliche Väter (und geistliche Mütter!) die Hinführung und Anleitung zu einem verinnerlich-
ten Leben geschieht, wo in der Umpolung der
Bedürfnisse die Wandlung vom „Konsum" zur
„Kontemplation" ermöglicht wird, wo in einer
äußerlich mehr und mehr anspruchslosen Lebensform innerer Reichtum erlebt und weiter-
gegeben wird als gemeinsames Erfahren der
Ur-Güte des dreieinigen Gottes.

# ZWEITER TEIL

# DER MEISTER IN DIR

## HINFÜHRUNG
## ZU JOHANNES TAULER

### TEXTE
### VON JOHANNES TAULER

## a) Wer war Johannes Tauler?

Sein Grabstein – aus der 1870 niedergebrann-
ten ehemaligen Dominikanerkirche in die
evangelische ‚Neue Kirche' zu Straßburg gerettet – zeigt die schlanke Gestalt eines Do-
minikanermönches mit edlen Gesichtszügen
in wahrhaft kündender Haltung. Je mehr die
Forschung sich bemüht, die Lebensgeschichte
dieses Mönches zu erhellen, desto mehr verliert sich diese ins Dunkel. Tauler scheint um
das Jahr 1300 in Straßburg als Sohn einer
begüterten Bürgersfamilie geboren und etwa
1315 in das dortige Dominikanerkloster eingetreten zu sein, ähnlich einer seiner Schwestern, die ebenfalls Dominikanerin wurde, bei
der er dann auch – im Gartenhause des
Straßburger St.-Nikolaus-Klosters – am 16. Juni
1361 starb.

Ob sich seine Schülerschaft bei Meister Eckhart, den Tauler trotz aller vorsichtigen Distanz bezüglich dessen Lehre stets aufrichtig
verehrt hat, auf ein Studium in Köln in den
Jahren 1325 bis 1329 gründet, zusammen mit
dem ihm befreundeten Heinrich Seuse (1295

bis 1366), oder ob der Einfluß Eckharts auf persönliche Begegnung im süddeutschen Raum oder auch nur auf die Lektüre seiner Schriften zurückgeht, bleibt offen, ebenso die Frage, ob Tauler den großen flämischen Mystiker Jan van Ruysbroeck (1293–1381) in Groenendael (südlich von Brüssel) besucht hat. Jedenfalls sendet ihm dieser 1350 ein Exemplar seines mystischen Hauptwerkes „Die Zierde der geistlichen Hochzeit".

Historisch genau nachweisbar sind die großen politischen Unruhen, die Taulers Leben mitbestimmten: der Streit zwischen Ludwig dem Bayern und Papst Johannes XXII. Letzterer belegte die Stadt Straßburg wegen ihrer Parteinahme für Ludwig von 1329 bis 1353 mit dem Interdikt, so daß der Dominikanerkonvent 1338/39 für einige Jahre nach Basel auswich. – Gesichert ist ferner Taulers Predigttätigkeit und Seelsorge in den Klöstern der Dominikarinnen, denen wir für die Nachschriften seiner Predigten nicht genug danken können. Bekannt sind Taulers zahlreiche Reisen, so nach Köln 1339, 1344 und 1346, vielleicht auch 1350 nach Paris. Auf diese Weise stand er mehr

noch als mit dem politischen Geschehen mit
den geistigen Strömungen seiner Zeit in engem
Kontakt. Es war eine Zeit, die Tauler selbst als
Krise, ja als Niedergang empfand und über der
er das Strafgericht Gottes heraufziehen sah;
eine Zeit aber auch, die für ihn eine lebendige
Hoffnung barg, nämlich die Gottesfreunde!
Von ihnen spricht er in mehreren Predigten,
u. a. auch in der 43. Predigt, und zwar in
folgender Weise:

„Dem Menschen, der Gott so folgsam ist
und ihm in dieser Drangsal treu geblieben,
dem wird Gott dadurch vergelten, daß er sich
ihm selber gibt und ihn so unergründlich in
sich selbst und seine eigene Seligkeit herein-
zieht. Dahinein wird der menschliche Geist
in so köstlicher Weise gezogen, so ganz von
der Gottheit durchflossen und überströmt und
so in die Gottheit entrückt, daß er in der göttlichen Einheit alle menschliche Vielfalt verliert. Das sind die Menschen, die Gott schon
in der Zeitlichkeit für all ihre Not entschädigt,
und sie haben einen wahren Vorgeschmack
dessen, was sie ewiglich genießen sollen. Auf
diesen beruht die heilige Kirche, und wären

sie in der heiligen Christenheit nicht vorhanden, so bestünde diese keine Stunde. Denn ihr Dasein allein, die bloße Tatsache, daß sie sind, ist etwas, viel köstlicher und nützlicher als alle Tätigkeit der Welt. Von ihnen sagt der Herr: ‚Wer sie angreift, greift mir ins Auge.' Darum hütet euch, ihnen Unrecht zuzufügen! Könnten wir doch alle auf die schnellste und die für Gott löblichste Weise dahin gelangen! Dazu helfe uns Gott!"

Wer waren, wer sind diese Gottesfreunde? Zunächst ist es die Bezeichnung für die Vertreter einer religiös-mystischen Richtung (seit dem 12. Jahrhundert), die besonders im 14. Jahrhundert in Deutschland bei Ordens- und Weltleuten weit verbreitet war und von Männern wie Eckhart, Tauler, Seuse u. a. namentlich am Oberrhein in den Frauenklöstern vom Elsaß bis zur Schweiz und nach Franken, aber auch am Niederrhein (Köln und Niederlande) durch Predigt, Briefe und Traktate (meist in deutscher Sprache) gefördert wurde. Diese kirchlich gesinnten Gottesfreunde, Vertreter eines echten innerlichen Christentums, standen auch ohne eigentlichen

121

Bund in regem, wenn auch verborgenem Austausch miteinander.

Sie sind zu trennen von den nicht selten sich ebenfalls „Gottesfreunde" nennenden häretischen Gruppen der Begharden, der Brüder vom freien Geist und ähnlicher Gruppen, welche die Emanzipation von der Kirche, ihren Sakramenten und von den Geboten predigten. Auf diese bezieht sich Tauler mehrfach, wenn er z. B. von den falschen Gottesfreunden spricht oder auch von der vierten Versuchung in dem Text „Mut zur Mystik" (S. 37 ff.). (Auch Seuse und Ruysbroeck kämpften gegen die falsche Mystik dieser „bösen ledigen Menschen", wie sie genannt wurden, eine Erscheinung, die sich wohl zuweilen auch in dem verbirgt, was heutzutage als Meditationserfahrung ausgegeben wird.)

Der eben genannte Text (S. 38) rückt aber Tauler noch in ein spezielles Verhältnis zu den Gottesfreunden: die starke Betonung des 40. Lebensjahres in diesem Text zieht sich auffällig durch das gesamte Predigtwerk Taulers, so daß sich hier die Vermutung einer *persönlich erfahrenen* Lebenswende nahelegt. Mag wiederum die strenge Wissenschaft die seit den ersten Tauler-Drucken weit verbreitete Geschichte seiner Bekehrung, die durch einen unbekannten Laien, dem „Gottesfreund aus dem Oberland", unter sehr geheimnisvollen Umständen im Jahre 1340 oder 1346 geschehen sein soll, ins Reich der Legende verweisen, so bleibt doch auffällig, daß die uns erhaltenen Predigten wohl alle erst dem Ende seiner Vierziger- und Fünfzigerjahre entstammen. Und erst der etwa 50jährige wird von Christine Ebner am 1. Dezember 1351 gemäß einer Vision als Gottes liebster Mensch bezeichnet, einer von denen, die das Erdreich mit ihrer Zunge angezündet haben. (Bemerkenswert bleibt in diesem Zusammenhang ebenfalls seine Erwähnung eines „der allerhöchsten Freunde Gottes" in der 47. Predigt, S. 68).

Diese Gottesfreunde, an deren Erweckung und Bildung Tauler so maßgeblich beteiligt war, bleiben eine Hoffnung im Sinne Taulers auch für die kommenden Jahrhunderte. Es sind die ‚ernsten Christen', wie der große Tauler-Verehrer Gerhard Tersteegen sie nennen wird, jenseits aller konfessionellen Grenzen.

## b) Warum lesen wir wieder Johannes Tauler?

Zunächst müssen wir feststellen, daß von den
großen deutschen Mystikern keiner so viel
gelesen worden ist und keiner einen so weit-
reichenden Einfluß ausgeübt hat wie Johannes
Tauler (von Seuses „Büchlein der ewigen
Weisheit" vielleicht einmal abgesehen). Dieser Einfluß geht vor allem zurück auf die lateinische Übersetzung seiner Werke durch den
Kartäusermönch Laurentius Surius, die 1548 in
Köln erschien. Diese Übersetzung war es,
durch die Johannes Tauler im katholischen
Bereich z. B. einen Johannes vom Kreuz und
die spanische Mystik beeinflußte. Fast mehr
aber noch wurde Johannes Tauler im prote-
stantischen Bereich gelesen, vom jungen Lu-
ther angefangen bis hin zum Mystiker Gerhard Tersteegen (1697–1769), dessen leider viel
zu wenig beachtete Schriften bis in die Formulierung hinein von Tauler geprägt sind. Ja,
zwei schlesische Protestanten des 17. Jahrhunderts – Augustin Fuhrmann (1591–1644)
und Johann Theodor von Tschesch (1595 bis
1649) – sehen beide in der Mystik Taulers – als

der „wahren christlichen katholisch-evangelischen Religion"! – die allen Konfessionen gemeinsame Grundlage für eine kirchliche Einigung. Auch die Wiederentdeckung Taulers im 19. Jahrhundert ging von nicht-katholischer Seite aus. (Allerdings geriet er hierbei stark in den Schatten seines Lehrers Meister Eckhart.)

Kann man im Blick auf die Wirkungsgeschichte Johannes Taulers in der Vergangenheit von einer noch viel zu wenig wahrgenommenen ökumenischen Bedeutung sprechen, so liegt die Begründung, warum wir heute wieder Johannes Tauler lesen oder wenigstens lesen sollten, zunächst auch in seiner ökumenischen Bedeutung. Allerdings muß dabei seine ökumenische Bedeutung in einem umfassenderen Sinne verstanden werden als in dem einer nur christlichen Ökumene. Es geht hier um die Ökumene der mystischen Erfahrung innerhalb der Geistesgeschichte der Menschheit, um einen ökumenischen – also weithin gemeinsamen – Weg der geistigen Versenkung mit dem Ziel solcher mystischen Erfahrung. Tauler selbst spricht diese Ökumene der inneren bzw. mystischen Erfahrung

125

mehrfach an, wenn er von den heidnischen Meistern, speziell von Proklos, spricht. Proklos (410–485 n. Chr.), der Neuplatoniker, war ihm indirekt durch Dionysius Areopagita (um 500 n. Chr.), den Vater der christlichen Theologie der Mystik, bekanntgeworden, direkt jedoch durch die lateinische Übersetzung des Wilhelm von Moerbeke aus dem Jahr 1264.

Nun stellt aber der Neuplatonismus, vor allem Plotin (203–269 n. Chr.), die geistige Brücke vom Abendland nach Indien dar und damit zur asiatischen außerchristlichen mystischen Erfahrung. (Leider ist es hier nicht möglich, das im einzelnen aufzuzeigen.) Jedenfalls ist es wohl nicht falsch anzunehmen, daß Tauler die gleichen anerkennenden Worte, die er für die heidnischen Meister der Antike fand, auch für einen echten Zen-Meister oder einen wahren indischen Weisen gefunden hätte. Man wird sogar sagen müssen, daß seine Art, mystisches Erleben sprachlich zu formulieren und überhaupt sein spirituelles Schriftverständnis nur auf dem Hintergrund des neuplatonischen Denkens oder besser der Erfahrung Plotins recht gewürdigt werden können, ohne daß wir deswegen am Christsein Taulers rechtens zweifeln dürften. Bei der außerordentlichen Praxisbezogenheit der Unterweisung Taulers – als der eines Lebemeisters – könnte diese Unterweisung gerade für solche Menschen zur entscheidenden Hilfe werden, die sich um die Einordnung östlicher Erfahrungsweisen aus Zen oder auch aus dem Yoga (in seinen verschiedenen Spielarten) in das abendländische Bewußtsein bemühen.

Umgekehrt gibt Tauler denen, die innerhalb des katholischen oder evangelischen Bereiches von der christlichen Überlieferung her den Weg nach innen suchen, heute wie eh und je ein sicheres Geleit. Dabei öffnet er aber durch die ihm eigene Form der Vermittlung meditativer und mystischer Erfahrung – eben wegen ihrer neuplatonischen Herkunft – das Verständnis auch für die außerchristlichen Wege. – Wegen der inneren Wechselwirkung von solcher Erfahrung und ihrem sprachlichen Ausdruck gerade bei der mystischen Predigt steht Tauler uns noch in besonderer Weise nahe: Seine Vermittlung erfolgt unmittelbar, nämlich in deutscher – wenn auch mittelhoch-

127

deutscher -- Sprache. Sie erreicht uns so leich-
ter und tiefer, als es bei dem oft schwierigen
Übersetzungsprozeß mystischer Schriften aus
Fremdsprachen der Fall ist.

### c) Wie verstehen wir heute Johannes Tauler?

Zwei Vorbemerkungen sind hierfür notwendig. Erstens: Tauler hat uns keine schriftlich
ausgearbeitete Methodik und Systematik seines mystischen Versenkungsweges hinterlas-
sen. Jede seiner Predigten – meist an die
Evangelien oder Episteln des Kirchenjahres
mit dem ihm eigenen spirituellen Schriftverständnis anknüpfend – enthält eigentlich das
Ganze seiner Lehre, jeweils unter einem anderen Gesichtspunkt dargestellt. Das macht
die hier getroffene Auswahl zu einem mehr
oder weniger subjektiven Unterfangen, vor
allem bezüglich ihrer inneren Anordnung, so
sehr auch versucht wurde, Taulers Hauptanlie-
gen herauszufinden. Gewisse Wiederholungen
und Überschneidungen waren unumgänglich.
Tauler selbst lebte ganz aus der geistlichen
Ordnung – zumal der Dominikanerklöster –

seiner Zeit, die er durch seine Predigten nur in Richtung auf eine echte innere, d. h. mystische Erfahrung zu verlebendigen suchte. Die theologische Überlieferung der großen Kirchenlehrer, wie Augustinus (354–430), Gregor der Große (540–604), Bernhard von Clairvaux (1090 bis 1153), Albertus Magnus (1193–1280) und Thomas von Aquin (1225–1274), war eine selbstverständliche Voraussetzung dieser geistlichen Ordnung, sosehr Tauler auf der anderen Seite um Grenze und Gefahr der gelehrten theologischen Erörterung, des Disputierens, wie er es nannte, wußte. Die heidnischen und christlichen Lehrmeister der Mystik Taulers: Proklos, Dionysius Areopagita und Meister Eckhart, um derentwillen er zuweilen von der überlieferten augustinischen und thomistischen Lehre abweicht, wurden schon genannt.

Das führt uns zur zweiten Vorbemerkung: Tauler ist ganz und gar ein Mann der römisch-katholischen Kirche, deren hierarchisch gegliedertes Amt der Lehre, Leitung und Heiligung für ihn außer jedem Zweifel steht, die aber als Corpus Christi mysticum, als geheimnisvoller Leib Christi, in eine Dimension der

129

Innerlichkeit und des Gewissens verweist, wo Amt und Sakrament unter Umständen ihre Grenze finden. Aber damit bleibt Tauler durchaus im Rahmen der traditionellen Lehre der katholischen Kirche. Seine Treue zur Kirche hindert Tauler nicht, sondern ermutigt ihn vielmehr, an der Veräußerlichung des kirchlichen Lebens seiner Zeit handfeste Kritik zu üben. Die zahlreichen Beispiele dafür würden allerdings den Rahmen dieser Auswahl sprengen. Hier geht es ja um Verinnerlichung, um die Entdeckung der inneren Welt!

Zu dieser Entdeckung ermutigt uns Tauler durch seine deutliche Unterscheidung des „inneren" vom „äußeren Menschen"; beim genaueren Hinsehen entdecken wir jedoch – im Anschluß an Plotin – einen „dreifachen Menschen": den sinnengebundenen, den vernunftgebundenen und den allerinwendigst verborgenen gottförmigen, d. h. wahrhaft geistigen Menschen. Sosehr Tauler dem vernunftgebundenen Menschen für die Hinwendung zu Gott eine kontrollierende und korrigierende Funktion, nämlich als dem vom „beginnenden" zum „vollkommenen" „fortschreitenden Menschen", zuweist, wobei der sinnengebundene Mensch vor allem von der Unordnung der niederen seelischen Grundkräfte ‚Begehren' und ‚Zorn' (Sympathie und Antipathie) befreit werden soll, so weiß Tauler doch nur zu gut um die Begrenztheit des nur „Vernünftigen". Letztlich interessiert ihn allein der vollkommene Mensch, der mit seinen im *Gemüt* gesammelten geläuterten Seelenkräften in das Namenlose des innersten *Grundes* – das Reich Gottes in uns – gedrungen ist. Dieser *Grund* entspricht als Ganzes dem unnennbaren Wesensgrund der göttlichen Drei-Einigkeit, aus der der Mensch abbildhaft hervorgegangen, besser „erflossen" ist.

In seinem *Grund* nun findet der Mensch den inneren Meister als das ‚Ziehen' und ‚Sich-Wenden' zu Gott, als *Heiligen Geist* (den Tauler viel ausdrücklicher nennt als Eckhart und Seuse). Dieser überformt den Menschen und vergottet ihn, zurück in den Ursprung, wo der Mensch von Ewigkeit „Gott in Gott" war.

Was dabei als ‚Lauterkeit', ‚Bildlosigkeit', ‚Weiselosigkeit' usw. beschrieben wird, weist übrigens in die Nähe jener ‚Leerheit', wie sie im Mahayana-Buddhismus, auf dessen Hintergrund sich auch die Zen-Erfahrung ausspricht, als Kennzeichnung des Absoluten verstanden wird, d.h. ‚bar jeder Bestimmung'. Die von Tauler aufgezeigte eigentümliche Rolle der Verwirklichung des eigenen Nichts – im *Nichts* Gottes – kann hier ebenfalls nicht näher mit der entsprechenden Zen-Erfahrung verglichen werden. Sie ist für Tauler allerdings das wichtigste Moment auf dem Wege der Entdeckung der inneren Welt!

In diesem Vorgang der Ver-nichtung kommt der schmerzlichen Selbsterkenntnis sowie der Angst – dem ‚Gejagtwerden', wie es Tauler wiederholt beschreibt – eine wesentliche Aufgabe zu, um den mystischen Durchbruch als Gottesgeburt im Menschen letztendlich zu ermöglichen. Dabei darf die Liebe als entscheidender Faktor nicht übersehen werden!

Freilich, alles hängt an der täglichen Übung! Diese tägliche Übung umfaßt nicht etwa nur die Zeit der Meditation, des Sich-Versenkens, die Tauler bis auf eine Stunde bemessen wissen will, und zwar in der Nacht bzw. am frühen Morgen; sie bezieht ebenso die Arbeit mit ein.

Sie ist schlechthin die bewußte innere und äußere Lebensgestaltung, der freigewählte Ordo (Orden bzw. überhaupt Ordnung!), darin der Mensch sich in Zucht genommen weiß, auf welchem Weg, in welcher Spiritualität er auch immer sich aufmacht zur Entdeckung der inneren Welt, der Gegenwärtigkeit des Hochfestes Gottes mit uns und in uns.

Die tägliche Übung konkretisiert sich noch in folgender dreifacher Weise: zum ersten in der Meditation, indem diese ihren Ausgangspunkt bei der schmerzlichen Selbsterkenntnis nimmt, die zum Bekenntnis, zur Beichte vor Gott wird. (Dabei steht Tauler der sakramentalen Einzelbeichte der kleinen täglichen Fehler mit einiger Reserve gegenüber, in der Sorge, daß Wurzelsünden dadurch mehr verdeckt als aufgedeckt werden.) Sodann steht für den beginnenden Menschen im Mittelpunkt der Meditation *Jesus Christus,* der Sohn Gottes, „auf daß sein heiliges Leben und seine große vollkommene Tugend, sein Vorbild, seine Lehre und sein mannigfaltiges Leiden uns aus uns selber herauslocken, daß wir unser dunkles Licht erlöschen lassen in seinem wahren

133

wesentlichen Licht" (H 10). „Man soll sich an-
gewöhnen, das ehrwürdige Leiden und das
liebevolle Vorbild nie aus dem Herzen zu verlieren und sich davor hüten, daß jemals ein
fremdes Bild dort Platz finde" (H 57). (Den
falschen Gottesfreunden sagt Tauler: „Über
das Vorbild unseres Herrn Jesus Christus vermag niemand hinauszukommen" [H 15].) Dann
erst – nach der Läuterung durch solch Betrachten – darf der Mensch den Weg der völlig
bildlosen übergegenständlichen Versenkung
als den kurzen, ungebahnten Weg einschlagen, für den es dann kaum noch eine genauere
verobjektivierbare Anweisung gibt, sondern
eben nur den erweckenden Anruf der Predigt!

Zum zweiten findet der Mensch eine besondere Hilfe und Stütze für die tägliche Übung
im *Altarssakrament,* im andächtigen Empfang
der heiligen Kommunion (dem Tauler allein
fünf von den vierundachtzig uns erhaltenen
Predigten ausschließlich gewidmet hat!). Freilich sieht Tauler die Eucharistie in einem grö-
ßeren Rahmen: nämlich dem ‚Sich-der-Ver-
wandlung-Überlassen' in den dreieinigen Gott
hinein!

134

Was die konkrete Übung anbetrifft, so darf zum dritten nicht übersehen werden, welche Bedeutung Tauler der Verehrung Mariens als Bild des vollkommenen Menschen beimißt: „Niemand, meine Lieben, soll in diesem Leben in seinen Übungen der Frömmigkeit so hoch steigen, daß er nicht je eine Stunde sich frei hielte, um der liebreichen Gottesmutter ein besonders wonniges Lob und ebensolchen Dienst zu erbieten und sie auf liebevolle Weise zu bitten, daß sie uns führe und ziehe und helfe, zu ihrem geliebten Kind zu kommen" (H 54). „Sie sollte zusammen mit dem Vater die Wiedergebärerin all der Glieder des mystischen Leibes durch deren Zurückführung in ihren Ursprung werden" (H 55).

So schließt sich der Ring: Die Hoffnung des Gottsuchers ist und bleibt, auf dem *Wege* nicht allein zu sein, sondern in der Gemeinschaft der Gottesfreunde, auch der in Gott vollendeten, der Heiligen zu stehen. Diese Gemeinschaft beschränkt sich – auch nach Tauler – nicht auf die Klöster, sondern steht jedem offen, der ernsthaft nach bewußter Lebensgestaltung aus dem Geiste sucht, um die

Einheit *des* Geistes zugleich als Einheit *im* Geiste, das heißt gemeinsam mit allen Gottesfreunden zu erfahren.

„Meine Lieben, setzt hieran alles, was ihr im Geist und in der Natur zu leisten vermögt, daß ihr dieses wahre Licht verkosten könnt. So könnt ihr in euren Ursprung gelangen, in dem dieses wahre Licht glänzt. Begehrt, daß euch dies zuteil werde, darum bittet mit und ohne Natur, daran setzt all eure verfügbare Kraft; bittet die Gottesfreunde, daß sie euch dazu helfen, hänget denen an, die Gott anhangen, daß sie euch mit sich in Gott hineinziehen. Daß dies uns allen werde, dazu helfe uns der liebreiche Gott. Amen" (H 10).

# 1. MUT ZUR MYSTIK

Im Namen der ewigen Weisheit unseres Herrn Jesus Christus sollen alle, die dieses Büchlein lesen oder anhören, wissen: daß, wenn die hier folgende Lehre ganze, lautere, schlichte Wahrheit ist, sie dennoch all denen sorgenvoll zu lesen ist, die ihr eigenes Selbst nicht freien Willens gänzlich verleugnen und gelassen haben, jetzt und in Zukunft in abtötender Übung ihres Fleisches und Blutes, ihrer Sinne und der Werke ihrer Vernunft, wozu sie nämlich von Gott und seinen vertrauten Freunden gemahnt und getrieben werden.

Jetzt herrschen vier schwere Versuchungen in der Welt.

Die erste besteht darin, daß man nach außen lebt nach der natürlichen Verständigkeit der Seele, in Unachtsamkeit alles inneren geistlichen Ernstes und in geistlicher Dürftigkeit und nicht daran denkt, Gott zu leben mit großer innerer Liebe ohne Unterlaß, wirksam und gegenwärtig, an ihm allein zu hangen in lauterem, schlichtem Verlangen und mit lust-

voller, wirklicher Hinneigung zu seinem aller-
liebsten Willen und darin zu bleiben im Haben
oder Darben leiblicher und geistlicher Dinge.

Die zweite Versuchung besteht in inneren
und äußeren Offenbarungen und Erleuchtungen, Gestalten, Ansprachen, Gesichten in
fremder, ungewöhnlicher Weise; und wenn
auch Gott seinen Freunden zuweilen einen
Teil Wahrheit offenbart, so soll man doch
diese Art nicht schnell glauben und ihr trauen,
denn der Mensch, der davon viel halten wollte,
hat wenig geistlichen Nutzen davon, aber weit
mehr mannigfachen großen geistlichen und
auch leiblichen Schaden.

Die dritte Versuchung ist ein Prunken mit
vernunftgemäßer Wahrheit, die mit aller Unterscheidung ausgesprochen wird, aber zusammen mit der inneren Arbeit der Vernunft
anzusehen ist, unter Anreizung und Lockung
der großen Lust an dem natürlichen Licht, wobei man sich das Wohlgefallen an sich selbst
nicht eingesteht; hierzu sind alle Menschen
von Natur geneigt; diese Versuchung ist viel
sorgenvoller bei einem Menschen ohne Selbst-
verleugnung, denn sie erzeugt geistliche Hof-

fart, ein verblendetes Leben und große Irrungen in geistlicher Form.

Die vierte Versuchung ist eine innere, nichtige, blinde Muße ohne wirkende Liebe und ohne Verlangen; sie besteht darin, daß man sich leiblich niedersetzt, in einem schädlichen Niederbeugen auf sich selber, in einem Entschlafen oder Entsinken in sich selbst; dies widerfährt einem beginnenden, einem jungen oder einem nicht beharrlichen Menschen; diese Menschen nämlich wollen sich dieser Übung mit Übertreibung zuwenden, halten zuviel davon und wollen sich allzeit ihr überlassen, als ob es der Friede und die Gabe Gottes wäre; hierbei werden sie aber gar schwer getäuscht, denn ihre eigene Natur und der böse Feind gibt ihnen diesen Rat und verleitet sie in sorgenvoller Weise.

Der Mensch aber, der diesen Anfechtungen entfliehen und Gott ehrlich und sich selber nützlich nach dieser hier niedergeschriebenen Lehre leben will, der soll sich mit geordnetem Ernste nach außen und innen üben, ohne allen Eigenwillen auf keiner Weise der Übung zu beharren, und emsig und in verständiger

139

Weise auf Gottes Wirken in sich achten. Und die Weisen und Dinge, die ihn außen und innen am meisten zu guten Werken und zur Gottesliebe verlocken, die soll er nicht so bald verlassen, bis daß sie selber von ihm abfallen, es sei, daß ihm etwas Höheres gezeigt und bekannt würde. Doch die Zeit, in welcher der Mensch noch nicht vierzig Jahre alt ist, soll er nicht, weder nach innen noch außen, zuviel dem Frieden, dem Verzicht oder auch der Herrschaft über sich selbst vertrauen: denn all das ist noch gar sehr mit der Natur vermischt; und er soll mehr trauen und sich verlassen auf die tätige Liebe, innen und außen, und auch alle Entbehrung wirkender Liebe und innerer Ruhe hinnehmen und sich darin selber gedulden in sanftmütiger Demut. Wenn Gott es fügt oder der Mensch die Übung der Liebe nach seinem Vermögen ernstlich gesucht hat, so kann er um so sicherer sich gedulden und kann entbehren. Und daß alle Menschen sich nicht so bald auf den geistlichen Frieden und Besitz verlassen und ihm trauen sollen, das bestätigt Sankt Gregorius, wo er sagt, daß die Priester des Alten Bundes erst im Alter von fünfzig Jahren Hüter des Tempels wurden, daß sie aber, solange sie im Alter darunter waren, nur Träger des Tempels waren und mit Übungen beschäftigt wurden.

Aber von welchem Alter der Mensch auch sei, der seinen inneren Grund voll Ernst übt, mit schlichter, lauterer, göttlicher Gesinnung in geordneter, demütiger, anhaltender Furcht, so empfängt er unaussprechlichen, unbekannten Reichtum in göttlicher Vereinigung, wenn ihm der innere Grund zuweilen entsinkt in genießender Liebe und innerem Frieden, ruhend in Verlorenheit und Vergessenheit seines eigenen Selbst. Und für diese Art und aller äußeren Tugend Ordnung soll aller Reichtum der Vernunft, die ein Mensch besitzt, ein dienender Knecht sein. Die vertraute Gemeinschaft mit Gott soll der Vernunft unbekannt bleiben. Dazu sagte Dionysius: „Laßt alles sinnenhafte und vernünftige Tun, und erhebt euch ohne die Erkenntnis durch die Vernunft zu der Einung mit Gott, die da über alle Vernunft ist."

Wer sich so in Ordnung innerlich übte, dem wird oft das innere Gezelt ohne Hilfe der Erkenntnis gezeigt, in dem die göttliche Einheit wohnt und ruht, genießend und göttlich schauend. Solchem Erlebnis ist bei keinem Menschen vor seinem fünfzigsten Lebensjahre zu trauen.

Wer nun diese zuvor und hernach geschriebene Lehre verstehen und Gott ehrlich und für sich selbst nützlich leben will, soll sich mit innigem Ernst und demütiger Übung und in Gebeten innerlich zu Gott kehren und bitten, daß ihm die Wahrheiten dieser Belehrung bekannt werden, im liebsten Willen Gottes nach seiner Notdurft. Dazu helfe uns die ewige Weisheit, unser lieber Herr Jesus Christus (H 84).

## 2. GEMEINSCHAFT IN CHRISTUS

In der heiligen Kirche besteht eine Ordnung, die „Corpus mysticum" heißt: ein göttlicher Leib, dessen Haupt Christus ist. Dieser Körper besitzt viele Glieder. Das eine ist das Auge:

es sieht den ganzen Leib, aber nicht sich selbst; ein anderes ist der Mund: er ißt und trinkt alles für den Leib und nicht für sich selbst; ebenso ist es mit der Hand, dem Fuß und so vielen, verschiedenartigen Gliedern. Und jedes hat seine besondere Arbeit, und dies alles gehört zum Leibe und unter das eine Haupt. So ist denn in der ganzen Christenheit kein Werk, es sei noch so gering und klein, wie etwa das Geläut der Glocken oder der Schein der Kerzen, das nicht zur Vollendung dieses inneren Werkes diene.

Ihr Lieben, in diesem mystischen Leibe soll eine ebenso große Einträchtigkeit herrschen, wie ihr sie unter euren eigenen Gliedern herrschen seht; es soll kein Glied, als wenn es nur für sich selber da wäre, den anderen ein Leid oder eine Bedrängnis zufügen; es muß alle gleich sich selbst achten; alle müssen für jeden einzelnen, ein jeder für alle dasein. Und sollten wir in diesem mystischen Leibe ein Glied kennen, edler als wir uns selbst wissen, so sollten wir es mehr schätzen als uns selbst. Wie der Arm oder die Hand mehr des Hauptes, des Herzens oder der Augen achthaben als ihrer selbst,

143

so sollte unter Gottes Gliedern eine aus freiem
Antrieb kommende Liebe herrschen, daß wir
uns eines jeden Nächsten mit desto wohl-
wollenderer Liebe freuen sollten, je werter und
lieber er dem edlen Haupt Christus wäre. Und
alles, was unser Herr dem Nächsten zufügen
wollte, sollte nur sein, als ob es mein wäre.
Und liebe ich es mehr in ihm, als er es selbst
liebt, so ist es mehr mein als sein. Böses, das
er hat, bleibt ihm. Das Gute, das ich in ihm
liebe, gehört eigentlich mir.

Daß Sankt Paulus entrückt ward, hatte Gott
ihm bestimmt und nicht mir. Koste ich in diesem Ereignis den Willen Gottes, so wird mir
diese Entrückung in ihm lieber sein als in mir
und liebe ich es in ihm wahrhaft, so ist das
und alles, was Gott ihm je tat, ebenso mein
wie sein, wenn ich es in ihm ebenso liebe wie
in mir. Und ebenso sollte ich mich verhalten
gegen einen, der jenseits des Meeres lebte,
wäre er auch mein Feind. Solche Eintracht gehört zu diesem geistigen Leibe. So würde ich
reich all des Gutes, das im Himmel und auf
Erden ist, in allen Gottesfreunden und in dem
Haupte dieses mystischen Leibes; wirklich und

144

wesentlich flösse in mich alles, was dies Haupt mit all den Gliedern im Himmel und auf Erden, in Engeln und Heiligen besitzt, wenn ich so in Gottes Willen gestaltet würde unter dieses edle Haupt in Liebe, den Gliedern in diesem geistlichen Leibe gleich, und ich dann gänzlich diesem gleich und dahinein geformt und meines eigenen Selbst enthoben wäre.

Wahrlich, sehet, hier wird gar deutlich, ob wir Gott lieben und seinen Willen oder uns selber und das unsere mehr oder minder. Oft ist das, was hier wie Gold glänzt, im Grunde, in sich selbst betrachtet, nicht soviel wert wie Kupfer. Die aber, welche auf das Ihre durchweg verzichtet haben, das sind die wahren Armen im Geiste, besäßen sie auch alle Dinge dieser Welt. Ach, ihr Lieben, sich stets gleichbleibende Liebe, Mitfreude und Mitleiden ist ein recht seltenes Ding, überall in der Welt. (H 40.)

### 3. DAS INNERE FEST

Unser Herr sprach: „Geht ihr hinauf zum
Fest; ich will jetzt nicht dorthin gehen; eure
Zeit ist immer da; meine Zeit ist noch nicht
gekommen." Was ist das für ein Fest, zu dem
unser lieber Herr uns hinaufgehen heißt und
dessen Zeit immer da ist? Das oberste und
wahrste und allerletzte Fest ist das des ewigen
Lebens, die ewige Seligkeit, da Gott in Wahrheit zugegen ist. Das kann hier nicht sein,
aber das Fest, das wir hier feiern können, das
ist von jenem ein Vorgeschmack, ein Gefühl
inwendigen Genusses, inwendigen Fühlens der
Gegenwart Gottes im Geist. Das ist die Zeit,
die stets unser ist, daß wir Gott suchen und
seine Gegenwart im Sinn haben in all unseren
Werken, unserem Leben, unserem Wollen und
Lieben. Und so sollen wir uns erheben über
uns selber und über alles, was nicht Gott ist,
indem wir nur ihn wollen, nur ihn lieben und
nichts anderes; diese Zeit ist stets unser.

Nach diesem wahren Fest des ewigen Lebens
begehren nun alle Menschen von Natur, denn

alle Menschen wollen von Natur aus selig werden. Aber dieses Verlangen genügt nicht; wir müssen Gott erstreben und suchen um seiner selbst willen. Und diesen Vorgeschmack von dem großen wahren Hochfest, den hätten auch viele Leute gerne, und sie klagen, daß er ihnen nicht zuteil werde. Und finden sie keine höchste Freude in ihrem Grunde, wenn sie beten, und fühlen sie auch Gottes Gegenwart nicht, so verdrießt sie das, und sie beten dann um so weniger oder um so unlieber und sagen, sie fühlten Gott nicht, darum verdrieße sie ihr Wirken und Beten. Das sollte der Mensch nicht tun: wir sollen darum kein Werk weniger eifrig tun, denn Gott ist dabei doch gegenwärtig; aber wenn wir es auch nicht fühlen, er kam doch heimlich zu dem Fest. Wo Gott sich aufhält, da ist in Wahrheit ein hohes Fest; und er kann das nicht unterlassen noch darauf verzichten; er muß notwendigerweise da sein, wo man ihn reinen Herzens erstrebt und ihn allein sucht, da muß er notwendig sein; ist er auch in verborgener Weise zugegen, er ist doch stets gegenwärtig.

Aber daß wir ihn so lauteren Herzens suchen

und unsere Gedanken auf ihn richten in allen unseren Werken und oft Einkehr halten sollen und uns über uns selbst emporheben, das ist die Zeit, die er meint, wenn er sagt: „Eure Zeit ist stets da, euch zu erheben"; aber seine Zeit ist nicht immer gekommen, daß er sich offenbaren wolle und solle, sich entdecken und offen zeigen; diese Zeit sollen wir ihm anheimstellen. Aber er ist ohne Zweifel heimlich da, wo er gesucht und erstrebt wird. Und darum nimm keine gute Übung weniger gerne vor, denn du findest ihn gewiß zuletzt doch, denn er ist da, aber dir noch verborgen.

Darauf zielen, dem dienen alle Anweisungen, Übungen und Werke, die wir in unserem heiligen Orden haben, und in allen anderen Orden, sie seien welcher Herkunft auch immer. In allen unseren Vorschriften und Einrichtungen geht es darum, daß wir Gott allein lauteren Herzens erstreben und er Feier halte in uns und wir mit ihm dahin gelangen, einen ungestörten Grund zu besitzen, in dem nur Gott sei, ganz lauter. Und soweit alle unsere Werke und Weisen dazu dienen, so weit sind sie löblich, heilig und nützlich, und wo dies nicht der Fall ist, da ist es wie in der jüdischen Synagoge. Der Alte Bund, der hatte viel Verordnungen, viel Frömmigkeit, Frömmigkeitsvorschriften, große Werke und dazu mancherlei beschwerliche Übungen; aber mit alldem konnte niemand gerettet werden; er war nur eine Vorbereitung auf den Neuen Bund, und in diesem ward Gottes Reich aufgeschlossen und aufgetan. Ebenso ist es mit allen äußeren Übungen. Sie sind nur Weg und Vorbereitung; und hierin findet sich von der Gottesfeier nichts, es sei denn das Alte werde versenkt und abgetan und das Neue komme in den Grund, und zwar in Lauterkeit; sonst ist alles zu gering oder vielmehr nichts.

Wir streben danach, daß Gott diesen unseren Grund frei und mächtig besitzen möge, in den er sein göttliches Bild gelegt hat, und daß er darin wohnen möge, woran all seine Freude und sein Streben liegt.

Liebe Schwestern, dies allein will unser Orden. Darum sind alle Orden und alle geistlichen Gemeinschaften, aller Klöster Zucht, Gesetze und Vorschriften oder Klausen und allerlei Lebensweisen, wie sie erscheinen oder heißen; und darum sind alle unsere Regeln gegeben und eingerichtet; und je mehr sie hierzu dienen, um so liebenswerter und nützlicher sind sie, und desto mehr müßt ihr sie lieben und beobachten. Dies ist Absicht und Grund unseres Ordens; und darum haben wir uns Gott mehr versprochen und verlobt und sind ihm mehr schuldig; und halten wir diese Grundlage unseres Ordens nicht, so brechen wir Gott gegenüber sicherlich unser Gelübde. Aber halten wir sie ihm, so haben wir die Ordnung, die Grundlage, das Wesen des Ordens, den unser Vater Dominikus gemeint hat und alle Väter, es sei Sankt Benedikt, Sankt Augustin, Sankt Bernhard, Sankt Franziskus. Alle meinen sie diesen wesentlichen Kern, und dahin zielen alle äußeren Gesetze und Vorschriften.

Diese Regel bitte ich euch, ihr Lieben, zu lernen: von Grund aus Gott lieben und alle Dinge, soviel sie dazu dienlich sind, sie seien beschaffen, wie sie wollen. In Wahrheit, dann will und wird Gott ein großes und vollkommenes Fest mit uns halten und begehen.

Nun müssen wir auch viel Vorschriften halten, in den Chor gehen, singen und lesen, es geschehe gern oder ungern; und darum wollen wir es lieber freudigen Sinnes tun als trockenen Gemütes und mit Unlust, damit wir das ewige Hochfest nicht verfehlen noch seiner verlustig gehen. Wohl ist es wahr, ein Mensch, der ohne Todsünde ist und in heiligem gutem Willen, so daß er nichts tun wollte, was gegen Gottes Willen ist, der wird in dem heiligen Glauben errettet; aber seid dessen gewiß, wollt ihr immer dieses liebreiche Fest Gottes empfinden, bei dem man Gottes Gegenwärtigkeit fühlt und sie gewahr wird, so müßt ihr ihm einen lauteren, mit fremden Dingen nicht beschäftigten Seelengrund bieten: so nur könnt ihr seines Wirkens in freudigem Genießen gewahr werden.

*Das* heißt wahre Andacht allein, daß dir nichts zusagt und du nach nichts verlangst als nach deinem Gott allein mit Lieben und Denken; dies ist der liebevolle Ruf, um dessentwillen hat uns der liebreiche Gott allein in diesen heiligen Orden gerufen. Diesem Ruf wollen wir folgen! Er hat uns erlöst von der bösen falschen Welt und in das heilige Leben wahrer Buße gebracht.

Was ist das Leben der Buße seinem Sein

151

nach und in Wahrheit? Nichts anderes als eine völlige, wahre Abkehr von allem Tun, das nicht Gottes ist, und eine völlige wahre Hinkehr zu dem lauteren wahren Gute, das Gott ist und heißt. Je mehr ein Mensch davon hat und je mehr dessen er tut, um so mehr Buße verrichtet er.

Und dafür sollt ihr, meine Lieben, billig und von Rechts wegen Gott überaus danken, daß er euch hierher geladen und gerufen hat, und das soll euch große, gewisse Hoffnung bereiten, daß Gott euch ewiglich bei sich in Ewigkeit behalten will.

Und es ist auch wohl zu erkennen, daß er jungen Menschen gegenwärtig ist, die ihr Herz zwingen, wo sie doch von Natur wild und der Welt zugeneigt sind, so daß sie sich festhalten und zähmen lassen und Gott nachfolgen und alle Geschöpfe verlassen; und obgleich sie kein starkes Empfinden von Gott haben, so schicken sie sich doch in Geduld; das wäre unmöglich, wenn Gott nicht da in einer verborgenen Weise heimlich zugegen wäre.

Wohlan, handelt zu eurem Vorteil! Verwendet allen Fleiß darauf, daß dieses liebreiche

Hochfest in Wahrheit euer werde und daß Gott sich in euch enthülle und ihr Wonne und wahre Freude in euch findet und ein ganzes Fest in euch habt und empfindet, wenn immer ihr wollt und euch in eurem Gebete nach innen kehrt und in allen euren Werken, zu denen ihr ja doch verpflichtet seid. Denn da findet man in Wahrheit das wahre Hochfest Gottes, liebreich in der Gegenwart, wo sich der Mensch als Gottes Eigentum und niemandes anderen sonst fühlt. In Wahrheit, Gott ist dann auch sein Eigentum; hinwiederum ist dieser Mensch ganz Gottes Eigentum, und Gott läßt ihn nie im Stich und entzieht ihm niemals seine Gegenwart. Ist das nicht ein köstlich Ding! Ein Leben in Festesfreude und Glück! Wir in Gott und Gott in uns, hier in der Zeitlichkeit, dort in der Ewigkeit in unaussprechlichem Glück!

Daß uns allen dies zuteil werde, dazu helfe uns Gott. (H 12.)

## 4. DIE TÄGLICHE ÜBUNG

### a) Zucht

Nun will ich euch, liebe Schwestern, sagen, welches eure Übungen sein sollen, innerlich und äußerlich, im Geist und in der Natur. Wenn man guten Wein hat, muß man auch ein helles Faß haben, um den Wein darin aufzubewahren; desgleichen schafft eine gute, wohlgeordnete Natur einen guten geordneten Grund, gute Werke, gute Übung.

Diese Übungen bestehen im Fasten, Wachen und Schweigen. Aber wie soll dies Fasten beschaffen sein? Die Schwestern, die es ohne Schwächung können, mögen die durch die Regel vorgeschriebenen Fasten halten; doch dränge ich nicht dazu. Aber dies soll eure Weise sein: esset des Morgens, wessen ihr bedürft, des Abends jedoch sehr wenig; das ist gut für Geist und Natur. Dabei überlasse ich eurer Entscheidung, wie gut des Morgens die Speise sein solle, nach eurem Bedarf und dem Nutzen.

Ferner soll man des Abends zeitig zur Ruhe

gehen, gleich nach der Komplet, so daß man nach Mitternacht um so frischer sei und sich um so nachdrücklicher Gott zuwenden könne.

Nach den Metten bleibet etwa für die Zeit einer Singmesse im Chor; da habet acht auf euer Herz und euren Grund; wird euch aber der Kopf schwer und fühlt ihr euch müde, so geht in eure Zelle, wo ihr am wenigsten gehindert seid, zu eurem Bett, oder legt euch darauf, und kehrt ganz zu euch selbst; in der bequemen Lage gelingt das besser denn sonstwo; denn wenn eure Natur rastlos ist und gequält wird, dann wird sie grob und zerstreut, und der Mensch schläft dann nur um so tiefer und reichlicher.

Einmal in Ruhe soll dann der Mensch diesen Vers zur Betrachtung vornehmen: ,,Offenbare dem Herrn deinen Weg, und hoffe auf ihn; er wird es schon gut machen." Was bedeutet das nun, daß du unserem Herrn deinen Weg offenbaren sollst? Sind ihm doch alle Dinge offen und bekannt! Das bedeutet: Du sollst dir selber deinen Weg offenlegen und erkennen, welches dein Weg sei. Der erste Schritt dieser Betrachtung ist der Anblick und die wahre und

155

tiefe Erkenntnis deiner Fehler. Auf diese Weise beginnen alle auserwählten Gottesfreunde. Und seine Fehler, welche das auch seien, soll man Gott klagen, und welche Gnade oder Tugend, oder was sonst du begehrst, sollst du ihm als deinem einzigen Freund offen sagen und darlegen, alle deine Bekümmernis und deine Fehler ihm klagen und ihm unbesorgt vertrauen. „Er wird es schon gut machen."

Willst du deine Sünde ausgelöscht sehen und Gnade empfangen, traue ihm allein in vollem Vertrauen, ohne jedoch dabei verkehrt leben zu wollen. So werden hier Tugenden gewonnen und Untugenden abgelegt. Geschähe es nun, daß der Mensch sich in der beschriebenen Weise nach innen kehrt und von unserem Herrn nichts Sonderliches erfährt, so nehme er in Gottes Namen für sich seine gute gewöhnliche Übung vor, welcher Art sie auch sei und wozu er die meiste Gnade verspüre, es sei das Leben unseres Herrn, sein Leiden oder seine Wunden.

Das alles darf keinerlei eigensüchtiges Wollen mit sich führen, derart, daß wollte Gott diesen Menschen nach innen ziehen, er ihm sogleich folge. Ziehet ihn Gott nun noch stärker nach innen, so darf er nicht mit seinen Sinnenkräften suchen, was das sei und wie es sei, er soll in aller Schlichtheit alles Gott überlassen und ihm anbefehlen. Er wird schon handeln, hoffe nur! Kommt dir der Gedanke, für jemanden zu bitten, oder der Gedanke an deine Mängel, biete ihm diese Gedanken in aller Schlichtheit dar: „Hoffe auf ihn, er wird es schon gut machen."

Laß niemals Schwermut dich überkommen, denn sie hindert dich an allem Guten. Wirst du dessen gewahr, daß Gott dich nach innen ziehen will, laß alles fallen, folge Gott einfach, laß alle deine bildhaften Vorstellungen fallen. Kommen dir irgendwelche Gedanken dazwischen, laß sie fallen, sollten es selbst göttliche Erleuchtungen sein. Maße dir nichts an durch deine Sinne; kommst du mit all dem nicht zum Ziel, leg es auf Gott: „Er wird es gut machen." (Natur und Vernunft wird so geläutert, der Kopf gestärkt, der Mensch den Tag über friedlicher, gütiger und ruhiger, dank der innerlichen Übung, durch die er sich mit Gott vereinigt hat. Davon werden alle seine Werke

157

gut geordnet; und hat ein solcher Mensch sich
zuvor auf seine Tätigkeit vorbereitet und seine
Lebensweise auf die Tugenden gebaut, so wird
seine Arbeit, wenn es dazu kommt, tugendhaft
und gotterfüllt.)

Widerfährt es dir, daß du während deiner
Einkehr ein wenig schläfst oder wider Willen
einnickst, beunruhige dich nicht; eine schlum-
mernde Einkehr ist oft besser als viele äußere,
mit den Sinnen faßbare Übungen im wachen
Zustand. Beginne von neuem: „Auf das Herz
zu Gott!", du kommst nie zu oft zu Gott.
Wende deinen Grund zu ihm; sprich mit dem
Propheten: „Mein Blick sucht dein Antlitz;
wende nicht dein Gesicht von mir." So kehre
deine Augen, deinen befreiten Grund Gott zu.
Wenn das namenlose Innere sich so innerlich
Gott darbietet, so bietet sich danach oder zugleich damit alles dar, was im Menschen Namen hat, und antwortet dem, was in Gott ist.
Dem entgegen bietet sich das Ungenannte und
Unbekannte und alles das, was in Gott einen
Namen hat, dem Menschen in seinem Grunde
dar. Dafür ist ein großer Vorteil, daß der
äußere Mensch in Ruhe sei, daß er sitze und

schweige und nichts Äußeres ihn störe, auch an seinem Körper nicht. Meine lieben Schwestern! Um dieser Ruhe willen wird Gott euch das Himmelreich und sich selbst geben. –

Worum ich euch im Namen Gottes bitte, daß ihr das Gebot des Schweigens zu allen Zeiten befolgt und euch fernhaltet von allen Menschen und besonders von denen, die das nicht erstreben und suchen, was ihr selbst als Ziel verfolgen wollt, wer und welcher Art die auch immer seien: mit denen sollt ihr nicht viel reden, sondern nur freundlich „ja" oder „nein" sagen. Rügt man euch wegen dieses Verhaltens, laßt reden, es sei denn, diese Menschen wollten euch auf eurem Weg zu Gott folgen. Ich bitte und rate euch, erlaubt keinem Fremden, dessen Grund ihr nicht kennt, in das Innere eurer Seele einzudringen. Haltet euch frei von allem menschlichen Einfluß, wenn ihr nicht in die Irre gehen wollt. Ihr habt so viel gehört und besitzt so viel Geschriebenes, daß euch das genügen kann. Bleibet bei euch selbst, und kehrt euch nicht denen zu, die große Worte machen. Bleibt bei eurem inneren Menschen.

Liebe Schwestern! Kehrt mit all eurem Fleiß

159

und euren Übungen nach innen in den Grund, und bleibt nicht an äußerer Übung haften; begebt euch in den inneren Menschen, und wirkt von da aus all euer Werk, mag es sich nun um die Betrachtung der hohen, obersten Dinge handeln oder auch um das hohe, ehrwürdige Leiden unseres Herrn Jesus Christus. Besonders sollt ihr mit aller Andacht die fünf heiligen Liebeszeichen betrachten; die begehrende Kraft tragen und begraben in der ehrwürdigen Wunde des heiligen linken Fußes, die Zorneskraft in der des rechten; euren Eigenwillen legt in die Wunde der linken Hand. Dann kommt mit all der Mannigfaltigkeit eurer sinnlichen Kräfte; senket eure Vernunft in die Wunde der heiligen rechten Hand, damit er euren inneren Menschen leite und regiere mit der göttlichen Kraft dieser Hand. Eilt sodann mit eurer Liebeskraft in das göttliche, aufgetane, liebevolle Herz unseres Herrn, daß er euch da mit sich vereine und eure Liebe und eure Gesinnung bis auf den Grund abziehe von alldem, was er selbst nicht lauter und dem göttlichen Sein nach ist; und daß er euch ganz und gar in sich ziehe mit all euren Kräften innen und außen, und dies

160

alles durch seine heiligen, ehrwürdigen Wunden und sein bitterliches, großes Leiden.

Das alles sollt ihr mit innerem Fleiß betreiben. Das vollbringe Gott in euch nach all seiner Herrlichkeit. (H 80.)

*b) Versenkung*

Während, wie ich schon öfters gesagt habe, der Mensch zu Beginn seine Betrachtung einem zeitlichen Gegenstand zuwenden soll, wie der Geburt, dem Werk, dem Leben und dem Beispiel unseres Herrn, soll er jetzt seinen Geist erheben und sich über die Zeitlichkeit in Gottes ewiges Leben und Sein erschwingen.

Der Mensch kann in diesen Eigenschaften Gottes sein eigenes Sein widerspiegeln in wirkender Weise, damit er sehe, daß Gott ein lauteres Sein ist, Sein allen Seins und doch keines von allen. In allem, was ist und Sein ist und Sein hat und gut ist, ist Gott. Sankt Augustinus sagt: „Wenn du einen guten Menschen, einen guten Engel, einen guten Himmel siehst, tu den Menschen, den Engel, den Himmel weg, und was übrigbleibt, ist das Sein des

161

Guten, ist Gott; er ist ganz in allen Dingen und doch hoch über ihnen. Alle Geschöpfe *haben* Gutes, *haben* Liebe; aber sie *sind* nicht das Gute, *sind* nicht die Liebe usw. Aber Gott allein *ist* das Sein des Guten, der Liebe und all dessen, was man Sein nennen kann. Auf ihn zu soll der Mensch sich wenden und dahinein versenken mit all seinen Kräften, in wirkender, fühlender, schauender Weise, daß er von seinem Nichts ganz durchdrungen und in ihm erneuert werde, daß er Sein empfange in dem göttlichen Sein, das allein Sein ist und Leben und Wirken in allen Dingen.

Dann betrachte der Mensch die Eigenschaften der so einfachen Einheit Gottes, denn Gott ist der letzte Inbegriff aller Einfachheit; in ihm ist alles Unterschiedene geeint und vereint in der Einheit *eines* Wesens. Sein Sein ist sein Wirken, sein Erkennen, sein Belohnen, sein Lieben, sein Richten, sein Erbarmen, seine Gerechtigkeit: all das ist in ihm nur eins. Dahinein wende dich, und trage dorthin deine unbegreiflich große Vielfalt, daß er sie eine in seinem einfachen Sein.

Dann betrachte der Mensch die unaussprechliche Verborgenheit Gottes, von der Isaias sprach: „Wahrlich, Herr, du bist ein verborgener Gott." Er ist in allen Dingen weit verborgener, als irgendein Ding im Seelengrunde eines Menschen sich selbst verborgen ist, verborgen allen Sinnen und ganz unerkannt innen im Grunde. Dahinein dringe mit all deinen Kräften weit über alle Gedanken, über deine äußerliche Äußerlichkeit hinaus, die so fremd, so fern sich selber ist und aller innerlichen Innerlichkeit wie ein Tier, das seinen Sinnen nachlebt, keine Erkenntnis, kein Bewußtsein, keine Erfahrung besitzt. In diese Verborgenheit Gottes versenke dich, verbirg dich vor allen Geschöpfen und vor alldem, das dem Sein fremd und ungleich ist. Das alles darf nicht durch die Einbildungskraft geschehen oder in der Weise bestimmter Gedanken, sondern in wesentlicher, wirkender Weise mit allen Kräften und allem Verlangen über alles Sinnhafte hinaus in empfindender Weise.

Dann soll der Mensch betrachten die Eigenschaft der *Einsamkeit Gottes* in der stillen Leere, in der nie ein Wort in dem Sein nach seinshafter Weise gesprochen noch ein Werk ge-

163

wirkt wurde. Denn alles ist dort so still, geheimnisvoll und leer. Darin ist nichts als die lautere Gottheit. Dorthin kam nie etwas Fremdes, kein Geschöpf, kein Bild, keine Form. Diese Einsamkeit meint unser Herr, wenn er durch den Propheten Oseas spricht: „Ich will die Meinen in die Einsamkeit führen und da zu ihrem Herzen sprechen." Diese Einsamkeit ist seine stille, einsame Gottheit: dahin führt er alle die, welche die Einsprechungen Gottes aufnehmen, jetzt und in Ewigkeit. In diese einsame, stille, freie Gottheit trag deinen unnützen, häßlichen Grund, in Gottes Einsamkeit deinen Grund, der überwachsen ist mit Unkraut, ledig alles Guten, voll der wilden Tiere, nämlich deiner Sinne und Kräfte, die tierischem, viehischem Verlangen nachgeben.

Dann betrachte das göttliche Dunkel, das infolge unaussprechlicher Klarheit allem Verständnis, allen Engeln und Menschen Finsternis ist, so wie der Glanz des Sonnenrades dem schwachen menschlichen Auge zur Finsternis wird. Denn aller geschaffene Verstand verhält sich nach seiner Natur gegenüber der göttlichen Klarheit so, wie das Auge der Schwalbe gegenüber der klaren Sonne, und muß in sein Nichterkennen und seine Blindheit zurückgeworfen werden, insofern es geschaffen und Geschöpf ist. Dem entgegen trage *deine* unergründliche Finsternis, die allen wahren Lichtes beraubt, allen Lichtes entbehrt, und laß den Abgrund der göttlichen Finsternis, sich selbst allein bekannt und allen geschaffenen Dingen unbekannt, dich erleuchten. Dieser selige Abgrund, unbekannt und ungenannt, wird mehr geliebt und ziehet mehr Seelen an sich als alles, was sie erkennen können an dem göttlichen Sein in der ewigen Seligkeit. (H 83.)

Wer dahin gelangt, der findet, was er weit und auf langen Umwegen gesucht hat. Da wird dann der Geist über alle Kräfte hinweg in eine einsame Wildnis geführt, von der niemand sprechen kann, in die verborgene Dunkelheit des weiselosen Gutes. Da wird der Geist so nahe geführt in die Einheit der einfachen weiselosen Einheit, daß er alles Unterscheidungsvermögen verliert, sogar das von Gegenständen und Empfindungen. Denn in der

165

Einheit verliert man alle Mannigfaltigkeit; die Einheit nämlich einigt alle Mannigfaltigkeit.

Sobald diese Menschen zu sich selber kommen, haben sie eine schönere, lieblichere Unterscheidung von allen Dingen als sonst jemand. Sie ist entstanden in der Einfachheit und Einheit. Eine klare, wahre Unterscheidung aller Artikel des lauteren Glaubens, wie Vater, Sohn und Heiliger Geist *ein* Gott sind, und so von aller Glaubenswahrheit. Es versteht niemand besser wahre Unterscheidung als die, welche in die Einheit gelangen; dies heißt und ist eine unaussprechliche Finsternis und ist doch das wirkliche Licht und ist und heißt eine unfaßbare einsame Wildnis, in der niemand Weg noch Weise findet, denn es ist über alle Weise.

Diese „Finsternis" soll man so verstehen: es ist ein Licht, zu dem keine geschaffene Denkkraft gelangen und das sie auch nicht verstehen kann. Und sie ist darum „wild", weil sie keinen natürlichen Zugang hat. In dieser wird der Geist über sich selbst hinaufgeführt, über all sein Begreifen und Verstehen (H 11.)

## c) *Arbeit*

Wisset, wäre ich nicht Priester und lebte nicht in einem Orden, ich hielte es für ein großes Ding, Schuhe machen zu können, und ich wollte es besser machen als alles andere und wollte gerne mein Brot mit meinen Händen verdienen.

Es gibt keine noch so geringe Arbeit, keine noch so verachtete und bescheidene Kunstfertigkeit: auch sie kommt ganz von Gott und ist ein Erweis seiner besonderen Gnade. Und jeder soll für seinen Nächsten *das* tun, was dieser nicht ebensogut kann, und soll aus Liebe ihm Gnade um Gnade erweisen. Und wisse: welcher Mensch sich nicht übt, nichts gibt, nichts tut für seinen Nächsten, muß davon Gott strenge Rechenschaft ablegen, wie denn das Evangelium sagt, daß jeder für seine Verwaltung verantwortlich sei und von ihr Rechenschaft geben müsse: was er von Gott empfangen hat, das soll und muß ein jeglicher einem seiner Brüder wiedergeben, so gut er nur kann und wie es ihm Gott gegeben hat.

Woher kommt das nun, daß so viel geklagt

wird und jeder sich über seine Arbeit beschwert, als sei sie ihm ein Hindernis für seine
Heiligung? Ist sie ihm doch von Gott gegeben,
und Gott legt niemandem ein Hindernis in den
Weg. Woher doch das Schelten im Inneren so
mancher Menschen? Kommt nicht die Arbeit
von Gottes Geist? Und doch läßt man sie nicht
gelten und erzeugt Unzufriedenheit! Wisse:
nicht die Arbeit läßt dich unzufrieden werden,
sondern die Unordnung, die du in deine Arbeit
trägst. Tätest du deine Arbeit, wie du sie nach
Recht und Billigkeit tun solltest, hättest du
Gott lauter und allein im Sinn und nichts des
Deinigen, liebtest oder fürchtest du weder Gefallen noch Mißfallen und suchtest du bei deiner Arbeit weder eigenen Nutzen noch eigene
Lust, sondern nur die Ehre Gottes und diente
deine Tätigkeit Gott allein, so könnte es nie zu
Tadel oder Gewissensbissen kommen. Und ein
geistlicher Mensch sollte sich wahrlich dessen
schämen, seine Arbeit so unordentlich und so
unlauter getan zu haben, daß sie ihn nach
seinen eigenen Worten beunruhigte. Denn auf
diese Weise erfährt man, daß seine Werke nicht
in Gott noch in rechter, lauterer Meinung ge-

168

tan waren, noch aus wahrer, lauterer Liebe zu
Gott und dem Nächsten zu Nutz. Und daran,
ob du zufrieden bleibst bei deiner Arbeit oder
nicht, sollst du auch erkennen und soll erkannt werden, ob du nur im Hinblick auf
Gott gearbeitet hast.

Der Mensch soll gute, nützliche Arbeit verrichten, wie sie ihm zufällt; die Sorge aber
soll er Gott anheimstellen, und seine Arbeit
gar behutsam und im stillen tun. Er soll bei
sich selbst bleiben, Gott in sich hereinziehen
und oft in sich schauen mit in sich selbst ge-
kehrtem Gemüte, gar innig und andächtig;
und immer soll er auf sich selbst achten und
auf das, was ihn zu seiner Arbeit treibt und
ihn ihr geneigt macht. Auch soll der Mensch
gar innerlich darauf achten, wann ihn der
Geist Gottes zum Ruhen oder zum Wirken
treibt, daß er jedem Antrieb folge und gemäß
der Weisung des Heiligen Geistes handle: jetzt
ruhen, jetzt wirken, und daß er dann seine
Arbeit voll guten Willens und in Friede vor-
nehme. Wo ein alter, schwacher, behinderter
Mensch ist, dem sollte man, noch ehe er darum
bittet, entgegenkommen; einer sollte dem an-

169

deren die Gelegenheit, ein Werk der Liebe zu tun, streitig machen und ein jeder des anderen Last tragen. Und tust du das nicht, sei gewiß, Gott wird dir nehmen, was du hast, und es einem anderen geben, der sich seiner gut bedient; und dich wird er an Tugend leer und ledig lassen und ebenso an Gnade. Und erfährst du in deiner Arbeit eine innere Berührung, so gib auf sie in deiner Arbeit recht acht, und lerne so Gott in deine Arbeit tragen und entziehe dich nicht allsogleich jener Berührung.

So, ihr Lieben, soll man lernen, sich in Tugenden zu üben. Denn üben mußt du dich, willst du ein Meister werden. Doch erwarte nicht, daß Gott dir die Tugenden eingieße ohne deine Mitarbeit. Man soll nie glauben, daß Vater, Sohn und Heiliger Geist in einen Menschen einströmen, der sich der Tugendübung nicht befleißigt. Ihr freilich möchtet am liebsten von jeder Arbeit frei sein um der Betrachtung willen, wie ihr sagt. Das sieht sehr nach Faulheit aus: ein jedes will Auge sein; alle wollen betrachten und nicht arbeiten.

Ich kenne einen der allerhöchsten Freunde

Gottes: der ist all seine Tage ein Ackersmann gewesen, mehr denn vierzig Jahre, und ist es heute noch. Der fragte einst unseren Herrn, ob er seine Arbeit drangeben und zur Kirche gehen solle. Da sprach dieser: Nein, das solle er nicht tun; er solle im Schweiß seines Angesichtes sein Brot gewinnen, zu Ehren des kostbaren Blutes des Herrn. Der Mensch soll sich bei Tag oder in der Nacht eine Zeitspanne nehmen, in der er sich in seinen Grund senken kann, jeder nach seiner Weise. Die edlen Menschen, die in Lauterkeit ohne Bilder und Formen sich in Gott versenken können, mögen es auf ihre Weise tun. Die anderen mögen, ein jeder auf seine Art, eine gute Stunde auf diese Übung verwenden, denn wir können nicht alle Auge sein, nicht alle der Beschauung obliegen.

Dann sollen sie sich *der* Tugendübungen befleißigen, wie Gott sie ihnen bestimmt hat, und dies in großer Liebe, in Frieden und Güte, gemäß dem Willen Gottes. Wer Gott dient nach Gottes Willen, dem wird Gott antworten nach des Menschen Willen. Wer aber Gott dient nach seinem eigenen, menschlichen Willen, dem wird Gott nicht antworten nach des Menschen, sondern nach seinem, nach Gottes Willen.

Von diesem Verzicht auf den eigenen Willen entsteht und geht aus wesentlicher Friede, der aus der Tugendübung erworben wird. Seid dessen gewiß: jeder Friede, der nicht aus der Übung der Tugend kommt, ist trügerisch; der will im Innern und Äußeren geübt werden; der Frieden, der von innen kommt, den kann euch niemand nehmen. (H 47.)

## 5. DAS JOCH DES MEISTERS

Die ewige Wahrheit unseres Herrn Jesus Christus hat gesprochen: „Mein Joch ist süß, und meine Bürde ist leicht."

Beim Joch denkt man an den inwendigen Menschen und bei der Bürde an den äußeren, den alten, den irdischen Menschen. Der inwendige edle Mensch ist aus dem edlen Grund der Gottheit gekommen und nach dem edlen lauteren Gott gebildet und wird wieder dorthin eingeladen und hineingerufen und hingezogen,

172

daß er all des Gutes teilhaftig zu werden vermag, das der edle, wonnigliche Grund von Natur besitzt; das kann die Seele durch göttliche
Gnade erlangen. Wie Gott in dem inwendigen
Seelengrund den Grund gelegt hat und sich
verborgen und bedeckt darin aufhält — wer
dies wahrnehmen, erkennen und betrachten
könnte, der wäre ohne Zweifel selig. Und hat
auch der Mensch seinen Blick nach außen gekehrt und geht in die Irre, so fühlt er doch
ein ewiges Locken und eine Neigung hierzu,
und wie er sich ihnen auch entzieht, so findet
er doch keine Ruhe; alle andern Dinge nämlich können ihm nicht genug sein außer diesem, denn dies — das himmlische Gut — trägt
und zieht ihn immer fort in das Allerinnerste,
ohne sein Wissen. Es ist dies sein Ziel, wie
alle Dinge an ihrem Ziel rasten. Wie es den
Stein zur Erde zieht und das Feuer zur Luft
aufflammt, so zieht es die Seele zu Gott.

Wem ist nun dieses Joch süß, dieses Ziehen
und dieses Tragen? Nur den Menschen, die
sich, ihr Antlitz, ihr Gemüt nach innen von
den Geschöpfen abgekehrt haben. Die Seele
steht so recht in der Mitte zwischen Zeit und

173

Ewigkeit. Wendet sie sich der Zeit zu, so vergißt sie die Ewigkeit. Und rücken ihr die Dinge fern und weit ab, so sind sie klein, wie ja das, was man fern sieht, klein erscheint, und was nahe ist, groß, denn das Hindernis zwischen Auge und Gegenstand ist gering; so ist es z. B. mit der Sonne, obgleich sie sechzigmal größer ist als alles Erdreich; wer aber zur Sommerszeit ein Becken mit Wasser nähme, wenn die Sonne hoch am Himmel steht, und einen kleinen Spiegel hineinlegte, dem erschiene die Sonne allzumal im Spiegel und kaum größer als ein kleines Bodenstück. Und wie klein auch ein Hindernis sei, das zwischen den kleinen Spiegel und die große Sonne käme, es würde dem Spiegel das Bild der großen Sonne gänzlich entziehen. Genauso ist es um den Menschen bestellt, der ein Hindernis errichtet hat, es sei, was es sei oder wie klein es immer sei, daß er nicht in diesen Grund blicken kann. Ohne Zweifel hindert dies ihn, daß sich Gott, das große Gut, in dem Spiegel seiner Seele abbildlich darstellen kann.

O, wie edel und lauter auch die irdischen Bilder sind, alle sind sie ein Hindernis dem Bild

174

bar jeder Form, das Gott ist. Die Seele, in der
sich die Sonne spiegeln soll, die muß frei sein
und ledig aller Bilder; denn wo irgendein Bild
sich in dem Spiegel zeigt, da vermag sie Gottes
Bild nicht aufzunehmen. Alle, welche sich um
diese Entledigung von irdischen Bildern nicht
bemühen, so daß sich dieser verborgene Grund
nicht aufzudecken und bildlich darzustellen
vermag, die sind alle Küchenmägde, und solchen ist das Joch bitter. Und wer nie dahinein-
blickte noch diesen Grund je verkostete, für den
ist dies, sagte Origenes, ein offenbares Zeichen,
daß er ewiglich seiner nicht wahrnehmen noch
genießen soll. Der Mensch, welcher je nach
seinen Kräften nicht zum mindesten einmal am
Tag sich in den Grund kehrt, der lebt nicht
wie ein rechter Christ. Aber die den Grund
säubern und darauf Muße verwenden und die
irdischen Bilder ablegen, daß sich die Sonne
Gottes darein ergießen kann, denen schmeckt
Gottes Joch süßer als Honig und geht ihnen
über die Süßigkeit jeglichen Geschmacks, und
unschmackhaft und bitter erscheint ihnen
alles, was nicht so ist; ja alle die, welche
dies verkosteten, denen ist die Welt bittere

175

Galle, denn wo dieser edle Grund genossen ist, da drückt und zieht er so sehr, ja er zieht das Mark aus den Knochen und das Blut aus den Adern. Und wo sich dieses Bild in der Wahrheit abbildlich dargestellt hat, verlöschen alle Bilder und trennen sich los von dem Grunde.

Daß dich also die Dinge, welcher Art sie auch seien, hindern, das kommt daher, weil du durch sie an deinem Eigenen festhältst. Wärest du der Bilder und deines Eigenwillens ledig, so könntest du ein Königreich besitzen, es schadete dir nicht. Sei frei von der Gewöhnung an die Dinge und ledig irdischer Bilder, und du kannst besitzen, wessen du immer an allen Dingen bedarfst.

In diese von irdischen Bildern freien Menschen scheint die göttliche Sonne, und sie werden so herrlich aus sich selber herausgezogen und aus allen Dingen; und haben ihren Willen, sich selber und alle Dinge dem göttlichen Willen überantwortet; darein sind sie verflochten; sie werden so liebreich in Gottes Joch gezogen, daß sie der Dinge vergessen; daher erscheinen diese ihnen klein; und ewige

Dinge sind ihnen nahe, die sind inwendig und scheinen ihnen wegen ihrer Nähe groß; kein Hindernis trennt sie von diesen, und so verkosten sie deren Lieblichkeit.

Nun nehmen wir das andere Wort: „Meine Bürde ist leicht." Dabei denkt man an den äußeren Menschen, auf den mannigfaches Leiden fällt. O liebreicher Gott, wo sind nun die seligen Leute, denen Gottes Bürde leicht ist? Denn niemand will leiden, und doch muß es immer ein Leiden und ein Lassen geben, wende es, wie du willst. Christus selbst mußte leiden und so in seine Herrlichkeit eingehen. Was sollst du nun leiden? Du sollst leiden die Entscheidungen und die Schickungen Gottes, wo und wie sie auf dich fallen, es sei von Gott oder von den Menschen. Es sterben dir deine Freunde, du verlierst Gut oder Ehre, inwendigen oder äußeren Trost, mag es von Gott oder den Geschöpfen kommen: diese Bürden sollst du leichtlich tragen, und auch deine eigenen Mängel, die dir leid sind und die du nicht überwinden kannst noch vermagst. So leg dich unter die Bürde, um zu leiden in dem göttlichen Willen, und übergib dein Leid Gott.

177

Das Pferd macht den Mist in dem Stall, und obgleich der Mist Unsauberkeit und üblen Geruch an sich hat, so zieht doch dasselbe Pferd denselben Mist mit großer Mühe auf das Feld; und daraus wächst der edle schöne Weizen und der edle süße Wein, der niemals so wüchse, wäre der Mist nicht da. Nun, dein Mist, das sind deine eigenen Mängel, die du nicht beseitigen, nicht überwinden noch ablegen kannst, die trage mit Mühe und Fleiß auf den Acker des liebreichen Willens Gottes in rechter Gelassenheit deiner selbst. Streue deinen Mist auf dieses edle Feld, daraus sprießt ohne allen Zweifel in demütiger Gelassenheit edle, wonnigliche Frucht auf.

Wer sich beugte unter diese Bürde und unter alle Entscheidungen und Schickungen Gottes mit demütiger Gelassenheit und sich in Gottes Willen fügte im Haben und Darben, mit anhaltendem Ernst, in demütiger Hoffnung, wer alle Dinge von Gott nähme und sie ihm wieder auftragen wollte in wahrhaftiger Loslösung von allem Äußerlichen und mit Innebleiben in sich selber, mit Einsenken in den ewigen Willen Gottes in Verleugnung seiner selbst und

aller Geschöpfe, wer dies täte und darin fest-
bliebe, dem wäre Gottes Bürde in Wahrheit
leicht, Gott aber ginge ganz und gar, in aller
Weise, hinein in dieses Menschen ganzes Tun
und Lassen. Daß so der edle Gott in uns wirken
möge, daß uns sein Joch süß werde und seine
Bürde leicht, dazu helfe uns Gott. (H 6.)

## 6. DIE GABE DES GEISTES

Die heilige Kirche begeht zu dieser Zeit das Fest
der Sendung des Heiligen Geistes, der von den
Jüngern in besonderer, innerlicher Weise aufgenommen ward. Und dies mußte so sein, denn
sie standen im Beginn; ein neues Wesen hub
mit ihnen an, und darum war diese Weise des
Empfangs notwendig um derer willen, die nach
ihnen kommen sollten. Je länger sie auf Erden
lebten, um so mehr nahmen sie zu jeglicher
Stunde zu im Empfang des Heiligen Geistes.

Ebenso soll jeder Gottesfreund dieses liebliche
Fest alle Tage und zu jeder Stunde so begehen,
daß er den Heiligen Geist zu jeder Stunde

179

empfange. Je nach seiner Vorbereitung und seiner Empfänglichkeit und je mehr er sich dahin wendet, um so vollkommener wird er den Heiligen Geist in sich empfangen. Diese Sendung, die den heiligen Jüngern am heiligen Pfingsttage ward, vollzieht sich in geistlicher Weise alle Tage an all denen, die sich gründlich darauf vorbereiten. So kommt der Heilige Geist in Besonderheit und mit neuen besonderen Gnaden und Gaben, solange der Mensch lebt und sich innerlich zu ihm wendet und innerlich zu seinem Empfang bereit ist.

Die Erwartung des Heiligen Geistes ist aber verschieden in den Menschen. Die einen empfangen den Heiligen Geist mit ihren Sinnen in sinnlich vorstellbarer Weise; andere nehmen ihn in viel edlerer Weise in ihre oberen Kräfte und in ihre vernünftigen Kräfte auf, in vernünftiger Weise, weit über die Art der Sinne hinaus. Die dritten empfangen ihn nicht allein in dieser Weise, sondern nehmen ihn in den verborgenen Abgrund auf, in das heimliche Reich, den lieblichen Grund, wo das kostbare Abbild der Heiligen Dreifaltigkeit verborgen liegt, der edelste Teil ihrer Seele.

180

O in welch lieblicher Weise findet da der Heilige Geist eine Heimstatt! Und seine Gaben werden dort in vorzüglicher Art auf göttliche Weise empfangen! Und sooft der Mensch mit dem Licht seiner Vernunft in diesen Grund schaut und sich hier Gott zuwendet, ebensooft geschieht da eine Erneuerung und neue Einhauchung des Heiligen Geistes in jeglichem Augenblick; der Mensch empfängt neue Gaben und Gnaden, sooft er sich dorthin kehret mit dieser Einsicht und in wahrer Abgeschiedenheit und wahrem Ernst all sein Tun und seine Wege überblickt und durchschaut, Wort, Werk und Weise, ob nichts darin sei, das nicht Gottes ist, und die Absicht auf ihn allein gehe; und findet er etwas darin, das nicht Gott ist, so muß seine Vernunft das richten und leiten. Dieses Licht soll mit seinem Glanz die natürlichen Tugenden befördern — es sind Demut, Sanftmut, Güte, Barmherzigkeit, Stillschweigen und dergleichen — und zeigen, ob sie ihren Ursprung in Gott haben.

Aber dieses Licht soll auch des Menschen sittliche Tugenden durchleuchten: Weisheit, Gerechtigkeit, Stärke und Mäßigkeit. Sie wer-

den „Haupt- oder Kardinaltugenden" genannt;
auch deren Übung soll dies Licht der Vernunft
in wahrer lauterer Meinung durchschauen,
einrichten und ordnen und in rechte Lage und
göttliche Ordnung bringen, damit sie in Gott
und auf Antrieb Gottes geübt werden. Findet
der Heilige Geist dann, daß der Mensch das
Seine getan hat, so kommt er mit seinem
Lichte und überstrahlt das natürliche Licht
und gießt übernatürliche Tugenden in diesen
Menschen: Glaube, Hoffnung, Liebe und seine
Gnade. Und so wird der Mensch in dieser
Abgeschiedenheit ein erfahrener und wohl-
edler Mensch. Aber dies alles muß wohl
durchleuchtet sein von dem Licht, denn gar
manches sieht so aus, daß man glaubt, Gott
sei gemeint, und kommt man in den Grund,
so findet man, daß dem nicht so ist. (H 23.)

Alles, was du zu tun hast, ist, den Heiligen
Geist in dir sein Werk vollbringen zu lassen
und ihm kein Hindernis zu bereiten: dann
wird er dich gänzlich erfüllen. Sobald du dich
vorsichtig und fromm auch in deinem äußeren
Verhalten zeigst, wirklich wie es Gottes Geist

geziemt, in Wort und Werk, in aller Ordnung, abgeschieden von den Geschöpfen und in Stille, so wirkt der Heilige Geist große Dinge in dem nach innen gewandten Menschen, ungeachtet dessen, daß der Mensch nichts davon weiß; ganz so wie die Seele dem Leib in verborgener Weise das Leben vermittelt, derart, daß der Leib davon nichts empfindet noch weiß, so wirkt der Heilige Geist in Geist und Grund des Menschen ohne dessen Wissen. Soll aber der Mensch dessen gewahr werden, so muß das mit in den Grund zurückgewandten Kräften geschehen, wo der Heilige Geist Wohnstatt und Wirken hat. Wird ein Tor dessen gewahr in sich, so fällt er sogleich darüber her, um dieses Wirken sich selbst zuzuschreiben, und zerstört es so gänzlich.

Das tut der Mensch wegen der maßlosen Lust und Freude, die er dabei fühlt; und sie übersteigt weit alle Freude der Welt. Aber indem der Mensch sich so das Werk des Heiligen Geistes selbst zuschreibt, verdirbt er es ganz und gar. Meine Lieben! Es geht nicht so, wie ihr denkt. Es bedarf einer lauteren Seele, der Mensch muß sein Selbst aufgegeben haben,

wo der Heilige Geist richtig nach seinem Adel
und seiner Geschäftigkeit soll wirken können.
Und du darfst ihm mit deiner Anmaßung kein
Hindernis seines Wirkens sein.

Ihr Lieben! Wollt ihr jemals vollkommen
werden und zu eurem Bestem gelangen, be-
haltet diese beiden kleinen Punkte: das eine
ist, daß ihr euer Inneres frei und ledig macht
aller geschaffenen Dinge und eures eigenen
Selbst und daß ihr euren äußeren und inneren
Menschen in Ordnung haltet, damit der Heilige
Geist in seinem Wirken von euch nicht gehindert werde. Das andere: daß ihr Schwierigkeiten, wo immer sie herkommen mögen, von
außen oder innen, was immer es sei, von Gott
ohne Widerstreben annehmt und nicht anders,
denn Gott will dich damit selber für sich und
seine großen Gaben bereiten, die übernatürlich
und wunderbar sind und zu denen du niemals
gelangen könntest, außer durch Erdulden und
ohne das äußere Wirken des Feindes oder
feindlicher Menschen.

Ihr dürft aber nicht meinen, falls ihr des
Heiligen Geistes solcherart warten wollet, eure
äußeren guten Werke, als da sind solche des

Gehorsams, euer Singen und Lesen, euer Dienst an den Schwestern und die Werke der Liebe, könnten ein Hindernis für den Empfang des Heiligen Geistes sein. Nein, es ist nicht so, daß man sich allen Tuns entschlagen dürfe und nur warten. Wer Gott gerne liebt und nach ihm verlangt, wird alles aus Liebe tun, Gott zum Lobe in rechter Ordnung, wie es an ihn kommt, wie Gott es ihm fügt, in Liebe, sanftmütiger Güte und friedlicher Gelassenheit, zu deinem und deines Nächsten Frieden. Nicht die Werke hindern dich, sondern deine Unordnung in ihrer Durchführung. *Die* lege ab, und richte deinen Sinn ganz auf Gott in all deinem Tun und sonst nichts. Sodann beobachte dich oft selbst, hüte deinen Geist, laß keine Unordnung da Eingang finden; habe acht auf deine Rede und dein äußeres Verhalten: dann wirst du Zufriedenheit in all deiner Tätigkeit bewahren; dann wird der Heilige Geist zu dir kommen, dich erfüllen, in dir wohnen und in dir Wunder wirken, wenn du seine Unterweisungen beobachtest. — Möchte dies uns allen zuteil werden. Dazu helfe uns Gott. (H 25.)

185

## 7. DIE EINKEHR IN DEN GRUND

Sankt Paulus sagt: ,,Ihr sollt euch erneuern im Geist eures Gemütes." Der Geist des Menschen wird auf verschiedene Weise bezeichnet, je nach der Art seiner Wirksamkeit und nach den Gesichtspunkten seiner Beziehung. Zuweilen wird der Geist ,,Seele" genannt, das ist insofern gesagt, als sie dem Leibe Leben verleiht, und so verstanden, ist der Geist (als ,,Seele") in jedem unserer Glieder, denen er Leben und Bewegung mitteilt.

Zuweilen wird die Seele auch ,,Geist" genannt, und das ist insofern gesagt, als sie eine alle Maße übersteigende Verwandtschaft zu Gott hat. Denn Gott ist Geist, und die Seele ist Geist, und infolgedessen hat sie ein ewiges Sichhinneigen und Hinblicken in den Grund ihres Ursprungs. Von der Gleichheit im Geistigen neigt und beugt sich der Geist wieder in den Ursprung, die Gleichheit. Dieses Sichneigen erlischt nie, nicht einmal bei den Verdammten. Die Seele wird auch ,,Gemüt" genannt; das ist ein köstlich Ding: in ihm sind alle Kräfte vereinigt, Vernunft, Wille, aber es selbst steht über diesen, und es besitzt mehr als diese.

Wenn mit diesem Gemüt alles wohl steht, so wird es gedrängt, sich in diesen einen eigenen Grund herniederzuneigen, wo das über alle Kräfte hinausreichende Bild ruht. Die Wirksamkeit des Gemütes übertrifft an Adel und Erhabenheit die Kräfte weit mehr, als der Inhalt eines Fuders Weins einen Tropfen übertrifft. In diesem Gemüt soll man sich erneuern, indem man sich immer wieder in den Grund hinabneigt und sich Gott in wirkender Liebe und Gesinnung unmittelbar zukehrt. Diese Kraft der Hinkehr zu Gott findet sich wohl in dem Gemüt, das seine Anhänglichkeit an Gott ohne Unterbrechung bewahren kann und seine Gesinnung aufrechterhalten, während die Kräfte nicht die Fähigkeit besitzen, in sich gleichbleibender Anhänglichkeit zu verharren.

So also soll die Erneuerung im Geist des Gemütes vor sich gehen. Da Gott ein Geist ist, soll der geschaffene Geist sich mit ihm vereinen, sich aufrichten und sich in den ungeschaffenen Geist Gottes mit einem von allem

187

Eigenen befreiten Grunde einsenken. So wie
der Mensch vor seiner Erschaffung durch die
Ewigkeit hindurch Gott in Gott war, so soll
er nun in seiner Geschaffenheit sich ganz und
gar wieder in Gott versenken.

Wenn der Geist des Menschen ganz und gar
mit seinem innersten Wesen sinkt und ein-
schmilzt in Gottes Innerstes, so wird er davon neu gebildet und erneuert, und je geordneter und reiner er diesen Weg gegangen ist,
je lauterer er Gott im Sinn gehabt, um so mehr
wird dieser Geist überströmt und überformt von
Gottes Geist. Gott ergießt sich in diesen Geist
in derselben Weise, in der die Sonne ihren
Schein in die Luft ergießt. Da wird die ganze
Luft von dem Licht durchdrungen; und kein
Auge kann Licht und Luft scheiden noch erfassen, wo beide zu trennen sind. Und wer
vermöchte denn diese göttliche, übernatürliche
Einung scheiden, durch die der Geist hinein-
genommen und gezogen wird in den Abgrund
seines Ursprungs? Wisset, könnte man den geschaffenen Geist in dem ungeschaffenen er-
blicken, man glaubte, ohne Zweifel, Gott selbst
zu sehen.

Meine Lieben! In dieser Erneuerung und dieser Einkehr erhebt sich der geschaffene Geist allzeit über sich selbst höher als je ein Adler sich auf die liebe Sonne zu hin erhob oder das Feuer in die Höhe. So schwebt der Geist der göttlichen Finsternis entgegen, wie Job sprach: „Dem Menschen ist der Weg verborgen und ist mit Finsternis umkleidet." Das ist die Finsternis der göttlichen Unbekanntheit, wo Gott über allem steht, was man von ihm aussagen kann, ohne Name und Form, ohne Bild, jenseits aller Weisen und allen Seins. Das ist, ihr meine Lieben, die wesentliche Umkehr. (H 70.)

Dieser Grund — wer darauf fleißig achtete — leuchtet in die Kräfte unter sich; er neigte und risse die oberen wie die niederen zu ihrem Beginn, ihrem Ursprung, wenn der Mensch nur darauf achtete und bei sich selber bliebe und auf die liebevolle Stimme hörte, die in der Einsamkeit, in diesem Grunde ruft und alles immer mehr da hineinführt. In dieser Wüstung herrscht eine solche Einsamkeit, daß ein Gedanke nie da hineinkommen kann. Wahrlich, nein! All die Gedanken der Vernunft, die je ein Mensch über die heilige Dreifaltigkeit gedacht hat — manche machen sich viel damit zu schaffen —, keiner kann je in diese Einsamkeit gelangen. Nein, ganz gewiß nicht. Denn dieses etwas ist so innerlich, so weit, so weit drinnen: es hat weder Zeit noch Ort. Es ist einfach und ohne Unterschied, und wer auf rechte Weise da hineinkommt, dem ist, als ob er hier ewig gewesen sei und er eins mit Gott sei, obwohl das nur für Augenblicke gilt. Aber diese kurzen Augenblicke werden empfunden und erscheinen wie eine Ewigkeit. Dies erleuchtet und bezeugt, daß der Mensch, ehe er geschaffen wurde, von aller Ewigkeit her in Gott war. Als er in ihm war, da war der Mensch Gott in Gott.

Sankt Johannes schreibt: „Alles, was gemacht ist, hatte Leben in ihm." Dasselbe, was der Mensch jetzt in seiner Geschaffenheit ist, war er von Anbeginn her in Gott in Ungeschaffenheit, mit ihm ein seiendes Sein. Und solange der Mensch nicht zurückkehrt in diesen Zustand der Bildlosigkeit, mit dem er aus dem Ursprung herausfloß, aus der Ungeschaf-

fenheit in die Geschaffenheit, wird er niemals
wieder in Gott hineingelangen. Solange er
nicht ganz und gar die Neigungen, die Anhänglichkeit, die Selbstgefälligkeit ablegt,
überhaupt alles, was den Grund durch irgendein Gefühl des Habenwollens befleckt hat, was
der Mensch je mit Lust sein eigen nannte,
freien Willens, im Geist oder in seiner menschlichen Natur, was je Eingang in ihn fand, in
ungeordneter Weise und mit Wissen und Willen aufgenommen wurde, kurz, solange das
nicht restlos ausgetilgt wird, wie es war, als
der Mensch aus Gott hervorging, so lange
gelangt er nicht wieder in seinen Ursprung. —
Mit diesem Grunde waren schon die Heiden
vertraut; sie verschmähten vergängliche Dinge
ganz und gar und gingen diesem Grunde nach.
Dann aber kamen die großen Meister Proklos
und Platon und gaben denen, die das nicht
selbst finden konnten, eine klare Auslegung.
Sankt Augustinus sagt, daß Platon das Evangelium „Im Anfang war das Wort . . ." schon
völlig ausgesprochen habe bis zu der Stelle:
„Es ward ein Mensch von Gott gesandt." Das
geschah freilich mit verborgenen, verdeckten

191

Worten. Aber die Heiden fanden die Lehre von der heiligen Dreifaltigkeit. Das, meine Lieben, kam ihnen alles aus diesem inneren Grunde zu: sie lebten für ihn, sie pflegten seiner.

Es ist doch ein schwerer Schimpf und eine große Schande, daß wir armen Nachzügler, die wir Christen sind und so große Hilfe haben — die Gnade Gottes, den heiligen Glauben, das heilige Sakrament und noch manch andere große Unterstützung —, recht wie blinde Hühner herumlaufen und unser eigenes Selbst, das in uns ist, nicht erkennen und gar nichts darüber wissen: das ist die Wirkung unseres zerteilten und nach außen gerichteten Wesens, und daß wir zuviel Nachdruck auf die Sinne legen, wenn wir tätig sind, auf unsere Vorhaben: Vigilien, Psalter und ähnlicher Übungen, die uns so stark beschäftigen, daß wir niemals in uns selbst kommen können.

Sankt Dionysius sprach: „Wenn das ewige Wort in den Grund der Seele gesprochen wird und der Grund so viel Bereitschaft und Empfänglichkeit zeigt, daß er das Wort aufnehmen kann in seiner Ganzheit und in erzeugender

Weise, nicht teilweise, sondern gänzlich: da
wird der Grund eins mit dem Wort in Wesenheit; doch behält der Grund seine Geschaffenheit in seinem Wesen noch in der Vereinigung.
Das bezeugt unser Herr mit den Worten: ‚Vater, laß sie eins werden, wie wir eins sind‘; und
zu Augustinus: ‚Du sollst in mich verwandelt
werden.‘“ Dazu kommt niemand außer über
die Liebe. (H 44.)

## 8. DER RUF DER LIEBE

Das edelste und köstlichste Ding, von dem
man sprechen kann, ist die Liebe; man kann
nichts Nützlicheres lernen. Gott verlangt weder große Vernunft noch tiefe Gedanken, noch
große Übungen der Frömmigkeit, wenn man
auch gute Übungen nie aufgeben soll. Aber
allen Übungen gibt erst die Liebe Wert und
Würde. Gott verlangt nur Liebe, denn nach
Sankt Paulus' Lehre ist sie „ein Band aller
Vollkommenheit“. Große Vernunft und Ge-

schicklichkeit besitzen Juden und Heiden auch, große Werke tun Gerechte und Ungerechte, die Liebe allein trennt den Bösen von dem Guten: denn Gott ist die Liebe, und die in der Liebe wohnen, die wohnen in Gott und Gott in ihnen. Und darum lernt vor allem wahre Liebe; und da uns Gott zuvor so unaussprechlich geliebt hat, so sollten wir ihn doch auch lieben, wie Sankt Augustin sprach. Dadurch wird unsere Liebe nicht auf einen anderen Weg gelenkt, noch nimmt sie ab, sondern sie wächst und nimmt zu, denn mit Liebe verdient man sich Liebe, und je mehr man liebt, um so mehr vermag und kann man lieben.

Die Liebe kennt zwei Arten der Wirksamkeit: eine innere und eine äußere. Das äußere Werk gilt dem Nächsten, das innere geht unmittelbar auf Gott. Daß diese Liebe recht geübt werde, dazu bedarf der Mensch der Erkenntnisse; davon sagt Sankt Paulus: „daß eure Liebe zunehme in Erkenntnis und Empfinden". Denn wir sollen uns nicht mit dem Guten begnügen, sondern nach dem Allerbesten streben und überströmend in der Liebe werden. Wissen ist die dritte Gabe unter den sieben Gaben des Heiligen Geistes und kommt unmittelbar vor der Liebe, ganz wie eine Magd, die einer vornehmen Frau dient und ihr vorangeht.

Die wahre göttliche Liebe, die sollst du in deinem Inneren haben, die sollst du erkennen und wahrnehmen an der Liebe, die du nach außen zu deinem Nächsten hast; denn nicht eher liebst du Gott, als bis du findest, daß du deinen Nächsten liebst, wie geschrieben steht: „Wie kannst du Gott lieben, den du nicht siehst, solange du deinen Bruder, den du siehst, nicht liebst?" Daran hängen alle Gebote und das Gesetz Gottes: „Liebe Gott und deinen Nächsten wie dich selbst." Du sollst dich mit ihm freuen und mit ihm leiden in allen Dingen und ein Herz und eine Seele sein, wie es zu Zeiten der Apostel war: „Sie hatten alles miteinander gemein." Kannst du das nicht zeigen, weil es dir an Mitteln fehlt, so sollst du die Bereitschaft dazu in deinem Inneren haben, in deinem Grunde, in der Wahrheit, nicht in einer übertünchten, sondern in der lauteren Wahrheit, in der Zuneigung, der Liebe und dem zur Liebestätigkeit bereiten Willen. Kannst du für deinen Nächsten nichts anderes tun, so sag ihm ein gutes, liebevolles Wort, kommend aus einem wahren, guten Grunde.

Deine Liebe soll sich auch zeigen gegenüber dem verkehrten Menschen; dessen Fehler sollst du in liebevoller Geduld und liebreich ertragen; du sollst kein hartes Urteil darüber fällen, sondern in barmherziger Weise sein ungehöriges Betragen dir gegenüber erdulden; zuweilen kommen seine Fehler nicht aus eingewurzelter Bosheit, sondern aus Unvorsichtigkeit oder Trägheit oder auch, wie Sankt Gregorius sagt, aus Gottes Verhängnis, damit der Mensch dadurch gedemütigt werde und seine Gebrechen erkenne.

Hier wird sehr gesündigt, darin, daß niemand den anderen in Liebe aus dem Grunde seines Herzens erträgt und seine Schwächen erduldet. Die Liebe zum Nächsten soll in allem, was du tust, überströmen, soll wachsen und zunehmen, und an ihr sollst du die andere Liebe prüfen, die nach innen gekehrt ist zu Gott in seinen Ursprung. (H 76.)

Vor allem aber soll man sich in der tätigen Liebe üben; das ist über alle Maßen nützlich und fruchtbar. Das bedeutet, daß der Mensch *dankbar* sei für das mannigfache Gute, das Gott ihm und allen Menschen und Engeln erwiesen hat; daß er sich mit allen Kräften in die großen Liebeserweise versenke, die Gott ihm gegeben hat in jeglicher Art und in jedem seiner Werke gemeinhin und ihm besonders, und zwar durch sich selbst in all seinem Leben und Leiden. Dem stelle der Mensch seine Kleinheit und Unwürdigkeit und sein Nichts gegenüber; er fordere Himmel und Erde und alle Geschöpfe auf, ihm danken zu helfen, denn das kann er allein nicht in angemessener Weise.

Und in diesen Dank beziehe er mit ein mit einem reinen Blick die ganze Christenheit, Lebende und Tote und besonders die, für welche er beten will. Und im Namen all dieser erhebe er seinen Sinn in innerem liebevollem Verlangen zu Gott, sie alle mit einem reinen Blick umfassend, und bringe vor Gott seine besondere Liebe zu dem Leben und Leiden unseres Herrn Jesus Christus. Dies alles geschehe mit einem einzigen Blick, wie wenn man tausend Menschen mit einem Blick übersieht. Und dieses Hinkehren des Geistes zu Gott soll man oft und oft wiederholen, einen Augenblick lang, immer wieder, und mit all dem in Gott zurückfließen, mit seiner Wirksamkeit, seiner Vernunft und tätigen Liebe.

Alles aber, was man jemals an Gutem von Gott empfing, soll man sich nicht als sein eigen zuschreiben; sondern ihr sollt es ihm wieder darbieten, nichts davon halten, nur an euer lauteres Nichts und an eure Armut denken; und laßt euer Fragen und Disputieren, ob es Gott sei, der sich euch innerlich zeigt und darbietet; haltet euch allein an eure Kleinheit, eure Armut, euer Nichts, wie es ja der Wahrheit entspricht. Lasset Gott, was Gottes ist; bemüht euch, in euren Ursprung zurückzukehren, wie es unser Herr Jesus Christus tat; der strebte mit all seinen Kräften, den oberen und den niederen, allezeit zu Höhe. Wer ihm am allergenauesten nachfolgt, ist der Beste. (H 48.)

## 9. HILFE UND HEMMNIS
## DER SAKRAMENTE

*a) Schmerzliche Selbsterkenntnis*

Woher, glaubt ihr wohl, kommt das, daß der
Mensch auf keine Weise in seinen Grund gelangen könne? Das kommt daher, daß so
manche dicke, schreckliche Haut darüber gezogen ist, ganz so dick wie eine Ochsenstirn:
die haben ihm seine Innerlichkeit verdeckt,
daß weder Gott noch er selber da hineingelangen kann; der Eingang ist verwachsen.
Wisset, manche Menschen können dreißig
oder vierzig solcher Häute haben, dick, grob,
schwarz, wie Bärenhäute. Was sind das für
Häute? Das ist ein jegliches Ding, dem du dich
mit freiem Willen zukehrst: Antrieb zu selbstsüchtigen Worten und Werken zur Gewinnung von Gunst oder aber Trieb zur Abneigung
gegen einen anderen Menschen, Hochmut,
Eigenwillen, Wohlgefallen an irgendeinem
Ding, das mit Gott nichts zu tun hat, Härte,
Leichtfertigkeit, Unachtsamkeit im Betragen

und dergleichen mehr. Solche Dinge bilden alle dicke Häute und große Hindernisse, die dem Menschen die Sicht verdunkeln. Sobald aber der Mensch sich mit Schmerzen davon Rechenschaft gibt, sich demütig vor Gott schuldig bekennt und, was noch besser ist, den Entschluß faßt, sich zu bessern, soweit das nur in seinen Kräften steht, wird alles gut. (H 51.)

Liebe Schwestern! Ich rate, ermahne und bitte euch, Gott innerlich und lauter all eure Gebrechen zu bekennen, euch vor ihm von Grund aus schuldig zu nennen, eure Fehler vor ihm innerlich mit schmerzlicher und tiefer Reue zu bedenken und nicht danach zu trachten, äußerlich lange zu beichten, viele Einzelheiten zu erzählen von euren täglichen Verfehlungen. Das nämlich trägt euch wenig Fortschritte ein, und ihr nehmt den Beichtigern kostbare Zeit weg und macht sie verdrießlich und unlustig. Das Reden schafft die Gebrechen nicht weg. Ich habe es oft genug gesagt: der Beichtiger schafft diese Verfehlungen nicht weg; kein Priester kann das. Wendet euch in euch und erkennt euch selbst. Denn dieses äußere Her-

sagen ohne innere Beteiligung bringt wenig
Frucht, wenn es sich um Dinge dreht, die
keine schweren Sünden sind; das ist das Kennzeichen eines dem *inneren* Bekenntnis gegenüber unbesorgten Menschen. Wo dieses nämlich in Wahrheit stattfände, da verschwänden
die täglichen kleinen Verfehlungen so gründlich von innen, daß man kaum eine oder vielleicht gar keine mit bestimmten Worten bezeichnen könnte. Und es ginge alles recht gut,
wenn man seine Verfehlungen Gott gegenüber
auf die angegebene Weise schlichtete. All das
betrifft die täglichen leichteren Verfehlungen.
Vor schweren Sünden bewahre euch Gott!
(H 81.)

Bleibe bei dir selber, und kommen auch alle
deine Fehler mit strenger, schwerer Verurteilung auf dich zu und tadeln dich, bleib nur
dabei, und tadle dich selbst mit aller Strenge.
Und bliebe diese deine Verurteilung auch eine
ganze Woche hindurch bestehen, so wäre das
sehr gut. Steinige dich selbst mit, vor Gott in
dir selber. Und *so* sollst du dich verhalten:
sobald du irgendwie in einen Fehler gefallen

bist, beichte Gott ohne Säumen. Entfallen dann deinem Gedächtnis deine Fehler, so daß du nicht weißt, was du sagen sollst, wenn du zu deinem Beichtvater kommst, so glaube, die Sünde sei dir besser vergeben, als wenn du sie dem Priester selbst gebeichtet hättest. Aber ich bitte euch, in der Beichte nicht viel äußere Worte zu machen. Die heilige Kirche hat die Beichte für die Todsünde eingesetzt. Und bist du im Zweifel, ob ein Ding Todsünde sei und nicht zu denen gehöre, die täglich geschehen, so mach es schlicht und kurz ab.

Beichte Gott, fürwahr! (H 17.)

Auch an gut scheinenden Dingen sucht der Mensch seine Ruhe. Hat er sich irgendwie vergangen, so eilt er zu einer äußeren Beichte, bevor er sich in innerer Beichte Gott demütig schuldig bekannt hat. In der äußeren Beichte sucht die menschliche Natur ihre Ruh, daß sie Zufriedenheit mit sich selbst erlange und das innerliche Schelten und Tadeln in sich stille und zum Schweigen bringe. Hat der Mensch gebeichtet, so schweigt der Tadel, und jener ist dann recht zufrieden mit sich selbst. Wisset,

die Gewissensbisse und die Selbstvorwürfe
sind wie eine frische und schmerzende Wunde:
sie scheuern den Rost der Sünden auf wunderbare Weise ab. (H 54.)

Die wahre, wirkliche Reue über die Sünden.
Was ist das? Das ist eine gänzliche und wahre
Abkehr von allem, was nicht lauter Gott ist
oder wovon Gott nicht die wahre Ursache ist,
und eine wahre und völlige Hinkehr zu Gott
mit allem, was man ist; und das ist allein Kern
und Mark der Reue; und dann mit einem un-
erschütterlichen Vertrauen ein Versinken in
das liebreiche, lautere Gut, das Gott ist, und
der Absicht, an und in ihm immer mehr zu
bleiben und ihm anzuhangen mit Liebe und
lauterem Sinn in dem vollen, bereiten Willen,
den liebsten Willen Gottes zu tun, so weit als
der Mensch nur kann. Meine Lieben, das ist
wahrhafte Reue, und wer diese Reue hat, dem
werden ohne Zweifel alle seine Sünden vergeben, und je mehr einer dieser Reue hat, desto
lauterer und wahrhaftiger und mehr wird ihm
vergeben. (H 8.)

## b) *Verwandlung*

Unser Herr sagt: „Wer mich ißt, lebt durch mich." Um dahin zu gelangen, ist dir nichts nutzbringender, als zu dem ehrwürdigen Sakramente zu gehen. Denn das macht dich ganz frei von dir selbst, und zwar in solchem Maß, daß der alte Mensch in dir ganz zunichte wird, innerlich und äußerlich. Ebenso wie die menschliche Natur verwandelt, auflöst und durch die Adern die Kraft der aufgenommenen Speise laufen läßt, derart, daß sie ein Leben und ein Wesen mit dem Menschen wird, so befreit dich die göttliche Speise ganz deines Selbsts.

Daran wirst du erkennen, in dir selbst, wie du diese Speise aufgenommen hast, wenn dein Herz sich von allem, was Gott nicht ist, mehr befreit hat und wenn das Leben, das er in dir erweckt hat, durch deine Adern wirkt an deinem äußeren Menschen, deinen Sinnen und Sitten, deinem Wandel, deinen Worten und Werken. Das heilige Sakrament verzehrt und löst auf alles Schlechte, Unnütze und Überflüssige, wirft es aus und hinweg, und Gott geht in den Menschen ein, und sobald er mit dieser Speise in den Menschen gekommen ist, so wirkt sich das in jeder Äußerung des Lebens aus, in der Liebe, der Gesinnung, den Gedanken, derart, daß alles neuer, lauterer und göttlicher wird. Dieses Sakrament vertreibt die Verblendung und läßt den Menschen sich selber erkennen, lehrt ihn, sich von sich selbst abzukehren und von allen Geschöpfen. Denn es steht geschrieben: „Er hat uns genährt mit dem Brot des Lebens und der Einsicht" (Eccl. 15, 5). Diese Speise wandelt den Menschen derart in ihr eigenes Wesen um, daß des Menschen ganzes Leben von Gott Regel und Form empfängt, sofern diese Speise ihn geleitet und ihn umgeformt hat.

Empfindet der Mensch diesen Wandel aber nicht in sich, bleibt sein Herz leer, sein äußeres Verhalten sorglos, dem Lachen und dem Geschwätz preisgegeben; und zeigt sich das in seiner ganzen Lebensführung, in seiner Kleidung, in Albernheiten, törichten Vergnügungen, in der Verderbnis des Herzens und er weiß darum und will es nicht anders und geht so zum heiligen Sakrament, so ist das ein bedenklich Ding. Unser Herr stößt solche von sich wie ein Mensch, der seine Speise wieder von sich gibt. Und diesen Menschen wäre tausendmal besser, sie nähmen das heilige Sakrament nicht. Sie beichten, wollen aber von den Ursachen ihrer Sünden nicht lassen. Selbst der Papst vermag keine Sünde zu vergeben, wenn man nicht den Willen hat, sich zukünftig vor ihr zu hüten oder sie zu bereuen. Solche aber gehen kühnlich mit anderen zusammen zur heiligen Kommunion.

Ich habe herausgefunden, durch welche Ursachen dieselben Menschen, die etwas von Gott empfunden haben, nur wenig von der Wirkung des Leibes unseres Herrn verspüren und lau und kalt bleiben. Es sind deren zwei. Die erste ist, daß sie einen verborgenen Fehler besitzen, der für sie ein inneres oder äußeres Hindernis ist. Vielleicht halten sie ihre Zunge nicht im Zaum. Ach, ihr Lieben, der tödliche Schaden, der dadurch entsteht, ist gar nicht zu ermessen! Seht euch, um Gottes willen, vor! Wenn nicht, werdet ihr es nie zu etwas bringen. Die zweite Ursache ist, daß solche Leute aus Gewohnheit zum Tisch des Herrn

gehen und nicht aus wahrer Liebe. Es gibt gute
Gewohnheiten wie etwa die, in innerer Sammlung zu verweilen. Das ruft großen Schaden
hervor, daß ihr nicht in euch selber bleibt und
euch um die Frucht des heiligen Mahles nicht
sorgt. Sie würde noch am dritten und vierten
Tag wirken, wolltet ihr nur darauf achten und
in eurem Inneren bleiben: das aber tut ihr nie!
Die Frucht, die das heilige Sakrament hervor-
bringt, kann in dir nicht Leben gewinnen,
wenn dein Herz nicht auf dich gerichtet ist in
voller Sammlung. Das sollte so sein an allen
Orten, unter allen Umständen, in all deinen
Werken, bei allen Personen, bei denen zu
sein dir nötig oder nützlich ist – dies letztere
sollte aber sowenig wie nur möglich statt-
finden.

Wahrlich, wenn ihr euch mit Fleiß in innerer
Sammlung hieltet, so würde der Leib des Herrn
in euch wirken und durch euch auf andere.
Er würde euch in herrlicher Weise in sich
selbst verwandeln und euch zuteil werden
durch alle Priester diesseits und jenseits des
Meeres. Ja, er könnte in euch mehr Frucht
bringen als in dem Priester; und dessen soll der

Mensch begehren in allen Opfern, die Priester darbringen. Das bringt große Frucht da, wo wahre Sammlung ist und Liebe zu Gott.

Daß wir dieses ehrwürdige Sakrament so empfangen möchten, daß wir in ihn gewandelt werden, dazu helfe uns Gott. (H 30.)

Man könnte fragen, warum man tagtäglich im heiligen Sakrament den Tod unseres Herrn aufs neue begehe, da er doch am heiligen Karfreitag für die ganze Welt genugtat. Ja wären tausend sündige Welten gewesen, er hätte für alle genug getan. Unser Lieber Herr hat es so gewollt aus unendlicher Liebe zu uns. Denn da wir aus menschlicher Schwäche täglich von neuem sündigen, hat er diese liebevolle Weise erdacht, daß täglich von neuem das hohe, ehrwürdige Opfer dargebracht werde für die Sünden und die Schwächen der Menschen. Denn nach des heiligen Thomas Worten findet der Mensch all die Frucht und den Nutzen, die der unübertreffliche Gott an dem Tag seines Todes für uns gewann, jeglichen Tag in jeder heiligen Messe, und jeder gute Mensch empfängt dieselbe Frucht und denselben Nutzen,

wenn er den ehrwürdigen Leib unseres Herrn
würdig empfängt.

Dieses heilige Sakrament vertreibt und tötet
die Sünde und gibt große neue Gnade; es läßt
den Menschen wachsen und zunehmen im Tugendleben. Es behütet den Menschen vor künf-
tigem Fall und den Fallstricken, die der Böse
ohne Unterlaß dem Menschen legt. Er müßte
schmerzlich fallen, nach Geist und Leib, wäre
diese mächtige Hilfe, dieser Schutz nicht. Und
auch die Seelen im Fegfeuer verdanken diesem
Sakrament große und wunderbare Gnaden.
Viele tausend Seelen lägen im lodernden Feuer
bis zum Jüngsten Tag, wäre das heilige Meßopfer nicht, durch dessen Darbringung sie
schnell erlöst werden, besonders wenn dieses
Opfer durch heilige und lautere Priester dargebracht wird. Das wirkt unbegreiflich große
Wunder im Fegefeuer und auch in dieser Zeitlichkeit.

Jeder Mensch sollte in sich täglich, mit
diesem Opfer vereint, den innigen Wunsch erwecken, an allen heiligen Messen aller Priester
teilzunehmen, so weit die Welt ist, und besonders an denen der heiligen Priester; er sollte

wünschen, das heilige Sakrament durch sie
alle zu empfangen und besonders durch jene
letzteren, deren Opfer dem Herrn so angenehm
ist; und er sollte endlich alle die daran teilnehmen lassen, an die er in seinem Gebet
denkt, Lebende wie Tote. Der Mensch hat ja
nicht nur teil an der heiligen Messe, bei der er
zugegen ist, sondern an jeglichem heiligen
Meßopfer, das auf der Welt dargebracht wird,
diesseits und jenseits der Meere.

Und einem innerlichen Menschen, der sich
in sich selbst sammeln könnte, wagte ich wohl
zu raten, wenn er an einer heiligen Messe teil-
genommen, sich in sich zu kehren denn je
innerlicher er sich zu Gott kehrte, um so mehr
Frucht gewänne er von allen diesen Messen,
und sich daran genügen zu lassen. (H 34.)

Nun fürchte ich, und es zeigt sich auch deutlich, daß nicht alle Priester vollkommen sind
und daß, stünden sie am Altar nur in eigener
Person, anstatt in dieser die ganze Christenheit
darzustellen, manche von ihnen der Christenheit mehr Schaden brächten als Nutzen und
Gott mehr erzürnten, als daß sie ihn versöhn-

ten. Aber sie üben ihr heiliges Amt aus anstelle der heiligen Kirche, und darum üben sie ihr Amt sakramentalisch aus. In dieser Weise können nur Männer dieses Amt verrichten, den heiligen Leib konsekrieren und segnen und sonst niemand. Aber in geistiger Weise — denn was wahrhaft den Priester ausmacht und wodurch er Priester ist, was recht eigentlich sein Amt ausmacht, ist eben das Opfer —, in geistiger Weise also kann eine Frau dieses Opfer ebenso darbringen wie ein Mann, und das, wann immer sie will, des Nachts oder des Tages. Dann soll sie allein ins Allerheiligste treten und das ganze niedrige Volk draußen lassen. Allein soll sie da hineingehen, das bedeutet, daß sie mit gesammeltem Geist in sich selbst gehen und alle sinnlich erfaßbaren Dinge außen lassen soll und da das liebliche Opfer dem himmlischen Vater darbringen: seinen geliebten Sohn mit allen seinen Werken, Worten und all seinem Leiden und seinem heiligen Leben, für alles, wofür sie es begehrt, und für alles, was in ihren Gedanken ist; und mit aller Andacht soll sie da einschließen alle Menschen, die armen Sün-

der, die Gerechten, und die Gefangenen des
Fegfeuers. Das ist eine sehr wirksame Übung.
(H 43.)

Man liest, daß ein Geist einem Gottesfreunde
erschien, gehüllt in lichte Flammen, un-
menschlich wie eine Fackel brennend; der
sagte, das sei nur darum, weil er im Empfang
des Leibes des Herrn säumig gewesen sei, und
darum litte er unsagbare Qualen. Und der Geist
fügte hinzu: „Willst du einmal für mich in Andacht das heilige Mahl empfangen? Das wird
mir eine große Hilfe sein." Jener tat es, und als
der Geist ihm am folgenden Tag wiederum erschien, erstrahlte er herrlicher als die Sonne.
Der einmalige Empfang der heiligen Kommunion hatte ihn von seinen unerträglichen Qualen befreit, und er war sogleich ins ewige
Leben eingegangen. (H 33.)

## 10. DER WEG DER VERNICHTUNG

Meine Lieben! Die großen Gotteslehrer und die Lesemeister streiten sich über die Frage, ob Erkenntnis oder Liebe wichtiger und edler sei. Wir aber wollen hier jetzt sprechen von den Lebemeistern. Wenn wir in den Himmel kommen, werden wir gewiß aller Dinge Wahrheit schauen. Unser Herr sagte: „Eines ist not!" Welches ist nun dieses eine? Dieses *eine* besteht darin, daß du erkennest dein Nichts, das dein eigen ist, erkennest, was du bist und wer du aus dir selber bist. Um dieses eine hast du unserem Herrn solche Angst eingeflößt, daß er Blut geschwitzt hat. Darum, daß du dieses eine nicht wolltest, hat er am Kreuz gerufen: „Mein Gott, mein Gott, wie hast du mich verlassen!", denn dieses eine, das not ist, sollte von allen Menschen so ganz preisgegeben werden. Laßt darum fahren alles, was ich selbst und alle Lehrmeister je gelehrt haben, alles, was sie über Wirksamkeit und Beschauung, über erhabene Betrachtung gesagt haben, und lernt allein dieses eine,

daß euch *das* werde: dann habt ihr gut gearbeitet.

Da kommen denn welche, die reden von so
großen, vernünftigen, überwesenhaften, über-
herrlichen Dingen, ganz so, als ob sie über
alle Himmel geflogen wären, und doch haben
sie nie auch nur einen Schritt aus sich selber
getan in der Erkenntnis ihres eigenen Nichts.
Wohl mögen sie zu vernunftmäßiger Wahrheit
gelangt sein, aber zu der lebendigen Wahrheit,
die wirklich Wahrheit ist, kommt niemand als
auf dem Weg seines Nichts.

Die wahre Verkleinerung seiner selbst ver-
sinkt in den göttlichen inneren Abgrund Gottes. Da verliert man sich in völliger und wahrer Verlorenheit seines Selbst. „Ein Abgrund
ruft den anderen in sich hinein" (Ps. 41, 8).
Der geschaffene Abgrund zieht seiner Tiefe
wegen an. Seine Tiefe und sein erkanntes
Nichts ziehen den ungeschaffenen offenen Abgrund in sich; der eine fließt in den anderen,
und es entsteht ein einziges Eins, *ein* Nichts in
dem anderen.

Das ist das Nichts, von dem Sankt Dionysius
sprach, daß Gott all das nicht sei, was wir

214

nennen, verstehen oder begreifen können; da wird der menschliche Geist dem göttlichen ganz überantwortet; wollte Gott ihn ganz zunichte machen und könnte er selbst in dieser Vereinigung zunichte werden, er würde es aus Liebe zu dem Nichts, mit dem er ganz verschmolzen ist, tun, denn er weiß nichts mehr, liebt und fühlt nichts mehr als das Eine.

Meine Lieben! Selig die Augen, die so sehend geworden sind! Von ihnen konnte unser Herr wohl das Wort sprechen: „Selig die Augen, die das sehen, was ihr sehet!" Könnten wir doch alle selig werden, dank einer wahren Anschauung unseres eigenen Nichts. Dazu helfe uns Gott. (H 51.)

Meine Lieben! Wer allein dahin käme, diesen Grund der Erkenntnis seines eigenen Nichtsseins zu erreichen, der hätte den nächsten, kürzesten, den geradesten, sichersten Weg zur höchsten und tiefsten Wahrheit gefunden, die man auf Erden erreichen kann. Diesen Weg einzuschlagen, ist niemand zu alt oder zu schwach, auch nicht zu einfältig oder zu jung, nicht zu arm oder zu reich. Dieser

215

Weg lautet: „Ich bin nichts!" Ach, welch unaussprechliches Leben liegt in diesem „Ich bin nichts!"

Ach, diesen Weg will niemand einschlagen, man kehre sich hin, wo immer man wolle. Gott verzeihe mir! Wahrlich, wir sind und wollen und wollten stets etwas sein, immer einer vor dem anderen. In diesem Streben sind alle Menschen so befangen und gebunden, daß niemand sich lassen will, dem Menschen wäre leichter, zehn Arbeiten zu verrichten, als sich einmal gründlich zu lassen. Darum geht aller Streit, alle Not.

Hiervon kommt aller Jammer, alle Klage; daher schreibt sich, daß man uns Menschen für gott- und gnadenlos, für lieblos und aller Tugenden bar hält; darum finden wir keinen Frieden, weder von innen noch von außen; nur darauf müssen wir alles zurückführen, dessen es uns Gott und den Menschen gegenüber gebricht. Das kommt allein davon, daß wir etwas sein wollen. Ach, das Nichtssein, das hätte in jeglicher Art, an allen Orten, mit allen Menschen ganzen, wahren, wesentlichen, ewigen Frieden und wäre das Seligste,

216

Sicherste, das Edelste, das diese Welt hat, und doch will sich niemand darum bemühen, weder reich noch arm, weder jung noch alt.

Wisse in Wahrheit, solange du in deinem Fleisch noch einen Tropfen Blutes hast oder Markes in deinen Knochen, ohne sie für rechte Gelassenheit aufgewandt zu haben, so maße dir ja nicht an, ein gelassener Mensch zu sein; und wisse vielmehr: solange dir das allerletzte Pfund rechter Gelassenheit an deren wahrer Erlangung fehlt, wird Gott dir ewig fernbleiben, und du wirst die tiefste und höchste Seligkeit nicht erfahren in Zeit und Ewigkeit.

Das Weizenkorn muß notwendigerweise zugrunde gehen, soll es Frucht bringen; stirbt es aber, so bringt es viele und große Frucht. Hier muß ein Sterben, ein Zunichtewerden, ein Vernichten geschehen, hier muß ein „Ich bin nichts!" statthaben. Wahrlich, bei Gott, der die Wahrheit ist, hier genügt kein Wünschen, kein Begehren, kein Bitten, du mußt es mit Anstrengung deiner Kräfte erlangen, du mußt es dich wahrlich Mühe kosten lassen; denn was nichts kostet, gilt nichts.

Ach, ihr Lieben, kehrt euch zu euch selbst, und schaut, wie fern und wie ungleich ihr dem liebevollen Bild unseres Herrn Jesus Christus seid, dessen Verzicht größer und gründlicher war als all der Verzicht zusammen, den je alle Menschen in dieser Zeitlichkeit geleistet haben oder jemals leisten werden. Viele Leute lassen sich wohl Gott, wollen sich aber nicht den Menschen lassen. Sie wollen, daß Gott sie bedränge, aber nicht die Menschen. Nein, man soll sich lassen, wie Gott es haben will. Und wer dir dein Nichts dartun will, den nimm mit großer Dankbarkeit und Liebe auf; denn du wirst durch ihn in Wahrheit daran erinnert, was du bist: nichts!

Daß wir alle zu dieser Vernichtung kommen und dadurch in das göttliche Wesen versinken mögen, dazu helfe uns Gott. (H 77.)

Gott sucht und will haben einen demütigen und sanftmütigen Menschen, einen armen und lauteren Menschen, einen gelassenen Menschen, der in Gleichmut verharre. Das bedeutet nicht, daß man sich niedersetzen soll und ein Fell über das Haupt ziehe; wahrlich, ihr

Lieben, nein! Aber du sollst Gott dich suchen lassen, dich drücken und vernichten, damit du Demut lernst in allen Lebenslagen, wo oder durch wen es komme. Wer ein verlorenes Ding sucht, sucht es nicht nur an einem Platz, sondern an vielen Orten, da und dort, so lange bis er es findet. Sieh, so muß dich Gott auf mannigfache Weise suchen. Laß dich nur finden in all den Weisen, in all den Schickungen, die auf dich fallen, wo es auch herkommt, durch wen er es will, in welcher Geringschätzung, in welcher Erniedrigung; das nimm auf als von Gott gesandt: auf solche Weise sucht er dich.

Gott will einen sanftmütigen Menschen haben. Darum sollst du ebensooft und viel hin und her geworfen werden, daß du im Leiden ganz zertreten werdest und da so die Sanftmut lernest.

Gott will einen armen Menschen haben. Überlaß dich ihm! Man kann dir dein Gut nehmen oder deinen Freund, deinen Verwandten, deinen Schatz, was es auch immer sei, woran dein Herz hängt; es geschieht, damit du deinen Grund bloß und arm Gott über-

219

antworten könntest. Gott sucht dich darin: laß dich finden!

Gott will einen lauteren Menschen haben: den sucht er. So sucht er dich mit so vielen Widerwärtigkeiten heim, damit du da und in allem, was dich trifft oder treffen kann, wo es nun herstiebe oder -fliege, durch wen es komme, es sei Feind oder Freund, Mutter oder Schwester, Nichte oder Muhme, es nicht nehmest als von den Menschen kommend, sondern nur lauter und gänzlich als von Gott kommend und du dich Gott dadurch suchen lassest.

Hätte ein Mensch eine Wunde, in der sich etwas Böses oder Faules bildete, er ließe sich schneiden und schmerzhaft behandeln an mancher Stelle, daß ihm nichts Schlimmes widerführe; er schonte seiner selbst nicht, nur damit das Böse herauskäme und er so genese.

Meine Lieben! In gleicher Weise solltet ihr die Schläge, durch die Gott euch sucht, erdulden, damit der Grund ganz und gar gesund und heil werde in alle Ewigkeit. Sprich also, wenn Leiden unversehens auf dich fällt, es sei

220

von innen oder von außen: „Sei willkommen, mein lieber, einziger, getreuer Freund; hier hatte ich mich deiner nicht versehen, deiner nicht gewartet", und neige dich ihm demütig entgegen. Wisset also, Gott sucht dich in allen Dingen. Er will in dir einen gelassenen Menschen besitzen. Nun wohl, übergib dich Gott, und werde ein gelassener Mensch. (H 36.)

Als Gott alle Dinge schaffen und machen wollte, da hatte er nichts vor sich als das Nichts. Daraus allein schuf er ein Etwas; er schuf alle Dinge aus dem Nichts. Wo Gott in der ihm eigentümlichen Weise wirken soll und will, braucht er nichts als das Nichts. Das Nichts ist geeigneter als alles, was ist, in leidender Weise das Wirken Gottes zu erfahren. Willst du ohne Unterlaß stets empfänglich sein für all das, was Gott seinen auserwähltesten Freunden geben kann oder will und in ihnen wirken, an Sein und Leben? Willst du, daß er dich mit seinen Gaben überströme? Dann befleißige dich vor allen Dingen, zu begreifen, daß du in deinem Grunde in Wahrheit nichts

221

seiest. Denn unsere Selbstsucht und unser Mangel an Entsagung hindern Gott, sein edles Werk in uns zu vollbringen. (H 54.)

Willst du in Gottes Innerstes aufgenommen, in ihn gewandelt werden, so mußt du dich deiner selbst entäußern, aller Eigenheit, deiner Neigungen, aller Tätigkeit, aller Anmaßung, kurz aller Weise, in der du dich selber besessen hast; darunter geht es nicht. Zwei Wesen und zwei Formen können nicht zugleich am gleichen Ort nebeneinander bestehen. Soll das Warme hinein, so muß das Kalte notwendigerweise heraus. Soll Gott eintreten? Das Geschaffene und alles Eigene muß dann den Platz räumen. Soll Gott wahrhaftig in dir wirken, so mußt du in einem Zustand bloßen Erduldens sein; all deine Kräfte müssen so ganz ihres Wirkens und ihrer Selbstbehauptung entäußert sein, in einem reinen Verleugnen ihres Selbst sich halten, beraubt ihrer eigenen Kraft, in reinem und bloßem Nichts verharren.

In denen, die sich in diesem Zustand befinden, zeigt sich als Folge dieser Entäußerung eine unerträgliche Angst, so daß die weite

222

Welt diesem Menschen zu enge wird. Die menschliche Natur wird so beengt und bedrückt, und der Mensch weiß nicht, woran er ist, so eine seltsame Angst fühlt er. Ich will dir sagen, was du empfindest: deine Entäußerung ist der Grund davon; du willst nicht gerne des Deinen absterben. Hier bewahrheitet sich des heiligen Paulus Wort: „Ihr sollt von seinem Tod künden, bis er kommt." Diese Verkündigung geschieht nicht mit Worten, nicht mit Gedanken, sondern sterbend, dich entäußernd, in der Kraft seines Todes.

Auf dieser Stufe hindert dich dreierlei, das du entbehren mußt: der Leib unseres Herrn, das Wort Gottes und Übungen nach deiner Wahl; denn hier bedeutet jede Hilfe für dich ein Hindernis. Könntest du dich in diesem Zustand halten, derart, daß du dich nicht in das Äußere begäbest, das wäre dir nutzbringender und besser als alles Wirken. Das aber wollt ihr nicht, und so lauft ihr den Lehrmeistern nach, einem nach dem anderen. Bliebet ihr ruhig, so würde das wahre Sein in euch geboren.

Das Verbleiben, das hier statthat, kann man

223

nicht in Worte fassen; da ist das Sterben der
behenden Natur, die der Angst gerne ledig
wäre; dann kommt die Vernunft, die nach
einem Gegenstand für ihre Tätigkeit sucht,
weiterhin deine eigene Vernünftigkeit, und
spricht: „Womit beschäftigst du dich? Du solltest anderes vornehmen; du versäumst deine
Zeit; du solltest betrachten und beten." Sodann der Feind: „Warum sitzest du hier? Du
solltest irgendeine geistliche Übung vornehmen; steh auf; du verlierst deine Zeit; tu dies
oder jenes gute Werk!" Schließlich kommen
die ungeschliffenen Menschen und sagen:
„Was sitzest du hier und hörst nicht Gottes
Wort?" Das sind alles Jagdhunde; und du
selbst wirst einer und bellst dich selber an
und sagst: „Du solltest Hilfe am Tisch des
Herrn suchen!" Aber in diesem Zustand sollst
du keinerlei Hilfe suchen. Kämest du damit zu
mir und ich wüßte um deinen Zustand und
bätest mich um den Leib des Herrn, ich fragte
dich, wer dich zu mir gesandt habe, Gott oder
deine Natur, für die du Hilfe suchtest, oder
deine Gewohnheit. Fände ich bei dir die beiden
zuletzt genannten Beweggründe, ich gäbe dir

den Leib des Herrn nicht, es sei denn, daß
deine Natur zu schwach wäre, ohne Hilfe
diesen Druck zu ertragen; du könntest dann
ein- oder zweimal in der Woche zum Tisch
des Herrn gehen, nicht um deiner Angst ledig
zu werden, sondern um sie besser zu ertragen,
und auch dann nur unter der Bedingung, daß
dies deine Angst nicht verschwinden ließe.

Du sollst wissen, daß die wahre Geburt
Gottes sich in dir nur vollziehen wird, wenn
ihr diese Angst vorausgeht. Alles, was dich
davon befreit, kommt in dir selbst zustande
und beraubt dich der Geburt Gottes, die sich
in dir vollzogen hätte, wenn du diese Angst
bis zuletzt ausgestanden hättest. Die menschliche Natur wagt sich eher auf eine Pilger-
fahrt nach Rom, als daß sie diese Angst bis zu
Ende ertrüge; und dennoch wäre dieses besser
als alles, was du statt dessen tun könntest;
denn leiden ist besser als wirken. Du aber
denkst zurück an die Süßigkeit, die du beim Empfang des Herrenleibes zuweilen verspürtest, an
den Wohlgeschmack und an das Gotteswort;
so windet sich die arme Natur hin und her und
möchte dies alles gerne wieder erhalten.

Meine Lieben! Versteht mich recht, und sagt nicht, ich habe euch das Sakrament und das Wort Gottes verboten! Wahrlich, nein! Im Gegenteil! Auf den ersten Stufen ist nichts einem wahren und lebendigen Fortschritt nützlicher als das heilige Sakrament und das Wort Gottes. Aber auf dieser Stufe ist jegliche Hilfe ein Hindernis. Und sucht der Mensch solcherart Hilfe, so tut er, als kehre er Gott den Rücken und den Nacken zu und spräche: „Ich will nichts mit dir zu tun haben, ich will mich anderswo umsehen." Für unseren Herrn ist das, als ob er aufs neue gekreuzigt würde, da er sein Werk in dir nicht vollenden kann. Oh, um welch großes, unermeßliches Gut hast du dich hier gebracht! (H 31.)

## 11. DIE GOTTESGEBURT IM MENSCHEN

In der Heiligen Schrift lesen wir: „Ein Kind ist uns geboren, ein Sohn ist uns geschenkt"; das will sagen: er ist unser, und unser eigen zumal, mehr denn alles, was eigen heißt, er wird zu aller Zeit, ohne Unterlaß in uns geboren. Von dieser liebreichen Geburt wollen wir nun sprechen.

Wie wir dahin kommen sollen, daß diese edle Geburt in uns adlig und fruchtbringend vor sich gehe, das sollen wir an der Art der ersten väterlichen Geburt lernen, durch die der Vater seinen Sohn in Ewigkeit gebiert; denn infolge des Überflusses seiner reichen, über alles menschliche Sein weit hinausgehenden göttlichen Güte konnte er sich nicht verschließen, er mußte sich ausgießen und sich mitteilen; wie denn Boethius und St. Augustin sagen, daß es Gottes Natur und Art sei, sich auszugießen und sich mitzuteilen; und so hat der Vater sich ausgegossen beim Ausgang der göttlichen Personen und ferner an die Geschöpfe. Darum sprach St. Augustin: „Weil Gott gut ist, darum sind wir; und alles, was die Geschöpfe an Gutem besitzen, das kommt von der wesenhaften Güte Gottes allein."

Was ist es nun, das wir an der väterlichen Geburt beobachten und kennenlernen sollen? Der Vater in seiner persönlichen Eigenart

227

kehrt mit seiner göttlichen Erkenntniskraft in sich selbst zurück und durchdringt für sich selber in klarer Einsicht den wesenhaften Abgrund seines ewigen Seins; und infolge des bloßen Erfassens seiner selbst sprach er sich gänzlich aus, und dieses Wort ist sein Sohn, und dieses Erkennen seiner selbst ist die Erzeugung seines Sohnes in der Ewigkeit: er bleibt in wesenhafter Einheit in sich selbst und strömt sich aus in Unterscheidung der Person.

So wendet er sich nach innen und erkennt sich selber und strömt sich aus in der Erzeugung seines Bildes als seines Sohnes, das er in sich erkannt und erfaßt hat, und wendet sich wieder in sich selbst zurück in vollkommenem Wohlgefallen seiner selbst; dieses Wohlgefallen strömt als unaussprechliche Liebe aus, das ist der Heilige Geist. So bleibt Gott in sich selbst und strömt sich aus und kehrt wieder in sich zurück. Daher sind alle Ausgänge um der Wiederkehr willen; darum ist des Himmels Lauf der alleredelste und der vollkommenste, weil er recht eigentlich wieder zu seinem Ursprung und Beginn zurückkehrt, von wo er ausging; so ist auch des Menschen

Lauf der edelste und vollkommenste, wenn er im eigentlichen Sinn wieder zu seinem Ursprung zurückkehrt.

Die Eigenart nun, die der himmlische Vater in seiner Einkehr und in seinem Ausgang hat, die soll auch *der* Mensch besitzen, der eine geistige Mutter dieser göttlichen Geburt in seiner Seele werden will, er soll gänzlich sich in sich kehren und dann aus sich herausgehen. Wie nämlich?

Die Seele hat drei edle Kräfte, darin ist sie ein wahres Abbild der heiligen Dreifaltigkeit: Gedächtnis, Erkenntniskraft und freien Willen, und deren Hilfe vermag sie Gott zu fassen und seiner teilhaft zu werden, so daß sie aufnahmefähig zu werden vermag für all das, was Gott ist und hat und geben kann, und dadurch vermag sie in die Ewigkeit zu schauen, denn die Seele ist geschaffen zwischen Zeit und Ewigkeit. Mit ihrem obersten Teil gehört sie der Ewigkeit an, mit ihrem niedersten der Zeitlichkeit, nämlich mit ihren sinnlichen, tierischen Kräften. Nun hat sich die Seele mit ihren höchsten und niedersten Kräften der Zeitlichkeit und den zeitlichen Dingen zugewandt, um der Verwandtschaft willen, welche die höchsten zu den niedersten Kräften haben. So fällt ihr der Lauf in die sinnlichen Dinge denn sehr leicht, und sie ist geneigt, sich in ihnen zu verströmen, und so geht sie der Ewigkeit verlustig.

Fürwahr, es muß notwendigerweise ein Rücklauf geschehen, soll jene Geburt zustande kommen; es muß eine entschiedene Einkehr statthaben, ein Einholen, eine innere Vereinigung aller Kräfte, der niedrigsten wie der höchsten, eine Zusammenfassung gegenüber allen Zerstreuungen, sind doch alle Dinge vereint kräftiger denn jedes für sich allein; wie denn ein Schütze, der ein Ziel genau treffen will, ein Auge schließt, damit das andere um so genauer sehe. Wer ein Ding tief erkennen will, wendet alle seine Sinne darauf und faßt sie alle in der Seele zusammen, aus der sie entsprossen sind; so wie alle Zweige eines Baumes aus dem Stamm hervorgehen, so werden alle Kräfte der Seele, die der Sinne, des Gefühls, des Entschlusses in den höchsten zusammengefaßt, in den Seelengrund, und dies ist die Einkehr.

230

Und es soll da nur ein lauteres Gottmeinen bleiben und nichts von eigenem Sein oder Werden oder Gewinnen, sondern nur ein Ihm-Gehören und ein Raumgeben dem Höchsten und Nächsten, damit sein Werk in dir gedeihen möge, seine Geburt in dir vollzogen werden könne und von dir nicht gehindert werde. Denn wenn zwei eins werden sollen, so muß das eine sich leidend verhalten, während das andere wirkt. Soll mein Auge die Bilder an der Wand oder sonst etwas sehen, so muß es in sich ledig aller Bilder sein; denn hätte es irgendein Bild in sich von irgendeiner Farbe, so sähe es keine andere Farbe mehr; oder vernimmt das Ohr bereits einen Ton, so kann es keinen anderen aufnehmen; also: welches Ding immer aufnehmen soll, das muß jeglichen Dinges leer, ledig und los sein.

Darüber sagt Sankt Augustin: „Gieß aus, damit du erfüllt werden kannst; geh aus, auf daß du eingehen kannst." Und an anderer Stelle: „Edle Seele, vornehmes Geschöpf, was suchst du *den* außer dir, der ganz und gar, in aller Wahrheit und ganz unverhüllt in dir ist, und was hast du noch, da du göttlicher Natur

231

teilhaft bist, mit all den Geschöpfen zu tun und zu schaffen?" Wenn der Mensch so die Stätte, den Grund bereitet, so muß sonder allen Zweifel Gott ihn ganz und gar ausfüllen, eher bärste der Himmel und erfüllte das Leere. Viel weniger läßt Gott die Dinge leer, es wäre das ganz gegen sein Wesen und seine Gerechtigkeit.

Und darum sollst du schweigen! So kann das Wort dieser Geburt in dich gesprochen und es in dir vernommen werden. Aber gewißlich, willst du sprechen, so muß Gott schweigen. Man vermag dem Worte nicht besser als mit Schweigen und Hören zu dienen. Räumst du ihm deine Seele gänzlich ein, so erfüllt es dich ohne Zweifel ganz und gar: ebensoviel wie du ihm einräumst, so viel strömt seines Wesens in dich ein, nicht mehr und nicht weniger.

Du sollst dieses tiefe Schweigen oft und oft in dir haben und es in dir zu einer Gewohnheit werden lassen, so daß es durch Gewohnheit ein fester Besitz in dir werde; was nämlich einem geübten Menschen wie nichts erscheint, dünkt einem ungeübten ganz un-

möglich: denn Gewohnheit erzeugt Geschick-
lichkeit.

Daß wir nun alle dieser edlen Geburt eine
Stätte in uns bereiten, so daß wir wahre geist-
liche Mütter werden, dazu helfe uns Gott.
(H 1.)


Liebe Schwestern, fürchtet euch nicht. Unser Herr sprach: „Die mir nachfolgen wollen,
sollen ihr Kreuz aufnehmen und mir folgen."

Dieses Kreuz ist der gekreuzigte Heiland. Der
soll und muß in uns geboren werden durch alle
Kräfte hindurch, Vernunft, Wille, den äußeren
Menschen, die Sinne, vor allem durch die folgenden vier:

Die erste ist die äußere Begehrlichkeit: da
muß das Kreuz hindurch, um geboren zu werden. Sankt Paulus sprach: „Die Gott gehören,
haben ihr Fleisch mit all seinen Lüsten ans
Kreuz geschlagen." Diese Lüste müssen ge-
zähmt und niedergehalten werden.

Die zweite Kraft ist der Zorn. Man muß dahin kommen, daß man sich in allen Dingen
lassen kann und stets denken, daß ein anderer
mehr recht habe als man selbst, und nicht

233

streiten und zanken, sondern lernen, sich zu lassen, und stille sein und gütig, woher der Wind auch weht.

Ein Mensch befindet sich in einer Versammlung, und da sind einige, die schwätzen und kaum je den Mund halten können. Da sollst du lernen, dich zu lassen, zu leiden und dich auf dich selbst zu kehren. Wollte ein Mensch eine Kunst verstehen und sie nicht lernen; wollte er Fechtmeister werden und nicht fechten lernen, so könnte er großen Schaden anrichten, wollte er die Kunst ausüben, ohne sie gelernt zu haben.

So muß man in jeglicher Widerwärtigkeit streiten lernen.

Die beiden anderen Kräfte, durch die das Kreuz hindurch muß, um in uns geboren zu werden, sind von feinerer Beschaffenheit: es ist die Vernunft, und es sind die inneren geistigen Begierden.

Kurz, durch den äußeren und inneren Menschen hindurch gehend wird der gar liebevolle, gekreuzigte Heiland in uns und außer uns geboren werden; und so werden wir wiedergeboren in der Frucht seines Geistes, wie ge-

schrieben steht: „Ihr werdet sein wie neu-
geborene Kinder."

Liebe Schwestern, lebt ihr so, dann habt ihr
alle Tage Kirchweihe in euch, und in dieser
Geburt des heiligen Kreuzes werden euch alle
eure Sünden ganz vergeben.

Daß wir dem liebevollen Kreuz, das Christus
selbst ist, so anhangen mögen, daß er ohne
Unterlaß in uns neu geboren werde, dazu helfe
uns Gott. (H 58.)

## 12. DAS GEHEIMNIS
## DER DREI-EINIGKEIT

Unser lieber Herr sprach: „Was wir wissen,
sagen wir, und was wir gesehen, bezeugen
wir, aber ihr habt unser Zeugnis nicht an-
genommem. Spreche ich euch von irdischen
Dingen, so glaubt ihr nicht; wie könntet ihr
mir glauben, wenn ich von himmlischen Dingen zu euch redete?" Diese Worte liest man

235

heute im Evangelium der verehrungswürdigen Feier der hohen, überragenden, herrlichen Dreifaltigkeit. Und alle die Feiern, die durch das ganze Jahr stattfanden, von welcher Art sie auch gewesen sein mögen, haben alle ihr Ziel und Ende in diesem Fest gehabt und sind alle auf dieses Fest ausgerichtet gewesen. Und aller Geschöpfe Lauf und vor allem der vernünftigen Geschöpfe Ziel und Ende ist die Heilige Dreifaltigkeit, denn sie ist so recht ein Beginn und ein Ende. Von dieser hochgelobten Dreifaltigkeit können wir kein ihr eigentümliches Wort finden, das wir sagen könnten, und doch muß man etwas von dieser über alles Wesen erhabenen, unerkennbaren Dreifaltigkeit sagen.

Es ist ganz unmöglich für jede Erkenntnis, zu begreifen, wie die hohe, wesenhafte Einheit einfach ist in ihrem Sein, aber dreifaltig in den Personen, ferner worin der Unterschied der Personen besteht, wie der Vater seinen Sohn erzeugt, wie der Sohn vom Vater ausgeht und doch in ihm bleibt (in einer Erkenntnis seiner selbst spricht der Vater sein ewiges Wort) und wie von der Erkenntnis, die von ihm ausgeht,

236

eine unaussprechliche Liebe ausströmt, der
Heilige Geist, und die ausströmenden Wunder
wieder zurückströmen in unaussprechlichem
Wohlgefallen ihres eigenen Selbst und im Genießen ihres Selbst und in wesenhafter Einheit.
Wie der Vater, so ist der Sohn dem Vermögen,
der Weisheit und der Liebe nach. Auch der
Sohn und der Heilige Geist ist ganz eins:
und doch ist ein so großer unaussprechlicher
Unterschied in den Personen, obgleich sie in
der Einheit der Natur in mit den Sinnen nicht
wahrnehmbarer Weise ausströmen. Hierüber
könnte man erstaunlich viele Worte machen
und hätte doch nichts gesagt, wodurch wir
verstehen könnten, wie die überragende, über-
schwengliche Einheit sich zur Mannigfaltigkeit entfaltet.

Aber seht zu, daß die heilige Dreifaltigkeit
in euch geboren werde, in eurem Grunde, nicht
nach Art der Vernunft, sondern in wesenhafter
Weise, in der Wahrheit, nicht im Reden, sondern im Sein. *Sie* sollen wir in uns beachten,
darauf sehen, in welcher Weise wir in Wahrheit ihr nachgebildet sind; denn dieses göttliche Bild findet man eigentlich, wahrhaftig

und unvermischt in seinem natürlichen Zustand in der Seele, aber doch nicht so erhaben, wie es an sich selbst ist.

Nun wollen wir davon sprechen, daß wir diesem lieblichen Bild vor allen Dingen unsere Aufmerksamkeit schenken, das in so lieber und so eigener Weise in uns ist. Vom Adel dieses Bildes kann niemand mit bestimmten Worten sprechen, denn Gott ist in diesem Bild, und er selbst ist dieses Bild auf eine alle Sinnenkraft übersteigende Weise.

Die Lehrmeister sprechen gar viel von diesem Bild und suchen es in mancher natürlichen Art und Weise und auch in dem, was es seinem Wesen nach sei. So sagen sie alle, daß es in den oberen Kräften sei, im Gedächtnis, im Verstand, im Willen; mit diesen Kräften seien wir imstande, die Heilige Dreifaltigkeit zu empfangen und zu genießen. Das ist aber nur dem allerniedersten Grad nach richtig, denn es wiederholt nur das, was wir der Natur nach in uns vorfinden. Meister Thomas sagt, dieses Bild sei vollkommen nur in seiner Wirksamkeit, in der Übung der Kräfte, also in dem wirkenden Gedächtnis, dem wirkenden Erkenntnisvermögen und der wirkenden Liebe. Und bei dieser Betrachtung läßt er es bewenden.

Aber andere Lehrer sagen — und das ist sehr und unsagbar mehr von Bedeutung —, daß das Bild der Heiligen Dreifaltigkeit in dem innersten, allerverborgensten, tiefsten Grunde der Seele ruhe, wo sie Gott dem Sein nach, wirkend und aus sich selbst seiend besitze; da wirke und sei Gott und genieße sich selbst, und man könne Gott sowenig davon trennen, wie man ihn von sich selber zu trennen vermöge. Das komme von Gottes ewiger Anordnung; er habe es so eingerichtet, daß er sich von dem Grunde der Seele nicht trennen könne und wolle. So besitze dieser Grund in seiner Tiefe, durch Gnade alles, was Gott von Natur besitze. In dem Maß, in welchem sich der Mensch in den Grund lasse und kehre, werde die Gnade geboren und auf andere Weise nicht nach höchster Art.

Hierzu sagt ein heidnischer Lehrmeister, Proklus: ,,Solange der Mensch mit den Bildern, die unter uns sind, beschäftigt ist und damit umgeht, wird er, so glaube ich, niemals in

239

diesen Grund gelangen. Es gilt uns als Aber-
glaube, anzunehmen, daß dieser Grund in uns
sei; wir können nicht glauben, daß dergleichen
sei und in uns sei. Daher", so fährt er fort,
„willst du erfahren, daß er besteht, so laß
alle Mannigfaltigkeit fahren, und betrachte
nur diesen einen Gegenstand mit den Augen
deines Verstandes; willst du aber höher steigen, so laß das vernünftige Hinsehen und Ansehen, denn die Vernunft liegt unter dir, und
werde eins mit dem Einen. Und er nennt das
Eine eine göttliche Finsternis, still, schwei-
gend, schlafend, übersinnlich."

Ach, ihr Lieben, daß ein Heide das verstanden hat und daraufkam, wir aber dem so ferne
stehen und so wenig gleich sind, das bedeutet
für uns einen Schimpf und eine große Schande.
Unser Herr bezeugte dieselbe Wahrheit mit
den Worten: „Das Reich Gottes ist in uns."
Das bedeutet: nur im Inneren, im Grunde, über
aller Wirkung der Kräfte. Und davon sagt das
heutige Evangelium: „Was wir wissen, sagen
wir, was wir sehen, bezeugen wir, aber ihr
habt unser Zeugnis nicht angenommen." Wie
sollte auch der sinnliche, tierische, nur dem

äußeren Tun hingegebene Mensch dieses Zeugnis annehmen können?

Ihr habt soviel äußeres Tun, bald so, bald so, immer mit euren Sinnen, das ist nicht das Zeugnis, von dem es heißt: „Was wir sehen, bezeugen wir." Dieses Zeugnis findet man im Grunde, abseits sinnlicher Bilder; gewiß, in diesem Grund erzeugt der Vater des Himmels seinen eingeborenen Sohn, hunderttausendmal schneller als ein Augenblick nach unserer Fassungskraft und in dem Blick der Ewigkeit, der allzeit aufs neue vollkommen ist, und in unaussprechlichem Glanz seiner selbst. Wer das erfahren will, kehre sich ins Innere, weit über alle Tätigkeit seiner äußeren und inneren Kräfte und Bilder und über alles, was jemals von außen hineingetragen wurde, und versinke und verschmelze mit dem Grunde. Dann kommt die Kraft des Vaters und ruft den Menschen in sich durch seinen eingeborenen Sohn, und wie der Sohn geboren wird aus dem Vater und zurückfließt in den Vater, so wird der Mensch in dem Sohn von dem Vater geboren und fließt mit dem Sohn zurück in den Vater und wird eins mit ihm. Davon spricht unser

241

Herr: „Du sollst mich Vater heißen und nicht
aufhören, meiner Höhe nachzustreben; heute
habe ich dich geboren durch und in meinem
Sohn." Und da gießt sich der Heilige Geist
in unaussprechlicher überragender Liebe und
Lust aus und durchströmt und durchfließt den
Grund des Menschen mit seinen lieblichen
Gaben. —

Hier ist das wahre Zeugnis: „Der Heilige
Geist bezeugt unserem Geist, daß wir Kinder
Gottes sind." Und also finden wir dieses wahre
Zeugnis in uns, wie man heute im Evange-
lium liest.

Wenn du nun dahin kommen willst, die Heilige Dreifaltigkeit in deinem Grunde zu betrachten, so nimm dreier Punkte wahr; der
erste: daß du Gott allein und lauter vor Augen
habest und Gottes Ehre in allen Dingen und
nicht die deine; der zweite: in all deinen
Werken und deinen Schritten achte mit Fleiß
auf dich selbst, betrachte mit Beharrlichkeit
dein abgrundtiefes Nichts, und sieh zu, womit
du umgehst und was in dir ist; der dritte:
beachte das nicht, was sich außer dir befindet
und dir nicht anbefohlen ist; kümmere dich

nicht darum, und laß die Dinge auf sich selber beruhen; Gutes laß gut sein, Böses berichtige nicht und frage nicht danach. Kehre dich in den Grund und bleibe dort und nimm der väterlichen Stimme wahr, die in dir ruft. Sie ruft dich in sich hinein und verleiht dir solchen Reichtum, daß du, wäre es not, die Fragen aller Priester der Kirche beantworten könntest; mit solcher Klarheit wird der gotterfaßte Mensch beschenkt und erleuchtet.

Und solltest du all das vergessen, was hier gesagt wurde, so behalte nur die beiden kleinen Punkte und du wirst zum inneren Leben gelangen. Erstens: Sei ganz und gar klein, inwendig und nach außen bis in den Grund, nicht nur deinen Worten nach und deinem Aussehen, sondern in Wahrheit in all deinem Verstehen. Sei ein Nichts in deinem Grunde und in deinen Augen, ohne jegliche beschönigende Auslegung. Zweitens: Habe eine wahre Liebe zu Gott, nicht das, was wir nach Art der Sinne Liebe nennen, sondern in wesentlicher Weise, ein allerinnigstes Gottlieben. Diese Liebe ist nicht dieses einfache äußere

243

und sinnenhafte Gottlieben, das, was man so gewöhnlich unter Gott im Sinn zu haben versteht, sondern ein anschauendes Lieben mit dem Gemüt, ein strebendes Lieben, wie einer es besitzt, dem als Wettläufer oder als Schütze ein Ziel vorschwebt.

Daß wir alle in diesen Grund gelangen, wo wir das wahre Bild der Heiligen Dreifaltigkeit finden können, dazu helfe uns die Heilige Dreifaltigkeit. Amen. (H 29.)

# DRITTER TEIL

## WORTE DER WEISUNG

### DIE REGEL
### DES HEILIGEN BENEDIKT
### ALS EINFÜHRUNG
### INS GEISTLICHE LEBEN

Einleitung

## DAS GEHEIMNIS DER HEILIGEN REGEL

Was ist das für eine Regel, mit deren Hilfe die Mönche des Abendlandes: die Benediktiner, Zisterzienser und Trappisten, schließlich auch die Einsiedlerorden der Kamaldulenser und Karthäuser, ihren Weg zu Gott fanden und heute noch finden? Aber nicht nur Mönche, auch viele Christen, die mitten in der Welt ihr Christsein verwirklichen müssen, haben durch diese Regel immer wieder Bestärkung auf ihrem Weg erfahren.

Über den Verfasser dieser Regel wissen wir – rein historisch gesehen – sehr wenig. Weder Geburts- noch Todesjahr sind uns überliefert. Die herkömmlichen Daten im Leben Benedikts: Geburt um 480, Aufenthalt in Rom um 500, Übersiedlung von Subiaco nach Montecassino um 529, Tod um 547 sind weithin Mutmaßungen. Die einzige Quelle für sein Leben ist das sog. 2. Buch der Dialoge des

hl. Papstes Gregor des Großen (✝ 604), das
dieser wohl in den Jahren 593/94 nieder-
schrieb. Der heilige Papst will aber nicht in
erster Linie geschichtliche Tatsachen im herkömmlichen Sinn berichten, sondern er will
inmitten der Stürme und Wirren seiner Zeit –
der Völkerwanderung – seinen Zeitgenossen
und Landsleuten zur inneren Auferbauung
einen wahrhaften Gottesfreund und geistlichen Meister vor Augen stellen. Dazu läßt er
diesen die auf dem Wege der Askese empfan-
genen Gaben des Heiligen Geistes in vielfacher Form unter Beweis stellen. (Vollständige
deutsche Ausgabe: E. Jungclaussen [Heraus-
geber], Benedictus, Eine Bild-Biographie. Regensburg 1980.) Er schreibt aber im Kapitel 36
des genannten Buches: „Der Gottesmann
glänzte neben den vielen Wundern, durch die
er in der Welt berühmt wurde, ebenso auch
durch das Wort seiner Lehre. Er schrieb
nämlich für Mönche eine Regel, ausgezeich-
net durch weise Mäßigung und verständliche
Rede. Wer sein Tugendleben kennenlernen
will, kann in der Unterweisung der Regel alles
finden, was er als Lehrer selbst übte; denn der
heilige Mann konnte unmöglich anders lehren, als er lebte." Mit diesen Worten kennzeich-

net Papst Gregor der Große einen eigentümlichen Tatbestand: Die Wirkungsgeschichte des hl. Benedikt gründet trotz des Heiligenlebens, das Gregor von ihm entworfen hat, einzig und allein auf der Regel und deren Strahlkraft. Das heißt, Person und Leben des hl. Benedikt treten dahinter völlig zurück. Ganz im Unterschied z. B. zu Franz von Assisi! Dessen Wirkungsgeschichte liegt ganz in der Strahlkraft seiner Persönlichkeit und im Lebensimpuls, der von ihr ausgeht, beschlossen. Seine Regel ist in ihren verschiedenen Fassungen der fast ohnmächtige Versuch, wenn man so will, diesem Lebensimpuls eine klar umrissene Form zu geben.

Was macht die Strahlkraft der Klosterregel des hl. Benedikt aus? Sie ist aus Erfahrung erwachsen, und sie will Erfahrung vermitteln! Sie ist erwachsen aus dem Erfahrungsweg eines geistlichen Meisters, nämlich aus seinem eigenen Weg und aus dem, auf dem er andere begleitet; und so will die Regel hinführen zu lebendiger Gotteserfahrung. Dabei stützt Benedikt sich in seiner Regel aber nicht nur auf die eigene Erfahrung, sondern ebenso auf die der frühchristlichen Meister vor ihm, besonders auf Johannes Cassian († 431) sowie auf die eines unbekannten Meisters, der die sogenannte Magister-(Meister-)Regel verfaßte, wohl zum Ende des 5. Jahrhunderts. Benedikt ist sich nicht zu gut, lange Auszüge dieser Magister-Regel in seiner eigenen Regel zu verarbeiten bzw. wörtlich wiederzugeben, soweit sie eben seinen persönlichen Erfahrungen entsprechen. Benedikt liegt nicht an Originalität. Wo er meint, daß der schriftliche Niederschlag lebendiger Erfahrung neue Erfahrung, d. h. Leben im eigentlichen Sinne, zu wecken vermag, benutzt er ihn direkt oder indirekt, oder er verweist auf die entsprechenden Schriften. Das bestimmt mit eine Eigenart der Regel: sie weist über sich hinaus. Sie will nur eine Regel für Anfänger sein, wie Benedikt im Epilog (Kapitel 73) ausdrücklich vermerkt im Blick auf die umfassenden geistlichen Erfahrungen der „heiligen Väter". Zum anderen ist die Regel als Lebensnorm in der Art ihrer Verwirklichung immer gebunden an lebendige Personen, und zwar sowohl an die des Abtes als geistlichen Meister als auch an die Gemeinschaft der Brüder, die sich um ihn scharen.

„Regel" meint hier nicht so sehr eine Sammlung von äußeren Vorschriften als vielmehr eine Lebensordnung, erwachsen aus der

Einsicht in die inneren Gesetzmäßigkeiten, die den Menschen in seinem Verhältnis zu Gott bestimmen. Darum kann Benedikt von dieser seiner Anfängerregel als von der heiligen Regel sprechen. In diesem Sinn ist die Regel verwandt mit der ‚heiligen Ordnung‘, von der noch zu reden sein wird. Es soll in den folgenden 12 Kapiteln versucht werden, mit Hilfe ausgewählter Regeltexte den geistlichen Schulungsweg herauszustellen, wie ihn Benedikt für seine Mönche grundgelegt hat. Beim näheren Zusehen erkennen wir jedoch darin den Grundriß eines inneren Weges, wie er für jeden Gültigkeit besitzt, der nach tieferer, d. h. letztlich religiöser Erfüllung seines Lebens sucht.

Freilich bedarf es dazu eines liebevollen Sich-Vertiefens in den Wortlaut der Regel. Die den einzelnen Kapiteln vorangestellten und auch im Text zitierten Regelabschnitte wollen wiederholt gelesen werden. Sie erscheinen zuerst sehr nüchtern, fast spröde, mitunter auch moralisierend in ihrer Aussageweise. Streng genommen verlangt ein wirkliches Verständnis die Praxis vieler Jahre innerhalb einer benediktinischen Gemeinschaft. Aber schon ein behutsames Sich-Hineinfühlen, wozu die das Regelwort begleitenden Erwägungen anregen wollen, läßt den Realismus der Regel erkennen, nämlich als Kunst des Möglichen in weiser Maßhaltung das menschliche Leben in all seinen Äußerungen zu umgreifen und auf Gott hin auszurichten und damit zu heiligen. Dabei wird man mehr und mehr der frischen Unmittelbarkeit und damit der erweckenden Kraft der Regel inne.

Die Übersetzung der einzelnen Regelabschnitte berücksichtigt mehrere Vorlagen: Benno Linderbauer, Emmanuel Heufelder (in seinem Buch „Der Weg zu Gott nach der Regel des heiligen Benedikt", Würzburg ²1964) und Basilius Steidle mit seinen verschiedenen Versionen. Die Übersetzung geht zum Teil aber auch eigene Wege. Aufs Ganze gesehen ist ein Rückgriff auf den lateinischen Text unerläßlich. Eine gute Hilfe bietet die Ausgabe von Basilius Steidle „Die Benediktus-Regel, lateinisch-deutsch", Beuron ²1975, vor allem wegen ihrer Hinweise auf die Quellen der Regel.

Der erste Schritt zu einem liebevollen Sich-Vertiefen ist, sich mit dem Bauplan der Regel vertraut zu machen.

# DER BAUPLAN DER REGEL

## I. Der Prolog

„Mahnrede" und Einladung zum „glückseligen
Leben" (nach Art der antiken bzw. frühchristlichen
Meister); das Ziel des Schulungsweges der Regel.

Die 73 Kapitel gliedern sich wie folgt:

## II. Die geistliche Grundstruktur des Klosters als Schule des Herrendienstes

1. Abgrenzung der hier gegebenen („benediktinischen") Ordnung gegenüber anderen Formen des
Mönchslebens
2. Von der Stellung des Abtes als geistlichen Vater
3. Vom Rat der Brüder; die Regel als Meisterin

## III. Die Schulung des inneren Menschen

4. 74 Merksprüche zur Einübung in die „Geistliche
Kunst"
5. Vom Gehorsam
6. Vom Schweigen
7. Von der Demut: unter dem Geheimnis des
Kreuzes

252

## IV. Die konkreten Formen der Schulung als Einübung in den Christus-Dienst

### A) Das gemeinsame Stundengebet

8.–18. Die äußere Ordnung

*8.–11. Der Nachgottesdienst; 12.–13. Der Morgengottesdienst; 14. Die Heiligenfeste; 15. Das Alleluja; 16. Der Gottesdienst tagsüber.*

19.–20. Die innere Einstellung beim Gebet

### B) Die übrige Gestaltung der klösterlichen Schulung

21.–30. Die Disziplin

*21. Von der Aufteilung in Zehner-Gruppen (Dekanien); 22. Die Ordnung im Schlafsaal (Dormitorium); 23.–30. Die Strafordnung: 23.–26. Die große und kleine Ausschließung; 27.–28. Die Hirtensorge des Abtes um die Ausgeschlossenen; 29. Die freiwillig das Kloster verlassen; 30. Die Bestrafung Minderjähriger.*

31.–34. Die Sorge um die materiellen Güter

*31. Der Klosterverwalter; 32. Vom Umgang mit dem Klostergut; 33. Kein Privateigentum für den einzelnen; 34. aber Zuteilung des Notwendigen seitens des Abtes.*

35.–42. Das klösterliche Mahl

*35. Die Küchen- und Tischdiener; 36. Vom Dienst an den Kranken; 37. Von den Greisen und Kindern; 38. Der Tischleser; 39. Vom Maß der Speisen; 40. Vom Maß des Getränkes; 41. Die Essenszeiten; 42. Der Tagesausklang.*

## 43.–46. Die klösterliche Bußordnung

*43. Bußen für Zuspätkommen; 44. Bußen bei Ausschließung; 45. Bußen für Fehler beim Stundengebet; 46. Bußen für andere Fehler; von den geistlichen Vätern.*

## 47.–52. Der heilige Rhythmus: Gebet und Arbeit

*47. Vom Zeichen zum Gottesdienst; die Vorbeter und Vorleser; 48. Von der Handarbeit und von der geistlichen Lesung; 49. Vom Sinn der Fastenzeit; 50. Vom Stundengebet bei Arbeiten außerhalb des Klosters und auf Reisen; 51. Distanz zur Welt: nach Möglichkeit nicht auswärts essen; 52. Vom Verhalten im Gebetsraum (Oratorium) des Klosters.*

## C) Kloster und Welt

*53. Vom Dienst an den Gästen; 54. Briefe und Geschenke; 55. Kleidung und Schuhwerk im Kloster und auf Reisen; kein Privatbesitz und nichts Überflüssiges; 56. Der Tisch des Abtes mit den Gästen; 57. Gewerbe im Kloster und Geschäftsverkehr nach außen.*

## V. Der Personalstand des Klosters

## 58.–59. Nachwuchs aus dem Laienstand

*58. Wie Erwachsene in den Schulungsweg eingeführt werden; 59. Wie Minderjährige aufgenommen werden.*

## 60. Nachwuchs aus dem Priester- und Klerikerstand

## 61. Nachwuchs aus dem Mönchsstand

*62. Die Stellung des Priestermönches im Kloster*

Erstes Kapitel

## DIE EINLADUNG ZU EINEM ERFÜLLTEN LEBEN

*Höre, mein Sohn, auf die Weisungen des Meisters, und neige das Ohr deines Herzens; nimm die Mahnung des gütigen Vaters willig auf, und erfülle sie durch die Tat, damit du durch die Mühe des Gehorsams zu dem zurückkehrst, von dem du durch die Trägheit des Ungehorsams abgewichen bist. An dich also richtet sich jetzt mein Wort, wer immer du sein magst: Du entsagst den Regungen des Eigenwillens und ergreifst die starken und herrlichen Waffen des Gehorsams, um dem Herrn Christus, dem wahren König, als Soldat zu dienen (Prolog 1–3).*

Diese Worte des hl. Benedikt, mit denen er seine Regel beginnt, enthalten eigentlich den ganzen Weg, den er uns führen will. In der Anrede „Höre, mein Sohn" bietet er sich den suchenden Menschen auch unserer Tage als Meister und geistlicher Vater an. Wir wissen von dem „Ruf nach dem Meister", nicht nur unter den jungen Menschen. Hier ist ein solcher.

256

Der christliche Meister ist immer zugleich geistlicher Vater: Durch sein Wort der Weisung – eingebunden in die Strahlkraft seiner Persönlichkeit – weckt er im Jünger, im geistlichen Sohn, das Verlangen nach dem eigentlichen Leben. Er vermittelt dieses Leben, hegt und pflegt es und läßt es unter seiner Obsorge zur Entfaltung gelangen, freilich nicht aus eigener Vollmacht, sondern im Auftrag und in der Kraft Christi, des „ewigen Meisters".

In ihm – Christus – erkannten die frühchristlichen Mönche übrigens auch eine „väterliche" Funktion: Durch seine Hingabe ermöglicht Christus dem Jünger das „Leben im Geist", und läßt dieses durch das beständige Einwirken seines Heiligen Geistes immer mehr zur Fülle kommen. Er führt den Jünger zur Voll-kommenheit!

Dieses Einwirken geschieht tief innerlich im Herzen. Dort wohnt Christus durch den Heiligen Geist als „Meister in uns". Ihm neigen wir das „Ohr unseres Herzens". „Man sieht nur mit dem Herzen gut" (Saint-Exupéry), und man hört nur mit dem Herzen gut! Der Meister in uns hilft uns, das für unser Leben entscheidend Wichtige zu vernehmen und zu verwirklichen. Was ist das entscheidend

Wichtige? Die Rückkehr in den geheimnisvollen Ursprung, von dem wir abgewichen sind.
Aber keiner von uns kann sagen, wann er
„abgewichen" ist. Wir alle finden uns schon
immer im Abgewichensein vor.

So erkennt denn die Weisheitsüberlieferung
des frühen Mönchtums in jenem Ursprung
das „verlorene Paradies", jenes „Eins in Christus", nach dem die Unruhe des Herzens in
unstillbarer Sehnsucht uns unaufhörlich suchen läßt... Jeder erfährt aber auch in sich
die inneren Widerstände durch die „Regungen des Eigenwillens, d.h. die „Trägheit des
Ungehorsams". Das ist das Unvermögen, mit
dem Herzen zu hören, auf die Stimme des
„Meisters in uns" einzugehen, ihm zu gehorchen, um dadurch ihm, Christus, ganz zu
gehören und damit auch wieder ganz im
Ursprung, in Christus zu sein.

Aus dieser Sicht ergibt sich die Eigenart des
Schulungsweges, den Benedikt uns führen
will. Er beinhaltet im Wesentlichen die Absa-
ge gegenüber der Versklavung an unser eigenes Ich, dem Egoismus, um durch den Christus-Dienst frei zu werden. Das heißt aber vor
allem, die Täuschung erkennen, der wir in
bezug auf die unser Leben bestimmenden, im

eigenen Inneren verborgenen Mächte des
Bösen immer wieder erliegen. Diese erkennen
wir mehr und mehr durch unseren Dienst an
der einen Ur-Wirklichkeit und Wahrheit, Christus, der als Gottes ewiges Wort der Schöpfung
und damit auch uns im Innersten Bestand gibt
und uns erleuchtet (vgl. Kol 1, 9–23).

Dieser Dienst wird allerdings von Benedikt
in einer uns zunächst ungewohnten Weise
beschrieben, nämlich als „Weg des Kriegers".
Benedikt greift hier eine alte Weisheitsüberlieferung der Menschheit auf, die von Platon
und der stoischen Philosophie über das Neue
Testament zu den großen Meistern der späteren christlichen Jahrhunderte führt: Franz
von Assisi, Ignatius von Loyola, Teresa von
Ávila – bis hin zu dem berühmten Buch von
Lorenzo Scupoli „Der geistliche Kampf" (Ve-
nedig 1589), das in einer griechischen und
russischen Übersetzung als „Die unsichtbare
Fehde" auch in der orthodoxen Kirche große
Verbreitung gefunden hat. Immer wieder wird
das Bild des Soldaten bzw. des Kampfes
gebraucht, um die Eigenart des christlichen
Weges herauszustellen. (In unserer Zeit ist der
Gedanke – wenn auch auf völlig andere,
nichtchristliche Art – durch die Don-Juan-

Bücher von Carlos Castaneda wieder neu lebendig geworden.)

*Fürs erste: Immer, wenn du etwas Gutes zu tun beginnst, erflehe in inständigstem Gebet, daß es von ihm vollendet werde. Er, der uns gnädig in die Zahl seiner Söhne aufgenommen hat, darf nie durch unser böses Tun betrübt werden, vielmehr müssen wir ihm mit seinen guten Gaben in uns allezeit gehorchen, damit er nicht wie ein erzürnter Vater seine Söhne einst enterbe oder gar wie ein furchtgebietender Herr, ergrimmt über unsere Übeltaten, die als nichtswürdige Knechte der beständigen Pein überantworte, die ihm nicht folgen wollten zur Herrlichkeit (Prolog 4–7).*

Vielleicht erschrecken wir und zweifeln angesichts des Weges, zu dem wir eingeladen wurden. Darum werden wir ermuntert, betenderweise uns einfach der Führung des Herrn, seiner Kraft in uns zu überlassen. Er vollendet das Gute, das wir tun möchten, selbst wenn wir noch keine ganz klaren Vorstellungen davon haben. Wir bieten uns ihm mit seinen in uns liegenden Möglichkeiten, d.h. Gaben, an.

Ein solches Eingehen und Sicheinlassen auf die Führung und Kraft aus der Ewigkeit ist allerdings nicht etwas Beliebiges, das wir tun

oder auch lassen können, sondern es ent-
scheidet über unser Wohl und Wehe in diesem
wie im kommenden Leben.

*Stehen wir denn endlich einmal auf, da die Schrift uns*
*aufweckt mit den Worten: „Die Stunde ist da, vom*
*Schlafe aufzustehen!" Öffnen wir unsere Augen dem*
*göttlichen Licht! Hören wir mit aufgeschreckten Ohren,*
*wozu die göttliche Stimme täglich rufend uns mahnt:*
*„Heute, wenn ihr seine Stimme hört, verhärtet eure*
*Herzen nicht!" Und wiederum: „Wer Ohren hat zu*
*hören, der höre, was der Geist zu den Gemeinden*
*spricht." Und was spricht er? „Kommt, Kinder, hört*
*mich, die Furcht des Herrn will ich euch lehren. Lauft,*
*solange ihr das Licht habt, damit die Finsternis des*
*Todes euch nicht überfalle!" Und da der Herr in der*
*Menge des Volkes, dem er dies zuruft, seinen Arbeiter*
*sucht, spricht er wiederum: „Wer ist's, der Lust am*
*Leben hat und gute Tage sehen will?" Wenn du das*
*hörst und antwortest: „Ich", spricht Gott zu dir:*
*„Willst du das wahre und beständige Leben haben,*
*dann halte deine Zunge fern vom Bösen, und laß deine*
*Lippen keinen Trug reden! Wende dich vom Bösen ab*
*und tue das Gute! Suche den Frieden und gehe ihm*
*nach! Wenn ihr das tut, dann ruhen meine Augen auf*
*euch, und meine Ohren sind euren Bitten offen; ja,*
*bevor ihr mich anruft, spreche ich: Seht, da bin ich!"*
*(Prolog 8–18.)*

Dieser Text kreist um das Geheimnis des geistlichen Erwachens: Das göttliche Licht und die göttliche Stimme sind in uns da als die eigentliche Wirklichkeit unseres Lebens, sofern wir nur anfangen, uns von den Täuschungen, vom Trug und vom Bösen lösen zu wollen und dem Frieden nachzugehen, der unsere tiefste Sehnsucht ist und der in dieser göttlichen Wirklichkeit gründet.

*Was gibt es Beseligenderes, liebste Brüder, als diese Stimme des Herrn, der uns einlädt? Seht, in seiner Güte zeigt uns der Herr den Weg zum Leben. Umgürten wir also unsere Lenden mit Glauben und der Übung, Gutes zu tun, und wandeln wir unter der Führung des Evangeliums seine Wege, damit wir den zu schauen verdienen, der uns in sein Reich gerufen hat. Wenn wir wohnen wollen in seinem Zelt und Reich, so gilt es, durch Gutestun voranzueilen; sonst kommt man nie dorthin (Prolog 19–22).*

Auge und Ohr des Herzens sind angerührt vom Herrn. Der innere Weg hat sich aufgetan. Das erfahrene und erlebte „Da bin ich" der göttlichen Wirklichkeit läßt den Meister Benedikt nun nicht mehr den einzelnen Sohn anreden, sondern seine „liebsten Brüder", nämlich die, mit denen er sich jetzt auf dem

Weg zum Leben weiß, dem wahren und beständigen Leben – das sich lohnt! Was aber ist das für ein Leben?

Wie immer in der geistlichen Rede, die ja Erfahrung vermitteln will, gibt es dafür keine Definition, sondern nur ein Bild, das die Erfahrung des Meisters widerspiegelt und sie erahnen läßt; ferner die Ermutigung, einen bestimmten Weg mit dem Meister zu gehen, um dann selbst diese Erfahrung machen zu können. Das Bild zeigt uns das Königszelt, wo wir miteinander wohnen dürfen, um Christus zu schauen. Das ist in seiner Vollendung sicher etwas Zukünftiges (Eschatologisches), aber anfangshaft wird in jeder echten Lebensgemeinschaft von Christen Christus selbst lebendig erfahren („geschaut"!) und werden alle Dinge mehr und mehr in Beziehung zu ihm gesehen. Der Weg zu dieser Schau aber heißt: das Evangelium leben. Und zwar wiederum als der Krieger, der „gegürtet" ist, d.h. marschbereit im „Glauben", wie Benedikt ihn versteht, nämlich als waches, beständiges Erspüren der göttlichen Wirklichkeit, und in der Bereitschaft, das Gute zu tun, wie das Gebot des Augenblicks es fordert.

*Üben wir also unser Herz und unseren Leib für das Dienen als Soldat im heiligen Gehorsam gegenüber den Weisungen! Weil wir das aber mit unserer natürlichen Kraft nicht vermögen, wollen wir den Herrn bitten, daß er uns die Hilfe seiner Gnade schenke. Und wenn wir den Peinen der Hölle entrinnen und zum beständigen Leben gelangen wollen, so müssen wir jetzt, solange es noch Zeit ist und wir in diesem Leib weilen, dies alles in diesem Leben und Licht erfüllen. Jetzt also müssen wir eilen und tun, was uns für immer von Nutzen ist.*

*Wir müssen also eine Schule für den Dienst des Herrn errichten. Mit dieser Gründung hoffen wir nichts Hartes, nichts Schweres anzuordnen. Aber sollte es auch, wo Vernunft und Billigkeit es erfordern, zur Läuterung von Fehlern und zur Bewahrung der Liebe ein wenig strenger hergehen, so fliehe nicht gleich in Angst und Schrecken vom Weg des Heiles, der am Anfang nicht anders als eng sein kann. Schreitet man aber im geistlichen Leben und im Glauben voran, so wird das Herz weit, und man läuft den Weg der Gebote Gottes in unsagbar beseligender Liebe. So wollen wir uns seiner Führung nie entziehen, in seiner Lehre bis zum Tod im Kloster verharren und in Geduld an den Leiden Christi teilnehmen, damit wir verdienen, auch Miterben seiner Herrlichkeit zu sein (Prolog 40–50).*

Der Weg ist sowohl ein Weg leibhafter Übung wie auch der inneren Disziplin. Auf die Weisungen hinhören und sie verwirklichen kön-

264

nen ist etwas Heiliges, von Gott Gefügtes, wie überhaupt der ganze Weg gnadenhaft gewirkt ist. Das wird uns vor allem durch die Notwendigkeit des Gebetes immer wieder zu Bewußtsein gebracht, wie groß im übrigen auch unsere eigenen Anstrengungen zu sein scheinen. Freilich, wir haben keine Zeit zu verlieren. Darum hilft, menschlich gesehen, nur ein mit Hilfe der Erfahrung systematisch ausgebauter Schulungsweg.

Benedikt erinnert hier mit seiner „Schule des Herrendienstes" an die Philosophen-Schulen der Antike, die junge Menschen in der Muße, d.h. im Freisein von anderen Verpflichtungen, für ein durch Weisheit erfülltes Leben heranzubilden versuchen. Ein solches Leben der „Weisheit" bestand in der Schau geistiger Wirklichkeit (Platon) und in der inneren Freiheit gegenüber den Wechselfällen des Schicksals (Stoa). Benedikt erinnert aber auch an die antiken Berufskorporationen von Arbeitern, Sklaven und vor allem von Soldaten, die, ähnlich wie die Weisheitsschulen, sich zunächst an einem „Ort" (Schule) zusammenfanden, um dort als „Gemeinschaft unter einem Meister" in gemeinsamer Anstrengung und Arbeit das gleiche Ziel anzustreben und zu verwirklichen, indem sie auf diese Weise allmählich „Schule machten"... Daß eine solche „Einrichtung" dann auf die Dauer gemeinsamer Richtlinien (Regeln) bedarf und ohne ein Mindestmaß von Institution nicht auskommt, versteht sich eigentlich von selbst; allerdings bleibt das tragende und belebende Element immer die Persönlichkeit eines erfahrenen Meisters. Seine „Lehre" dient stets dem „praktischen" Leben (im Deutschen bedeutet „Lehre" ursprünglich soviel wie „rechter Weg", während das lateinische „doctrina" im Zusammenhang mit „docere" etwa mit „einleuchtend machen" wiederzugeben ist).

Diese Schule des Herrendienstes hat als typisch „benediktinisches" Gepräge die weise Mäßigung: Kein Rigorismus, aber auch kein Laxismus! Das erfüllte Leben, zu dem hin sie erziehen will, ist ein Leben der Liebe; denn die „Gebote Gottes" selbst sind ja in dem einen Gebot Christi zusammengefaßt: „Das gebiete ich euch: Liebet einander, wie ich euch geliebt!" (Jo 15,12) „Wie ich euch" bedeutet Einübung in das Lieben-Können wie Christus durch die geduldige Teilhabe an seiner Lebensgestalt und durch das Ausharren im Kloster als geistlicher Schule.

## Zweites Kapitel

## DAS JA ZUM GEISTLICHEN WEG: SAMMLUNG UND STILLE

*Tun wir, was der Prophet sagt: „Ich sprach: Achten will ich auf meine Wege, daß ich nicht fehle mit meiner Zunge; ich stellte an meinen Mund eine Wache; stumm wurde ich, demütigte mich und schwieg sogar vom Guten."*

*Damit will der Prophet uns zeigen: Wenn man um der Schweigsamkeit willen bisweilen sogar von guter Rede lassen soll, um wieviel mehr muß man dann böse Worte wegen der Strafe für die Sünde meiden!*

*Deshalb soll vollkommenen Jüngern wegen der hohen Bedeutung der Schweigsamkeit, selbst wenn es sich um gute, heilige und erbauliche Gespräche handelt, nur selten die Erlaubnis zum Reden gegeben werden. Es steht ja geschrieben: „Beim Vielreden wirst du der Sünde nicht entgehen." Und anderswo: „Leben und Tod sind in der Gewalt der Zunge." Das Reden und Lehren kommt ja dem Meister zu, dem Jünger ziemt Schweigen und Hören.*

*Hat deshalb einer vom Oberen etwas zu erfragen, so tue er es mit aller Demut und ehrfürchtiger Unterwer-*

267

*fung. Ungehörige Scherze, überhaupt müßiges und zum Lachen reizendes Geschwätz verbannen wir allerorts durch ewige Klausur und erlauben nicht, daß der Jünger zu solchen Reden den Mund auftue (Kapitel 6).*

*Die Mönche müssen sich allezeit im Schweigen üben, besonders aber in den Stunden der Nacht (Kapitel 42,1).*

*Der Raum des Gebetes (Oratorium) sei das, was sein Name besagt, deshalb werde dort nichts getan oder aufbewahrt, was nicht hingehört. Nach Beendigung des Stundengebetes sollen alle in großer Stille hinausgehen, und es soll die Ehrfurcht gegen Gott gewahrt bleiben, damit ein Bruder, der still für sich beten will, nicht durch die Rücksichtslosigkeit eines anderen gestört werde (Kapitel 52,1–3).*

Mag durch das betende Sicheinlassen auf die innere Führung im ersten Kapitel bereits der erste Schritt auf dem geistlichen Weg sichtbar geworden sein, so hat das entscheidende Ja zu diesem Weg zu allen Zeiten eine ganz konkrete Gestalt: nämlich im Willen zum Schweigen als dem Weg zur inneren Sammlung und Stille. Nimmt dieser Wille nicht in irgendeiner Weise konkrete Gestalt an, so ist an der Ernsthaftigkeit des Ja zum geistlichen Weg sehr wohl zu zweifeln. Dieses Schweigen hat im wesentlichen eine dreifache Gestalt: 1. äußeres Schweigen; 2. inneres Schweigen; 3. „Bewahrung der Klausur".

1. Ohne bestimmte Tage bzw. Stunden bewußten Schweigens und damit des Verzichtes aufs Reden, auch über heilige und erbauliche Dinge, wird man kaum zur Erfahrung der inneren Dynamik und Kraft kommen, die die Entscheidung für den inneren Weg, oder besser: für den „Weg nach innen", freisetzt.

Natürlich sollte ein solches merkliches Schweigen nur nach entsprechender Absprache und mit Rücksicht auf die nächste Umgebung gehalten werden. Ganz ohne eine gewisse Härte sich selbst und anderen gegenüber wird es allerdings kaum gehen. (Staunend nehmen wir die wöchentlichen Schweigetage z. B. eines Mahatma Gandhi zur Kenntnis...) Nach einiger Übung merkt man sehr bald, was für einen geistigen Energieverlust das beständige unkontrollierte Reden bedeutet. Solche Art von Energieverschwendung kann auch Sünde sein (vgl. Mt 12,36).

2. Das äußere Schweigen aber ist nur Hilfe und Ausdruck für das innere Schweigen. Hier geht es darum, den inneren Dialog der Gedanken, Vorstellungen und Wünsche, kurz: das ganze innere Geschwätz abzustellen, um

– „kommentarlos" – der zu sein, der man ist, und das zu tun, was der Augenblick erheischt. Solches Schweigen eröffnet die innere Wüste des Sichlassens (der „Abgeschiedenheit" im Sinne Meister Eckharts). Es erschließt uns die tieferen Schichten unseres Seins (was Benedikt mit dem nächtlichen Schweigen andeutet). Schließlich wird es zum Schweigen der Ehrfurcht vor der alles durchdringenden und erfüllenden göttlichen Gegenwart. Solches Schweigen durchwaltet den ganzen benediktinischen Schulungsweg. Es ist seine Grundlage und seine Vollendung gleichermaßen, wie sie schließlich in der wortlosen Anbetung deutlich werden wird.

3. Um ein solches Schweigen in seiner Fruchtbarkeit zu ermöglichen, bedarf es der „Bewahrung der Klausur". Sie meint ein Doppeltes. Im Sinne des obengenannten Textes vom „Verbannen der ungehörigen Scherze usw. durch ewige Klausur" ist es ein Sichabschirmen gegenüber Zerstreuungen und Reizüberflutungen, die das innere Geschwätz wieder in Gang bringen bzw. ihm verstärkt Stoff zuführen. Die sog. Massenmedien sind dabei nur ein Bereich, wo Verzichtleistung eingeübt werden muß. Ganz allgemein gilt: Man muß

zwar vieles sehen, muß es aber nicht besehen. Man muß zwar vieles hören, muß aber nicht hinhören. Aber auch anscheinend so unschuldige Dinge wie sogenannte „gute Musik" stören als bloße Geräuschkulisse das innere Schweigen (falls nicht das konzentrierte Hören zu einer eigenen Übung wird).

Die zweite Weise, die Klausur zu bewahren, ist die wichtigere. Die Abgeschiedenheit des ganzen Klosters als ‚Haus Gottes', wo die Mönche miteinander wohnen, die Abgeschiedenheit der jeweiligen Zelle, wo der einzelne Mönch für sich wohnt, verweisen schließlich auf die innere Zelle des Herzens als Bleibe Gottes, wo der geistliche Mensch in sich selbst wohnt. Wer den geistlichen Weg gehen will, muß zuallererst lernen, in sich selbst zu wohnen, in sich selbst gesammelt zu sein, um sich dann selbst im Zustand der Sammlung wahrzunehmen und um schließlich aus dieser inneren Ruhe zur Wahrnehmung, zur „Schau" des göttlichen Geheimnisses in der Tiefe, im Seelengrund vorzudringen. „Bleibe in deiner Zelle, und die Zelle wird dich alles lehren", sagt ein alter Mönchsvater. Setzt man für das Wort „Zelle" das Wort „Klausur" im obengenannten Sinn, so gilt der Satz für jeden ernsthaften Christen, wobei zu bemerken ist, daß die Bewahrung des Schweigens und der Klausur auch ganz neue Möglichkeiten menschlicher Begegnung eröffnet.

# Drittes Kapitel

## DIE ROLLE DES MEISTERS

*Ein Abt, der würdig ist, dem Kloster vorzustehen, muß immer bedenken, wie er genannt wird, und den Namen des Oberen durch die Tat wahrmachen. Denn man nimmt in ihm die Rolle Christi im Kloster wahr, da man ihn doch mit dessen Namen anredet, wie der Apostel sagt: „Ihr habt den Geist der Kindschaft empfangen, in dem wir rufen: Abba, Vater!" (Kapitel 2,1–3.)*

*Wenn also einer den Namen „Abt" annimmt, muß er seinen Jüngern in doppelter Weise mit seinem Lehren vorstehen. Das heißt, er zeige alles Gute und Heilige mehr durch Taten als durch Worte. Zwar muß er den empfänglichen Jüngern die Gebote des Herrn in Worten vorlegen, den herzensharten und einfältigen aber die göttlichen Weisungen durch sein Tun veranschaulichen. Alles aber, was er seine Jünger meiden lehrt, lasse er in seinem Tun als unstatthaft erkennen, damit er nicht selbst, nachdem er anderen gepredigt hat, als verworfen erfunden wird (Kapitel 2,11–13).*

273

*Er mache im Kloster keinen Unterschied der Person, er liebe den einen nicht mehr als den anderen, außer er finde bei ihm mehr Tugend und Gehorsam. Der Freigeborene habe keinen Vorrang vor dem, der als Sklave eintritt, außer es läge ein vernünftiger Grund vor. In diesem Fall, und wenn es der Abt aus Gründen der Gerechtigkeit für gut hält, verfüge er auch über die Rangordnung eines jeden. Anderenfalls nehme jeder den ihm [gemäß der Zeit seines Klostereintritts] zukommenden Platz ein. Denn ob Sklave oder Freier, in Christus sind wir alle eins und tragen unter dem einen Herrn das gleiche Joch des Kriegsdienstes, denn bei Gott gibt es kein Ansehen der Person. Wir zeichnen uns vor ihm nur darin aus, wenn wir im Gutestun vollkommener als andere und zugleich demütig erfunden werden. Also schenke der Abt allen die gleiche Liebe, allen lasse er die gleiche Behandlung zuteil werden, so wie sie es verdienen (Kapitel 2,16–22).*

*Der Abt bedenke immer, was er ist und welchen Namen er trägt. Er wisse: Wem viel anvertraut ist, von dem wird auch viel gefordert. Er wisse, wie schwer und mühevoll die Aufgabe ist, die er übernommen hat, Seelen zu leiten und der Eigenart vieler zu dienen, d.h. den einen mit Güte, den anderen mit Tadel, den dritten mit Zureden zu lenken. Und je nach Eigenart und Fassungskraft eines jeden passe und schmiege er sich allen so an, daß er an der ihm anvertrauten Herde nicht nur keinen Schaden leidet, sondern sich am Gedeihen der guten Herde freuen kann. Und während er anderen*

zur Besserung verhilft, wird er selbst von Fehlern
gereinigt (Kapitel 3,30–32; 40).

Und er wisse, daß seine Aufgabe ist, mehr vorzusehen
als vorzustehen. Er muß also selbst durch das göttliche
Gesetz belehrt worden sein, damit er weiß, Neues und
Altes daraus hervorzuholen. Er selbst muß keusch,
nüchtern und barmherzig sein, ja immer lasse er
Barmherzigkeit vor Recht ergehen, damit ihm selbst
einmal das Gleiche zuteil werde.

   Er hasse das Böse, liebe die Brüder. Muß er zurecht-
weisen, so handle er klug und gehe nicht zu weit, damit
das Gefäß nicht zerbreche, wenn er den Rost allzu eifrig
auskratzen möchte. Er schaue immer mit Mißtrauen auf
seine eigene Gebrechlichkeit und denke daran, daß man
das geknickte Rohr nicht vollends zerbrechen darf.
Damit wollen wir nicht sagen, er dürfe Fehler wuchern
lassen, im Gegenteil: Er rotte sie, wie wir schon gesagt
haben, klug und liebevoll aus, wie er es für jeden
zuträglich findet, und er strebe danach, mehr geliebt als
gefürchtet zu werden.

   Er sei nicht aufgeregt und ängstlich, er sei nicht
maßlos und hartnäckig; er sei nicht eifersüchtig und
allzu argwöhnisch, weil er sonst nie zur Ruhe kommt.
In seinen Befehlen sei er umsichtig und besonnen. Und
mag der Auftrag, den er gibt, Göttliches oder Zeitliches
betreffen, immer wisse er zu unterscheiden und maßzu-
halten und denke er an die weise Mäßigung des
hl. Jakob, der da sprach: „Wenn ich meine Herden auf
dem Marsch überanstrenge, so gehen sie alle an einem

275

*Tag zugrunde." Er eigne sich also diese und alle anderen Beispiele weiser Mäßigung, der Mutter der Tugenden, an und halte in allem so Maß, damit gültig sei, was die Starken wünschen und wovor die Schwachen nicht zurückschrecken. Und er soll besonders diese vorliegende Regel in allem einhalten, damit er nach guter Verwaltung aus dem Mund des Herrn das Gleiche hört wie der gute Knecht, der seinen Mitknechten den Weizen zuteilte zur rechten Zeit: „Wahrlich ich sage euch", spricht er, „über all seine Güter wird er ihn setzen" (Kapitel 64,8–22).*

*Der Abt muß nämlich große Sorge tragen und mit allem Scharfsinn und aller Beharrlichkeit laufen, um keines der ihm anvertrauten Schafe zu verlieren. Er wisse nämlich, daß er die Sorge für kranke Seelen, nicht die Gewaltherrschaft über gesunde übernommen hat. Und er fürchte die Drohung des Propheten, in der Gott spricht: „Was euch fett schien, habt ihr für euch genommen, und was schwach war, habt ihr weggeworfen." Und er ahme am guten Hirten das Beispiel der Güte nach: Er ließ neunundneunzig Schafe in den Bergen zurück und ging hin, um das eine verirrte Schaf zu suchen. Er hatte solches Mitleid mit dessen Schwäche, daß er es huldvoll auf seine Schultern legte und es so zur Herde zurücktrug (Kapitel 27,5–9).*

Die Texte aus den drei Kapiteln der Regel, die in besonderer Weise von der Verantwortung des Abtes sprechen, zeigen einige wesentliche Merkmale des christlichen Meisters. Seine eigentliche Funktion heißt „dienen". Das bedeutet vor allem anderen das Sichtbarmachen der Liebe Christi als des guten Hirten! Ihr Ziel ist es ja, in umfassendem Sinn Einheit und Eins-sein zu begründen (vgl. Jo 10,11–17). So bewegt denn der Meister durch seinen Dienst auch den Jünger zu dienender Liebe und stellt ihn damit in eine neue Beziehung. Diese Beziehung meint letztlich, sowohl auf dem Weg über den Meister als auch über die Brüdergemeinde immer Christus. Dabei soll der Jünger lernen, durch seinen Dienst an der Brüdergemeinde Christus-Liebe zu verwirklichen, um dadurch befähigt zu werden, selbst Einheit unter den Menschen und mit Gott zu begründen und Einssein zu erfahren. So soll durch den Dienst des väterlichen Meisters das Leben des Jüngers sich auf die Dauer ebenfalls in gelebte Väterlichkeit (bzw. Mütterlichkeit) verwandeln und somit in der Liebe fruchtbar werden.

Was da in der heiligen Regel im Bild des Abtes sichtbar wird, ist ja im Grunde der väterliche (bzw. mütterliche) Mensch als der verwirklichte Mensch schlechthin! Zugleich erscheint darin das Ideal des Weisen, im Sinne der Bibel wie der Antike, dem sich für sein Leben durch Gelassenheit und Einsichtigkeit die Wahrheit selber erschlossen hat und dem es gelingt, durch seine „Lehren" seinen Jüngern diese Wahrheit „einleuchtend" zu machen und ihnen den „rechten Weg zu weisen". Auf diesem Wege weiß er sich auch selbst immer noch, zusammen mit den ihm Anvertrauten. Darum ist der Weise Vater und Bruder zugleich, der durch seinen Dienst selbst noch reifen darf. Und mag er sich selbst auch als unvollkommen betrachten, so hat er doch als besondere Gabe den Blick für das rechte Maß in allem, was sein Weggeleit für seine Jünger anbetrifft. Die weise Mäßigung ist es, die ihn auszeichnet.

Was hilft uns Heutigen in einer „vaterlosen Gesellschaft" diese „Vaterfigur" der Benediktusregel? Eine dreifache Antwort scheint möglich zu sein:

Wir gewinnen erstens daraus den Maßstab für die Wahl eines geistlichen Meisters (Beichtvaters bzw. Seelenführers) für unseren eigenen Weg: eines Mönches, einer Ordensfrau, eines Weltpriesters oder auch eines Laien … Dieser geistliche Meister kann übrigens auch –

278

gerade weil es oft so schwierig ist, einen leibhaftigen Meister zu finden – ein Meister der Vergangenheit sein, der als Heiliger mir lebendig gegenwärtig ist und immer mehr wird. Durch sein Vorbild sowie vor allem durch seine Schriften weist er mir den Weg und begleitet mich (vgl. Kapitel 7). – Ich gewinne durch den Abt der Benediktus-Regel aber auch einen Maßstab zur kritischen Beurteilung nicht-christlicher Meister, die sich ja heute in großer Zahl anbieten, um nicht zu sagen: aufdrängen.

Damit kommen wir zur zweiten Antwort: Überall wo mir ,,Autorität" begegnet: am Arbeitsplatz, im häuslichen wie im politischen Bereich, und zwar als ,,Autorität", die wenigstens etwas von der soeben aufgezeigten Eigenart äbtlicher Autorität widerspiegelt, erreicht meine Ein- und Unterordnung eine religiöse Dimension, die meiner geistlichen Selbstverwirklichung und Entfaltung dient, indem ich diese Autorität annehme. Freilich braucht man hier oft sehr viel ,,Glauben" und Unterscheidungsgabe.

Drittens aber wird der Abt der Benediktus-Regel zum Vorbild und zur Orientierung für mein Verhalten, und zwar überall da, wo ich selbst in irgendeiner Weise (beruflich, familiär usw.) Bezugsperson und Autorität für andere bin und dementsprechend Verantwortung trage. Nicht umsonst galt das Abtsbild der Regel weit über den klösterlichen Bereich hinaus lange Zeit als eine Art Regenten-Spiegel.

Viertes Kapitel

## BINDUNG AN DIE ORDNUNG

Der entscheidende Schritt im geistlichen Leben heißt, sich durch den Meister (wie immer
man ihn auch verstehen mag) an eine bestimmte Ordnung binden lassen, um dadurch
mehr und mehr an die Ordnung selbst gebunden zu sein. Diese Ordnung ist die verborgene, stufenweise, untereinander abgestimmte
Zu-Ordnung der Geschöpfe auf den Schöpfer,
auf den einen Ursprung hin. Diese Zu-Ordnung leuchtet für den, der sehen kann, immer
wieder auf: als „Harmonie des Seins", als
„Einheit und Ganzheit", als das „Welt-Gesetz" der ewigen Weisheit Gottes, die der
Logos, Christus das Wort selber, ist, der das
All herrscherlich und dienend, mächtig und
sanft zugleich durchwaltet und erfüllt. (Es hat
in der indischen Religiosität unter gewisser
Rücksicht seine Entsprechung im Begriff des
„Dharma".)

An dieser Ordnung, von der der Mensch in der „Trägheit des Ungehorsams" durch die „Regungen des Eigenwillens" abgewichen ist, soll er in Freiheit wieder teilhaben, um so selbst zur Ganzheit und Einheit und zur Harmonie zu gelangen. Die Ordnung nun, an die Benedikt die Seinen bindet, ist seine Regel, die er als „heilig" versteht, weil seine tiefe geistliche Erfahrung und Einsicht dieses sein „Gesetz", wie er es auch nennt, im Einklang mit dem „Welt-Gesetz" sieht. Darum muß er jede, auch die kleinste Abweichung ahnden und durch heilsame Sanktionen und Bußen diese Abweichung dem Betreffenden zu Bewußtsein bringen; besonders dadurch, daß er ihn außerhalb der heiligen Gemeinschaft des Gebetes und des Mahles stellt und auch den Segen verweigert. So läßt er ihn als einzelnen – abgetrennt vom Ganzen – spüren, was es heißt, aus Nachlässigkeit, Trägheit, Gleichgültigkeit und Eigenwilligkeit ein Verächter und Übertreter der heiligen Regel zu sein. (Vgl. Regel-Kapitel 23–30 und 43–46.)

Von daher wird der schon in der Einleitung aufgewiesene Bauplan der Regel mit seinen vielen Einzelheiten gut verständlich. Im Grunde geht es um die Bestätigung eines alten

Leitsatzes: „Halte die Ordnung, und die Ordnung wird dich halten." Dabei muß aber gesehen werden, daß es sich nicht um eine starre Ordnung handelt; denn sie ist in ihrer Verwirklichung gebunden an die Person des Abtes, dessen Unterscheidungsgabe und weise Mäßigung diese Ordnung immer wieder flexibel, d.h. situationsgerecht gestalten lassen, so sehr andererseits Benedikt auch den Abt selbst an die Regel gebunden sein läßt. Er tut das, um im Abt das Bewußtsein lebendig zu erhalten, daß er selber nur Diener der Seinen ist, und zwar in Bezug auf die Verwirklichung der kosmischen Ordnung. Man könnte auch einfacher sagen, der Abt ist für die Seinen Diener des Friedens; denn die Verwirklichung der Ordnung ermöglicht auf umfassende Weise den Frieden, und zwar mit sich selbst und mit den Brüdern, letztlich mit aller Kreatur.

Die von Benedikt als geistlichem Meister gemeinte Ordnung läßt sich aber auch anhand eines einzelnen Kapitels seiner Regel ganz konkret aufweisen, und zwar ist es das Kapitel 49 über die Beobachtung der Fastenzeit:

*Eigentlich soll der Mönch die ganze Zeit seines Lebens als österliche Bußzeit verbringen. Da jedoch nur wenige die Kraft dazu besitzen, so mahnen wir, wenigstens in diesen Tagen der Fastenzeit sein Leben in vollkommener Reinheit zu bewahren und zugleich alle Nachlässigkeiten der übrigen Zeit in diesen heiligen Tagen zu sühnen. Das geschieht dann in würdiger Weise, wenn wir uns aller Fehler enthalten und uns im Beten unter Tränen, in der Lesung, in der Zerknirschung des Herzens und in der Enthaltsamkeit abmühen. Wir wollen also in diesen Tagen unserer gewöhnlichen Dienstleistung etwas hinzufügen: besondere Gebete, Abbruch an Speise und Trank. Ein jeder bringe über das ihm bestimmte Maß hinaus etwas aus eigenem Willen in der Freude des Heiligen Geistes Gott als Opfer dar, d.h.: Er entziehe seinem Leib etwas im Essen, Trinken, Schlafen, Reden, Scherzen und erwarte in der Freude geistlicher Sehnsucht das heilige Osterfest. Was jedoch ein jeder darbringt, unterbreite er seinem Abt, und es geschehe mit dessen Segensgebet und Willen, denn was ohne Erlaubnis des geistlichen Vaters geschieht, wird als Anmaßung und eitle Ruhmsucht, nicht aber als Verdienst angerechnet. Alles ist also mit Einwilligung des Abtes zu tun.*

Was Benedikt hier beschreibt, ist seine Lebensordnung als geistliche Methode, der sogenannte „asketische Lebensstil", der „klösterliche Wandel" (lat. conversatio), der Weg der „Übung". Diese Ordnung als Metho-

de hat ein eindeutiges Ziel: die österliche
Erfahrung des Sterbens und Auferstehens mit
Christus. Das bedeutet, wenn auch anfangshaft, die Erfahrung der österlichen Weltverklä-
rung, die uns ja nicht erst bei der Wiederkunft
Christi zuteil wird (wenn auch dort in Vollendung), sondern schon hier und jetzt durch die
Entfaltung des österlichen Bewußtseins. Dieser Entfaltung des österlichen Bewußtseins
soll ja jedes Osterfest, aber auch jede Feier des
Sonntags als „Herrentag der Auferstehung"
in besonderer Weise dienen.

Voraussetzung für dieses österliche Bewußtsein ist die „Reinheit", genauer: die
„Reinheit des Herzens". Sie ist das unmittel-
bare Ziel der geistlichen Methode des klösterlichen Wandels bzw. der benediktinischen
Lebensordnung. Da nun Sterben und Aufer-
stehen bei Christus wie beim Christen etwas
Leib-Seelisches meint, so lassen sich in der
geistlichen Methode deutlich zwei entsprechende Aspekte unterscheiden. Einmal das
Bemühen um die Integration der leiblichen
Dimension des Menschen vor allem durch das,
was „seinem Leib entzogen" wird; dies wird in
Kapitel 49 mit dem Wort „Enthaltsamkeit"
zusammengefaßt. Zum anderen geht es um die

285

Integration der seelisch-geistigen Dimension im Menschen, vor allem mittels der geistlichen Lesung, ferner durch das „Gebet unter Tränen", sowie durch die „Zerknirschung des Herzens". Die beiden letztgenannten Übungen machen schon sichtbar, daß sowohl die Integration der leiblichen als der seelisch-geistigen Dimension des Menschen sich von dessen Mitte her, also im „Herzen" vollzieht. Das heißt umgekehrt: die Dimension des Herzens als „Dimension der Tiefe" (des Seelengrundes) soll durch die leib-seelische Integration mehr und mehr auf Gott hin erschlossen werden. So wird durch alle körperliche und geistige Übung das durch die Taufgnade in der Tiefe des Herzens verborgene österliche Bewußtsein zu immer weiterer Entfaltung gebracht, um als „Freude geistlicher Sehnsucht" das Leben des Mönches (wie des Christen überhaupt) wesenhaft zu prägen.

Die Sehnsucht ist die verborgene Urmacht des Herzens, die den Menschen überhaupt erst nach dem geistlichen Weg fragen läßt. So bleibt sie dann auch unter dem Antrieb des Heiligen Geistes die bestimmende Macht, die den Menschen – durch die Ordnung gelenkt – immer weiter vorantreibt, bis er durch die

vollkommene Reinheit des Herzens, im Leerwerden von sich selbst, die Fülle der Liebe
erlangt.

Gerade das Kapitel 49 zeigt, daß die bene-
diktinische Ordnung nichts Starres ist, sondern der geistgewirkten Hingabefreudigkeit
des eigenen Willens (der vom Eigenwillen
wohl zu unterscheiden ist) durchaus Raum
läßt, sofern diese Hingabefreudigkeit in das
Segensgebet und damit in den Willen des
Abtes als geistlichen Vater eingebunden ist.

Was hier von der österlichen Bußzeit als
Hoch-zeit des Mönches gesagt ist, zeigt nur in
äußerster Verdichtung, was ganz allgemein
und mit entsprechender Abwandlung vom
asketischen Lebensstil überhaupt zu sagen
ist. So ist z. B. die Handarbeit eine Übung zur
Integration der leiblichen Dimension, das
Stundengebet dagegen mehr eine Übung zur
Integration der seelisch-geistigen, auch wenn
es – gerade im Hinblick auf das nächtliche Aufstehen – eine starke leibliche Komponente hat;
die beiden Dimensionen sind nicht streng
zu trennen.

Ergebnis: Ohne eine bestimmte, konse-
quent durchgehaltene Ordnung im leiblich-
seelischen Bereich, mag sie auch noch so

287

anspruchslos sein, ist geistliches Leben – als „Weg der Übung" verstanden – auf die Dauer nicht möglich. Dabei muß noch bedacht werden, daß Benedikt mit seiner Bemerkung vom „Sühnen (wörtlich: ‚auflösen') der Nachlässigkeiten der übrigen Zeit" die oftmals tief im Unbewußten eingewurzelten Fehlhaltungen anspricht, die unser Leben weit mehr bestimmen, als wir ahnen, und die durch verstärkte Übung „aufgelöst" werden müssen.

Darum sei hier noch auf das Instrumentarium der „geistlichen Kunst" verwiesen, mit dem Benedikt in Kapitel 4 der Regel das „Auflösen" eingewurzelter Fehlhaltungen und damit das Leerwerden und Freiwerden von sich selbst einüben läßt, um das gereinigte Herz vollkommener Liebe und damit der österlichen Erfahrung fähig werden zu lassen. Die einzelnen kurzen Merksprüche sind je nach Eigenart der persönlichen Schwächen und Neigungen für ein beständiges mündliches bzw. innerliches Wiederholen („Wiederkäuen" nennt es das frühe Mönchtum) vorgesehen, zur „Be-herzigung"! Das Ganze ist aber auch als eine Art Gewissensspiegel zur Kontrolle und Erhellung der inneren Situation.

¹*Zuerst: Gott, den Herrn, lieben aus ganzem Herzen, aus ganzer Seele, mit aller Kraft.* ²*Dann: den Nächsten wie sich selbst.*

³*Dann: nicht töten.* ⁴*Nicht ehebrechen.* ⁵*Nicht stehlen.* ⁶*Nicht begehren.* ⁷*Kein falsches Zeugnis geben.* ⁸*Alle Menschen ehren.* ⁹*Und was man nicht selbst erleiden möchte, auch keinem anderen tun.*

¹⁰*Sich selbst verleugnen, um Christus nachzufolgen.* ¹¹*Den Leib in Zucht halten.* ¹²*Sich nicht der sinnlichen Lust ergeben.* ¹³*Das Fasten lieben.*

¹⁴*Die Armen erquicken.* ¹⁵*Den Nackten bekleiden.* ¹⁶*Den Kranken besuchen.* ¹⁷*Den Toten begraben.* ¹⁸*In der Bedrängnis zu Hilfe kommen.* ¹⁹*Die Trauernden trösten.*

²⁰*Sich dem Treiben der Welt fremd machen.* ²¹*Der Liebe zu Christus nichts vorziehen.* ²²*Im Zorn nichts ausführen.* ²³*Dem Groll nicht einen Augenblick einräumen.* ²⁴*Keine Arglist im Herzen tragen.* ²⁵*Nicht heuchlerisch Frieden bieten.* ²⁶*Von der Liebe nicht lassen.*

²⁷*Nicht schwören, um nicht etwa falsch zu schwören.* ²⁸*Die Wahrheit mit Herz und Mund bekennen.* ²⁹*Nicht Böses mit Bösem vergelten.* ³⁰*Kein Unrecht tun, aber auch zugefügtes geduldig ertragen.* ³¹*Die Feinde lieben.* ³²*Denen, die uns fluchen, nicht wieder fluchen, sondern sie segnen.* ³³*Verfolgung leiden um der Gerechtigkeit willen.*

³⁴*Nicht stolz sein.* ³⁵*Nicht trunksüchtig.* ³⁶*Nicht eßgierig.* ³⁷*Nicht schlafsüchtig.* ³⁸*Nicht träge.* ³⁹*Kein Murrer sein.* ⁴⁰*Kein Verleumder.*

⁴¹ *Seine Hoffnung auf Gott setzen.* ⁴² *Das Gute, das man an sich gewahrt, Gott zuschreiben, nicht sich selbst.* ⁴³ *Das Böse aber stets als sein eigenes Werk erkennen und sich selbst anrechnen.*

⁴⁴ *Den Tag des Gerichtes fürchten.* ⁴⁵ *Vor der Hölle zittern.* ⁴⁶ *Das ewige Leben mit aller Begierde des Geistes ersehnen.* ⁴⁷ *Den drohenden Tod täglich vor Augen haben.*

⁴⁸ *Seinen Lebenswandel jederzeit überwachen.* ⁴⁹ *Für gewiß halten, daß Gott an jedem Ort auf einen schaut.* ⁵⁰ *Die bösen Gedanken, die im Herzen aufsteigen, alsbald an Christus zerschmettern und dem geistlichen Vater offenbaren.*

⁵¹ *Seinen Mund vor böser und verkehrter Rede bewahren.* ⁵² *Das viele Reden nicht lieben.* ⁵³ *Leere oder gar zum Lachen reizende Worte nicht reden.* ⁵⁴ *Vieles oder gar schallendes Lachen nicht lieben.*

⁵⁵ *Die heiligen Lesungen gern hören.* ⁵⁶ *Dem Gebet häufig obliegen.* ⁵⁷ *Seine früheren Sünden mit Tränen und Seufzen Gott täglich im Gebet bekennen.* ⁵⁸ *Von diesen Sünden sich in Zukunft bessern.*

⁵⁹ *Die Gelüste des Fleisches nicht befriedigen.* ⁶⁰ *Den Eigenwillen hassen.* ⁶¹ *Den Befehlen des Abtes in allem gehorchen, auch wenn er selbst, was ferne sei, anders handeln sollte, eingedenk jenes Gebotes des Herrn: Was sie sagen, das tut; was sie aber tun, das tut nicht.* ⁶² *Nicht heilig genannt werden wollen, ehe man es ist; sondern es zuerst sein, so daß man es mit Grund (von uns) sagen kann.* ⁶³ *Die Gebote Gottes täglich im Werk erfüllen.*

⁶⁴ *Die Keuschheit lieben.* ⁶⁵ *Niemand hassen.* ⁶⁶ *Keine*

*Eifersucht hegen.* [67] *Den Neid niemand fühlen lassen.*
[68] *Den Streit nicht lieben.* [69] *Die Überheblichkeit fliehen.*
[70] *Und die Älteren ehren.* [71] *Die Jüngeren lieben.* [72] *In der
Liebe zu Christus für seine Feinde beten.* [73] *Bei einem
Zwist vor Sonnenuntergang wieder Frieden schließen.*
[74] *Und nie an Gottes Barmherzigkeit verzweifeln.*

[75] *Seht, das sind die Werkzeuge der geistlichen Kunst.*
[76] *Wenn wir sie Tag und Nacht unermüdlich handhaben
und am Tag des Gerichtes wieder abgeben, so wird uns
vom Herrn jener Lohn ausbezahlt, den er selbst verhei-
ßen hat:* [77] *Kein Auge hat gesehen und kein Ohr gehört,
was Gott denen bereitet hat, die ihn lieben.*

[78] *Die Werkstatt aber, wo wir dies alles mit Eifer
ausführen sollen, ist der klösterliche Bezirk* [die Klausur in uns selbst] *und zwar im beständigen Leben in der
Gemeinschaft.*

## Fünftes Kapitel

# DIE ERZIEHUNG ZUM CHRISTUS-DIENST UND DIE INNEREN WIDERSTÄNDE

*Der grundlegende Schritt zur Demut hin ist unverzüglicher Gehorsam. Er ist denen eigen, die Christus über alles lieben. Wegen des heiligen Dienstes, den sie gelobt, aus Furcht vor der Hölle und um der Herrlichkeit des ewigen Lebens willen sollen sie, sobald vom Oberen etwas befohlen wird, keinen Verzug in der Ausführung kennen, so als käme der Befehl von Gott. Von diesem sagt der Herr: „Sobald er mich hört, gehorcht er mir." Und ebenso spricht er zu den Lehrenden: „Wer euch hört, hört mich."*

*Solche verlassen darum sogleich das Ihre und geben den Eigenwillen auf, legen augenblicklich alles aus der Hand, lassen die Arbeit unvollendet und folgen auf dem schnell bereiten Fuß des Gehorsams dem Wort des Befehlenden durch die Tat. Wie in einem Augenblick ereignet sich in der Schnelligkeit der Gottesfurcht fast gleichzeitig beides: der ergangene Befehl des Meisters und die vollbrachte Tat des Jüngers. Sie sind ja vom leidenschaftlichen Verlangen gedrängt, zum ewigen Leben voranzuschreiten. Deshalb wählen sie den schmalen Weg, von dem der Herr sagt: „Eng ist der*

*Weg, der zum Leben führt." Sie leben also nicht nach eigenem Gutdünken und gehorchen nicht ihrem Begehren und Behagen, sondern wandeln nach Entscheid und Befehl eines anderen. Sie leben in Gemeinschaft und haben das Verlangen, daß ihnen ein Abt vorsteht. Solche ahmen ohne Zweifel den Spruch des Herrn nach, der da sagt: „Ich bin nicht gekommen meinen Willen zu tun, sondern den Willen dessen, der mich gesandt hat."*

*Dieser Gehorsam wird aber nur dann Gott wohlgefällig und den Menschen lieb sein, wenn der Auftrag nicht zaghaft, nicht langsam, nicht lässig oder gar mit Murren und offenem Widerspruch ausgeführt wird. Denn der Gehorsam, der den Oberen geleistet wird, wird Gott geleistet. Er hat ja gesagt: „Wer euch hört, hört mich."*

*Und frohgemut muß der Gehorsam von dem Jünger geleistet werden, denn einen freudigen Geber hat Gott lieb. Denn gehorcht der Jünger mißmutig und murrt er, nicht mit dem Mund, nein, nur im Herzen, so wird er, auch wenn er den Befehl ausführt, doch kein Wohlgefallen finden bei Gott, der sein murrendes Herz sieht. Für solches Tun empfängt er keinen Lohn, im Gegenteil, er verfällt der Strafe der Murrer, wenn er nicht Genugtuung leistet und sich bessert (Kapitel 5).*

Die geistliche Methode zum Freiwerden von sich selbst läßt sich bei Benedikt von Nursia als Erziehung zum Christus-Dienst charakterisieren. Dieser Christus-Dienst wiederum ist nichts anderes als eine Ausdrucksform der Demut, die hier zum ersten Mal genannt und später als die wesentliche Form der Herz-Integration der leiblichen und geistig-seelischen Dimension des Menschen erscheinen wird. Die Urbedeutung des Wortes im Deutschen ist ja „Mut zum Dienen". Im Lateinischen hingegen hat das entsprechende Wort „humilitas" mit ‚Boden' (Humus) zu tun, also „Erniedrigung" oder „am niedrigsten, untersten Platz". Aber im übertragenen Sinn könnte man auch sagen „auf dem Boden der Tatsachen", d. h. wirklichkeitsgemäß, realistisch. Der grundlegende Schritt zur Wirklichkeit ist also das Gehorchen! Die eine Wirklichkeit aber ist Christus. Und die Liebe zu ihm bekundet sich im gelebten heiligen Dienst.

Über den Vollzug dieses Dienstes durch Gehorsam ist zunächst ein Dreifaches zu sagen.

1. Der Dienst bzw. der Gehorsam wird nicht nur bestimmt durch den jeweils ausdrücklichen Befehl des Abtes, sondern ebenso auch durch die von der heiligen Regel her gegebene und vom Abt bestätigte allgemeine Ordnung (z. B. das Zeichen zum Gottesdienst).

Außerdem gibt es z.B. den Gehorsam dem jeweils Älteren gegenüber. So schält sich der Gehorsam immer deutlicher heraus als die spontane Antwort auf das Gebot des Augenblicks.

2. Von daher läßt sich die von Benedikt erhobene Forderung des „unverzüglichen Gehorsams" sehr gut bestimmen als ein vollständiges Einswerden mit der jeweiligen Situation, und zwar aus dem Bemühen heraus, jeden Augenblick ganz da zu sein! Hier wird wieder der „Weg des Kriegers" sichtbar, der uns schon in Kapitel 1 und 3 begegnete. Der Krieger ist eingeübt, blitzschnell zu reagieren, weil er – durch Schweigen in sich gesammelt – hellwach und jeden Augenblick ganz da ist. Das entbehrungsreiche und einfache Leben, das körperliche wie geistige Training haben ihn dafür geschult. Er weiß innere und äußere Strapazen (Stress) zu ertragen; er zeigt Ausdauer im Dienen und ermüdet nicht; er weiß die Widerstände, vor allem die inneren, zu bewältigen, weil er sie erkennt und überdies gelernt hat, die richtige Taktik ihnen gegenüber anzuwenden.

3. Dieser Dienst hat im wesentlichen eine doppelte Gestalt:

a) Zunächst ist der eigentliche Gottesdienst, nämlich das Stundengebet, gemeint,
das Benedikt einfach als „unseren schuldigen
Dienst" bezeichnet. Da Benedikt die Psalmen
(als Hauptbestandteil dieses Dienstes) als an
Christus gerichtete Gebete versteht, so ist der
Gottesdienst des Stundengebetes wie der
Eucharistiefeier Christus-Dienst im eigentlichen Sinne.

b) Aber auch das übrige Leben des Mönchs
ist Christus-Dienst. „Die Brüder sollen einander – in Liebe – dienen", wiederholt Benedikt
in Regel-Kapitel 35. Dreimal nennt er für
dieses Dienen des Mönches ganz konkrete
Christus-Bezüge: zum Abt hin (Kapitel 2), zu
den Kranken im Kloster (Kapitel 36) und zu
den Gästen, besonders zu den Pilgern und
Armen, in denen Christus in stärkerem Maße
aufgenommen wird (Kapitel 53). Aber genau
besehen, begegnen wir Christus immer und
überall, und alle Dinge (nicht nur die Sachen
des Klosters) sind wie kostbares Altargerät zu
behandeln (Kapitel 31), wie wir noch sehen
werden.

Von dem so beschriebenen Dienst ist ganz
allgemein zu sagen, daß er mit Schwung und
mit Freude zu tun ist! Darum müssen dem

gegenüber jetzt die inneren Widerstände ins Auge gefaßt werden. Benedikt spricht sie in Kapitel 5 direkt und indirekt an. Er nennt sie: „nach eigenem Gutdünken leben", „dem eigenen Begehren und Behagen gehorchen", an anderer Stelle (Kapitel 1): „sich selbst dienen". Er zeigt ferner, daß es gilt, das „Seine" zu verlassen und den eigenen Willen aufzugeben. All diese Ausdrücke bezeichnen im Grunde den gleichen Tatbestand: Der Mensch ist in sich selbst verfangen und verschlossen. Er ist hörig dem eigenen Ich und somit dessen Sklave. Dadurch ist er unfähig zu wirklicher Liebe, zu der ihn das Hinhören-, Gehorchen- und Dienenlernen freimachen soll. Aber diese Ichbezogenheit ist nicht in erster Linie Gegenstand meines asketischen Bemühens, um sie – weil meiner eigentlichen Bestimmung zuwider – auf dem Weg der Übung zu überwinden, sondern sie ist zuallererst für meine durch die Ichbezogenheit verblendete geistliche Einsicht und Unterscheidungsgabe ein Erkenntnisproblem, von dem Romano Guardini sagt, daß die Sünde sogar in unser Auge gedrungen sei.

Um diesen Täuschungen in bezug auf sich selbst nicht auf die Dauer zu erliegen, lebt der

Christ (nicht nur der Mönch) in Gemeinschaft (wenn auch in unterschiedlichen Formen) und trägt das Verlangen nach einem geistlichen Meister (Abt), der ihm – ähnlich wie eine echte Gemeinschaft – helfen kann, die Selbsttäuschungen zu erkennen, um dann die Wege aufzuweisen, sich selbst zu lassen, welches im Grunde das Ziel der Regel ist, so wie es später ein Meister Eckhart formuliert: „Richte dein Augenmerk auf dich selbst, und wo du dich findest, da laß von dir ab" (Reden der Unterweisung 3).

Benedikt kennt nun einen sehr sicheren Indikator für einen „ungelassenen", noch in sich selbst verfangenen Menschen. Dieser Indikator ist das Murren! Außer in Kapitel 5 spricht Benedikt noch an neun weiteren Stellen davon. Z. B. „Vor allem zeige sich nie das Laster des Murrens" (vgl. den Schluß der Kapitel 34/40 auf Seite 90f.). Benedikt weiß, wie dieses Murren nicht nur eine Gemeinschaft auf die Dauer vergiftet, sondern vor allem das „murrende Herz", d. h. den einzelnen, so tief innerlich verseucht, daß die Folge davon eine immer tiefer greifende Frustration und schließlich jener „bittere Eifer" ist, der den davon Betroffenen innerlich so verschließt und verhärtet, daß er nichts Positives mehr wahrnimmt. Für jeden noch so gut gemeinten Zuspruch unzugänglich, gerät er auf die Dauer durch seine negative Einstellung in jene Verstockung, die, menschlich gesehen, seinem Heil keine Chance mehr läßt.

Hier erhebt sich die Frage: Gibt es auf dem „Weg des Kriegers" eine Art von Faustregeln für den geistigen Kampf, um diesen inneren Widerständen gegenüber dem Christus-Dienst wirksam zu begegnen? Nr. 48, 49 und bes. 50 des geistlichen Instrumentariums (S. 52f.) nennen sie. In abgewandelter, noch etwas härterer Form erscheint der Gedanke von Nr. 50 schon im Prolog, und zwar als Antwort auf die Frage, wer denn im Königszelt des Herrn wohnen dürfe. „Wer den arglistigen Teufel, der ihm etwas einflüstert, zunichte macht, indem er ihn samt seiner Einflüsterung aus dem Gesichtskreis des Herzens verbannt, seine Gedankenbrut packt und an Christus zerschmettert." Dieses An-Christus-Zerschmettern heißt Methoden entwickeln, der Christus-Wirklichkeit (die hier nach 1 Kor 10,4 als geistlicher Fels gesehen wird) immer mehr in sich selbst Raum zu geben, wodurch die Macht des Bösen bzw.

299

der bösen Gedanken – als der Ausgangsbasis alles Bösen – zunichte gemacht wird. Ein solches Raumgeben geschieht in vorzüglicher Weise im Stundengebet oder aber in der „Herzens-Übung" einzelner Psalmverse bzw. des Jesusgebetes, wie wir noch sehen werden. Zur Grundübung des Kriegers schlechthin gehört jedoch vor allem anderen das in Nr. 50 des geistlichen Instrumentariums weiterhin genannte „Sich-Offenbaren dem geistlichen Vater gegenüber", sei es im eigentlichen Beichtgespräch oder durch einfache Aussprache, beides mit einer gewissen Regelmäßigkeit, um sich auch hier an eine Ordnung zu binden. Dieses rückhaltlose Sich-Offenbaren gegenüber dem geistlichen Vater, in dem ja der Glaube Christus sieht, galt im frühen Mönchtum wie auch in der späteren geistlichen Überlieferung als die bewährteste Übung, um vor Irrwegen bewahrt zu bleiben.

300

Sechstes Kapitel

# DIE SELBSTVERWIRKLICHUNG IM GEBET

*Der Prophet sagt: „Siebenmal am Tag verkünde ich dein Lob." Diese heilige Sieben-Zahl wird in der Weise von uns erfüllt, daß wir in der Morgenfrühe zur ersten, dritten, sechsten, neunten Stunde, am Abend und zur Komplet-Zeit unseren schuldigen Dienst erfüllen; denn von diesen Gebetsstunden des Tages spricht der Prophet: „Siebenmal am Tag verkünde ich dein Lob." Von den Vigilien zur Nachtzeit aber sagt der Prophet: „Mitten in der Nacht erhebe ich mich, um dich zu preisen." Zu diesen Zeiten also wollen wir unserem Schöpfer das Lob erstatten, „ob seiner gerechten Ordnung", also in den Laudes, zur Prim, Terz, Sext, Non, Vesper und Komplet, und in der Nacht wollen wir aufstehen, um ihn zu preisen (Kapitel 16).*

Das „Raumgeben der Christuswirklichkeit" und der „Christus-Dienst" vollziehen sich – als zwei verschiedene Aspekte desselben Geschehens – für Benedikt in erster Linie im gemeinsamen Stundengebet. Dazu ist im weiteren Sinn auch die Eucharistiefeier zu rechnen, obwohl Benedikt sie nur nebenbei zu erwähnen scheint. Das Kapitel 16 der Benediktus-Regel ist die Zusammenfassung der sehr ins einzelne gehenden Anordnungen über das Stundengebet, die in der Regel einen verhältnismäßig breiten Raum einnehmen. Die Erwähnung der geheiligten Sieben-Zahl wie auch des „Gebetes inmitten der Nacht" meint nichts anderes als die innere und äußere Dichte und Intensität oftmaligen, d. h. wiederholten Betens. Die Einbeziehung des Menschen in die Ordnung solch wiederholten Betens zielt aber letztlich ab auf immerwährendes Beten; denn das ist die eigentliche Selbstverwirklichung des Menschen. Beten wird hier ausschließlich als Lobpreis verstanden! „Unserem Schöpfer Lob erstatten", das bringt den geschöpflichen Grundakt zum Ausdruck: nämlich die Rückwendung in den vergessenen Ursprung, dem sich das Geschöpf in allem, was es ist, verdankt. Nach Benedikt ist dieser Ursprung Christus, mein Schöpfer und Erlöser. Durch meinen Lobpreis und durch meine Anbetung erkenne ich ihn als meinen Ursprung an. Von ihm her werde ich mir in meinem Dasein als erlöstes Geschöpf jeden

Augenblick neu geschenkt. Diese Zusammenschau von Schöpfung und Erlösung – für das frühe Mönchtum eine Selbstverständlichkeit – kommt durch einen eigentümlichen Tatbestand zum Ausdruck: die Schöpfungsordnung der Natur, insbesondere die „Ordnung des Lichtes", d. h. der Lauf der Sonne, dient den Christen in der Alten Kirche dazu, sich der Heilstaten Christi zu erinnern.

Die Vesper als Gebet zur Zeit des Sonnenuntergangs, mit dem – nach antikem Verständnis – sich der neue Tag ankündigt, läßt uns an die Sonne denken, die keinen Untergang kennt: an Christus, das abendlose Licht. Als abendliches Lobopfer, verbunden mit der Darbringung des Weihrauchs, erinnert die Vesper an Christi Opfergedächtnis im Letzten Abendmahl, das alle Dunkelheit und abendlichen Abschied überglänzt und so den Christen zu umfassender Danksagung befähigt.

Das kurze Nachtgebet der Komplet bittet um Bewahrung vor der Macht der Finsternis, von der Jesus bei seiner nächtlichen Gefangennahme in Getsemani spricht (Lk 22,53).

Das in den späten Nachtstunden beginnende Gebet der Vigilien bzw. die Matutin (jetzt Lesehore) mahnt den Christen, die Wiederkunft Christi wachend zu erwarten (vgl. Mt 28,1–13), während die Laudes als Gebet zum Sonnenaufgang in diesem Wiedererscheinen des Lichtes ein Sinnbild der Auferstehung Christi und der in ihr gegebenen Erneuerung der Welt feiert.

Die Prim hat keinen heilsgeschichtlichen Bezug und findet sich darum im heutigen Stundenbuch (auch der Mönche) nicht mehr.

Die Terz (9.00 Uhr vormittags) erinnert an die pfingstliche Herabkunft des Heiligen Geistes, die Sext (12.00 Uhr), am Höhepunkt des Tages, erinnert an die Kreuzigung Jesu. Die Non (3.00 Uhr nachmittags), wenn der Tag sich schon langsam neigt, läßt uns an Christi Tod am Kreuz denken.

Diese mehr punktartig aufgezählten, heilsgeschichtlichen Bezüge des Stundengebetes ließen sich im einzelnen noch in ihrer inneren Verknüpfung aufzeigen. Sie sind ja als Ganzes nichts anderes als das Offenbarwerden jener „gerechten Ordnung" des Herrn, in der er durch seine Heilstaten, welche im Ostergeheimnis aufgipfeln, sich seinen Geschöpfen liebevoll und in Güte mitteilt. Diese Güte und Liebe des Herrn entzieht sich freilich – aus verschiedensten Gründen, vor allem auf

304

Grund der inneren Widerstände – immer wieder dem inneren Blick des einzelnen. Die feiernde Gemeinschaft nimmt daher den einzelnen stets aufs neue mit hinein in die objektive Ordnung des Stundengebetes, das inhaltlich in seinen Texten ja weithin vom geistgewirkten Wort der Heiligen Schrift bestimmt ist. So soll schließlich auch dem einzelnen in subjektiver Betroffenheit und Annahme die Zusammenschau seiner Lebensgeschichte mit der im Stundengebet erinnerten und vergegenwärtigten Heilsgeschichte, vor allem mit dem Ostergeheimnis, immer besser gelingen.

Der einzelne darf gerade auch dadurch, daß er sich von der bewußten, im übrigen ja alle Menschen umfassenden Fürbitte seiner Gemeinschaft getragen weiß, mehr und mehr der Güte Gottes innewerden, und sein eigenes Beten kann sich endlich zum preisenden Anruf und „Gespräch der Liebe" entfalten: „Wie gut du bist" – „Lobt den Herrn". Dieses immer umfassendere Innewerden der Güte Gottes verwandelt schließlich das ganze Leben des einzelnen wie der Gemeinschaft in anbetendes Verweilen vor dieser Güte und damit in Kontemplation – Verwirklichung der äußersten Möglichkeit und tiefsten Bestim-

305

mung des Menschen. So kann man sagen:
Erlebter Lobpreis ist Kontemplation, ein Lobpreis, dessen schier endlose Wiederholungen
weithin nur als ein hilfloses Stammeln erscheinen, im Überwältigtsein von der Güte des
Herrn.

Freilich muß der Weg dahin noch etwas
genauer ins Auge gefaßt werden, und zwar
vor allem durch die eigentliche Form der
liturgisch-kultischen Aussageweise des Stundengebetes.

*Überall glauben wir, ist göttliche Gegenwart, und: „An
jedem Ort schauen die Augen des Herrn auf Gute und
Böse." Am meisten jedoch sollen wir daran ohne jeden
Zweifel glauben, wenn wir zum göttlichen Dienst
hinzutreten. Da sollen wir immer an das denken, was
der Prophet sagt: „Dienet dem Herrn in Furcht", und
wiederum: „Lobsingt mit Weisheit!", und: „Im Angesicht der Engel will ich dir lobsingen." Bedenken wir
also, wie man im Angesicht der Gottheit und ihrer Engel
sich verhalten muß, und stehen wir so beim Psalmenge-
sang, daß unser Herz im Einklang sei mit unserer
Stimme (Kapitel 19).*

Benedikt macht hier zunächst wie schon an
anderen Stellen wiederum deutlich, daß es die
grundlegende Übung des Mönches, des Christen überhaupt ist, in seinem Bewußtsein der

Christus-Wirklichkeit Raum zu geben, und zwar durch die immer tiefere Glaubensüberzeugung von Christi alles durchdringender und alles erfüllender Gegenwart. Die bevorzugte Form dieser Übung ist für Benedikt das Stundengebet, der göttliche Dienst (opus dei). Die Übung selbst aber basiert auf der Sprache der Psalmen (wie der Hymnen) als geistlicher Dichtung! Diese spiegeln ja alle Formen religiösen Erlebens wider, und sie sollen dieses Erleben durch ihre dichterische Aussage weiter vermitteln. Besser: Sie sollen dieses Erleben in uns erwecken, sofern wir bereit sind, uns auf sie einzulassen, uns mit ihnen zu identifizieren, bis zu dem Punkt, wo es spontan in uns aufbricht: „Das ist mir aus dem Herzen gesprochen!" Die Psalmen wollen in einem umfassenden Sinn be-herzigt sein! Nichts anderes meint der Satz, „daß unser Herz in Einklang sei mit unserer Stimme".

Die Bedeutung des dichterischen Elementes der Psalmen, der Hymnen und so manch anderer Texte der Liturgie, z. B. der Hochgebete, kann nicht ernst genug genommen werden, weil die Dichtung sich nicht nur an das Gefühl, noch weniger nur an den Verstand, sondern an den ganzen Menschen wendet

307

und ihn einfordert, um ihn – wenn er bereit ist, sich in Sammlung, Stille und im hörenden Sichversenken loszulassen – auf die Dauer gesehen zu verwandeln. Von den Psalmen und Hymnen als geistlicher Dichtung gilt in vollem Maße das Wort von Jean Cocteau: „Die Dichtung disponiert zum Übernatürlichen. Die Atmosphäre der Überempfindlichkeit, in die sie uns hüllt, schärft unsere geheimsten Sinne, und unsere Antennen tauchen in Tiefen, von denen unsere offiziellen Organe nichts wissen."

Das wird noch verstärkt durch den Gesang: Die Psalmodie bzw. der Gregorianische Choral als „Musik der feierlichen Text-Aussprache" (E. Jammers) will die dichterische Form verdeutlichen, ergänzen und vervollkommnen. Hier erfahren wir dann jenes „mit Weisheit lobsingen", wenn nämlich das Herz durch den Gesang an das Wort gebunden bleibt, in dem sich letztlich immer das WORT – Christus – verbirgt, welcher dem Herzen von der Herrlichkeit Gottes (symbolisiert durch die Engel) Mitteilung macht, um eben dieses Herz dann selbst auch – in der inneren Schau – etwas von dieser Herrlichkeit verkosten zu lassen.

308

Da kann es dann geschehen, daß ein einzelnes Psalmwort sich in besonderer Weise als Herz-Wort erweist und am Herzen landet (um einen Satz von Paul Celan zu variieren). Dort im Herzen wird es sich – weit über die Zeit des Stundengebetes hinaus – einnisten und sich durch beständiges inneres Wiederholen und Erwägen als „Wandlungs-Wort" erweisen. Damit ist in etwa schon der Vorgang der „Meditation" im benediktinischen Sinn beschrieben. Und wir sind praktisch schon beim siebten Kapitel!

Hier aber ist noch kurz die Frage zu beantworten, ob diese Art Übung, nämlich die des Stundengebetes, nur dem Mönch zugänglich sei. Die Antwort lautet: Nein! Zum einen ist das Stundenbuch als regelmäßiges, halblautes Gebet und damit als klare Ordnung für das persönliche Gebetsleben jedem, der ein geistliches Leben führen will, zugänglich und neben der Berufsarbeit, zumindest in seinen wichtigsten Teilen (Laudes und Vesper), durchaus zu vollziehen. Zum anderen werden auch hin und wieder in Pfarreien und kleineren Gemeinschaften wenigstens anhand des „Gotteslobes" Vesper, Komplet oder auch Laudes gesungen.

## Siebtes Kapitel

# VON DER GEISTLICHEN LESUNG ZUR KONTEMPLATION

*Wenn wir einflußreichen Menschen etwas unterbreiten wollen, so wagen wir das nur mit Demut und Ehrfurcht. Um wieviel mehr müssen wir zu Gott, dem Herrn des Alls, mit aller Demut und reiner Hingabe flehen. Wir müssen wissen, daß wir da nicht durch viele Worte, sondern durch Lauterkeit des Herzens und Tränen der Zerknirschung Erhörung finden. Deshalb soll das Gebet kurz und lauter sein, wenn es nicht durch das Angerührtsein vom Anhauch der göttlichen Gnade verlängert wird. In der Gemeinschaft sei dies [stille Gebet] jedoch kurz, und auf das Zeichen des Oberen sollen alle miteinander aufstehen.*

Benedikt beschreibt in diesem Kapitel die Wandlungskraft des am Herzen gelandeten Wortes der Psalmodie: Selbstvergessen, lauter, d.h. leer von sich selbst, ist der Betende ganz dem Herrn, Christus, dem Allherrscher, hingegeben – wortlos. Er weiß sich im Bemühen um die Lauterkeit seiner Liebe (der „Reinheit des Herzens") von ihm angenommen; angenommen auch mit all seinem Versagen und Zurückbleiben hinter den eigentlichen Liebesmöglichkeiten seines Herzens. Das weckt in ihm Tränen des Reueschmerzes und zugleich der Freude. Diesem wortlosen Sich-selbst-Aussagen, diesem schweigenden Lob des vom Wort Gottes aufgebrochenen Herzens hat Benedikt in der Liturgie einen festen Platz bestimmt; denn es ist ja das wesentliche Gebet.

In der Art, wie es Johannes Cassian beschreibt, hat es wohl nach den einzelnen Psalmen bzw. am Ende der Psalmodie eine Zeit des Schweigens gegeben, während derer sich die Mönche hinknieten bzw. sich ganz auf den Boden hinstreckten zu jener eben skizzierten Art des Betens. Wegen ihrer Intensität kann ohne besonderen göttlichen Beistand diese Art des Betens nicht lange ausgedehnt werden. In der Gemeinschaft muß sie notgedrungen kurz sein bzw. um der Ordnung willen vom Oberen in ihrer Dauer bestimmt werden. Aber solch wortloses Beten reift nicht nur als Frucht der Psalmodie, sondern ebenso als Frucht der „Meditation", d.h. der beständigen Wiederholung auswendig be-

311

herrschter Texte der Heiligen Schrift – sie seien kürzer oder länger –, oder auch als Frucht der „göttlichen Lesung", wie Benedikt sie nennt. Jedenfalls ermutigt Benedikt immer wieder den Mönch zu solch intensivem Herzensgebet:

*Will aber einer still für sich beten, so trete er einfach [in den Gebetsraum des Klosters] ein und bete, nicht mit lauter Stimme, sondern unter Tränen und mit Inbrunst des Herzens (Kapitel 52,4).*

Benedikt hat ja durch die lange Zeit des Stundengebetes und der „göttlichen Lesung" – letztere dauert im Sommer täglich zwei, im Winter dagegen vier bis fünf Stunden – die Voraussetzung für solches Beten geschaffen.

*Der Müßiggang ist der Feind der Seele; deshalb sollen sich die Brüder zu bestimmten Zeiten mit Handarbeit und wiederum zu bestimmten Stunden mit der göttlichen Lesung beschäftigen. Es sollen aber ein oder zwei Ältere bestimmt werden, die während der Zeit, da sich die Brüder mit der Lesung beschäftigen, im Kloster herumgehen, um nachzusehen, ob sich etwa ein träger Bruder findet, der müßig ist oder die Zeit verplaudert, statt eifrig zu lesen, und nicht nur selbst keinen Nutzen hat, sondern überdies noch andere ablenkt. Fände sich ein*

312

*solcher, was ferne sei, so werde er einmal und ein
zweites Mal zurechtgewiesen. Bessert er sich nicht, dann
verfalle er der in der Regel vorgesehenen Strafe...
Ferner sollen sich am Herrentag alle mit Lesung
beschäftigen, ausgenommen jene, die für die verschiedenen Dienste bestimmt sind. Wäre aber einer so nachlässig und träge, daß er nicht fähig ist zu üben [„meditieren"] oder zu lesen, so trage man ihm eine Handarbeit
auf, damit er nicht müßig sei (Kapitel 48; 1,17–20.22
bis 23).*

Was hat Benedikt bewogen, auf die göttliche
Lesung soviel Zeit zu verwenden und ihr
damit eine solch große Bedeutung innerhalb
des klösterlichen Schulungsweges beizumes-
sen? Raum geben der Christus-Wirklichkeit in
mir, in meinem Bewußtsein (indem ich mich
beständig an Christus erinnere) und meine
damit verbundene allmähliche Umgestaltung
in Christus ist, wie wir schon mehrfach sahen, das Ziel der geistlichen Methode des
benediktinischen Lebensstils. Was kann es da
Hilfreicheres geben als die Lesung der Heiligen Schrift, d.h. das liebevolle Sich-darin-
Vertiefen?

Wie geschieht ein solches Sich-Vertiefen?
Durch langsames, wiederholtes Lesen, unter
Umständen halblaut! Das „Murmeln" war

schon im Alten Testament die Methode, sich das heilige Wort, die göttliche Weisung im wahrsten Sinne „einzuverleiben", um sie zu „beherzigen". Genauso hier: durch das halblaute Murmeln als leibhaftiges Geschehen prägt sich das Wort der Heiligen Schrift sehr viel schneller ein, so daß man auf die Dauer weite Teile der Heiligen Schrift auswendig weiß und diese dann entsprechend auch bei der körperlichen Arbeit wiederholen kann. Auf diese Weise ist mein Bewußtsein immer vom Gedanken an Christus erfüllt. Das kann durch längere Texte oder auch kurze Formeln, meist Psalmverse, geschehen. (Das haben wir schon im Zusammenhang mit dem Stundengebet kennengelernt und diesen Prozeß der Einübung und Wiederholung als die Meditation im ursprünglichen benediktinischen Sinn verstanden.)

Aus der letztgenannten Übung der kurzen Formeln hat sich dann die Übung des Jesus-Gebetes entwickelt, während die Wiederholung längerer Texte wie von selbst zu einem besinnlichen Erwägen, d. h. zum „Nachdenken" („Meditieren" im weiteren Sinne), führt. Durch dieses Erwägen und „Nachdenken" kann ich auf die Dauer in meinem Herzen wiederum so bewegt werden, daß sich auch das spontan in freies, oft wortloses Gebet (der Zerknirschung und unter Tränen) umsetzt (wie wir es schon beim Stundengebet kennenlernten). Wird dieses Gebet unter dem Antrieb des Heiligen Geistes verlängert und so zum wortlosen Verweilen vor der Güte Gottes, haben wir es wieder mit Kontemplation zu tun. Dieser hier mehr spontane geistgewirkte Prozeß wird später methodisch zur sogenannten „Betrachtung" ausgebaut, wie sie in den Klöstern, vor allem seit dem Mittelalter, gepflegt wurde. Ihr Ursprung in der „göttlichen Lesung" ist aber noch deutlich erkennbar, so z. B. wenn man die Worte von Guigo dem Kartäuser († 1188) hört: „Die Lesung forscht nach der Lieblichkeit des glückseligen Lebens. Die Meditation findet sie, das Gebet erbittet sie, die Kontemplation verkostet sie. Darum sagt der Herr: ,Suchet, und ihr werdet finden. Klopfet an, und es wird euch aufgetan' (Mt 7,7). Suchet im Lesen, und ihr werdet finden im Meditieren; klopfet an im Beten, und es wird euch aufgetan in der Beschauung. Die Lesung setzt gleichsam feste Speise vor, die Meditation kaut und zerkleinert sie, das Gebet gewinnt ihr Geschmack ab, die Be-

315

schauung (Kontemplation) ist selbst die Süßigkeit, die erfreut und labt" (PL 184, 476).

Es gibt aber noch weitere Zugänge zum Verständnis der hohen Wertschätzung der geistlichen Lesung bei Benedikt: Es geht ja nicht nur um das Lesen der Heiligen Schrift, sondern im gleichen Maße um das Lesen jener geistlichen Meister des Christentums, die ihre geistlichen Erfahrungen niedergeschrieben haben. So können sie jetzt ihre geistliche Vaterschaft bis zu einem gewissen Grad mittels ihrer Bücher ausüben. Das hat allerdings zur Voraussetzung, daß man ihre Schriften vollständig und vor allem gründlich, d.h. wiederholt liest. Benedikt sagt in Kapitel 48, man soll das Buch, das man zu Beginn der Fastenzeit ausleiht, vom Anfang bis zum Ende lesen. Er selber läßt vor der Komplet immer wieder die beiden Hauptwerke des Johannes Cassian abschnittweise vorlesen. Später wird ein hl. Franz von Sales – befragt, wer denn sein Seelenführer sei, da er doch einen solchen dringend empfehle – das schon genannte Buch von Lorenzo Scupoli „Der geistliche Kampf" aus seiner Tasche ziehen und sagen: „Das ist er, mein Meister in den Dingen des Geistes und des inneren Lebens."

In diesem Sinn kann die geistliche Lesung für den heutigen Menschen, für seinen inneren Weg von ganz großer Bedeutung sein, wenn er es versteht, sich in schweigender Sammlung für eine gewisse Zeit darin zu vertiefen und sich regelmäßig immer wieder die Zeit dazu zu nehmen. Was an innerer Klärung und Einsicht in bezug auf den eigenen Weg daraus erwächst, wird jeder bestätigen, der sich beharrlich um die göttliche Lesung müht.

Schließlich verweist die geistliche Lesung auf ein „Lesen" im ganz umfassenden Sinn: „Lesen" heißt ja in seiner ursprünglichen Bedeutung „enträtseln von Zeichen" (nämlich der Runen). Im österlichen Licht der Offenbarung Christi (wie es mir in der Lesung der Heiligen Schrift und in der Feier der Liturgie aufleuchtet) mein Leben und das Weltgeschehen zu „enträtseln", das ist die eigentliche Kunst der „göttlichen Lesung"! Die Zeichen des ewigen Wortes, des Logos, in der Schöpfung und ihrer Geschichte mehr und mehr zu entdecken und zu einer Zusammenschau aller geschaffenen Wirklichkeit in Christus zu gelangen, das ist die erste Stufe der Kontemplation (die „theoria physike", wie sie im frühen Mönchtum heißt). Sie erreicht

317

der Mönch, wenn in der reinigenden Askese, d. h. im Kampf mit den Leidenschaften durch Enthaltsamkeit, Geduld und Hoffnung sich ihm das Auge des Herzens für diese Zusammenschau geöffnet hat.

Die zweite Stufe ist dann die bildlose Schau Gottes in der Versunkenheit, einfach „theologia" genannt, oder auch das „reine Gebet", wie es Rufinus von Aquileia († 410) in seiner Mönchsgeschichte, die der hl. Benedikt kannte (Kap. 73), beschreibt: „Wenn wir mit reinem Herzen vor Gott stehen, werden wir so weit als möglich Gott schauen, und wenn wir im Gebet das Auge des Herzens auf ihn richten, den Unsichtbaren sehen mit dem Geist, nicht mit dem Leib. Keine Form werde in Gott gedacht und keine Umschreibung! Mit heiliger Scheu und Furcht müssen wir vor Gott treten und so den Blick des Geistes auf ihn heften, daß man ihn stets jenseits von allem wisse, was immer der menschliche Verstand an Glanz, Herrlichkeit und Majestät zu erfassen vermag" (PL 21, 397 C in Auszügen).

## Achtes Kapitel

# VOM SINN DER ARBEIT

*Erfordern es aber die Ortsverhältnisse oder die Armut,
daß die Brüder die Feldfrüchte selbst einernten müssen,
so seien sie nicht betrübt, denn dann erst sind sie wahre
Mönche, wenn sie wie unsere Väter und die Apostel von
ihrer Hände Arbeit leben. Doch geschehe alles mit Maß
wegen der Kleinmütigen (Kapitel 48, 7–9).*

*Sind Handwerker im Kloster, so sollen sie in aller Demut
ihr Handwerk ausüben, wenn der Abt es erlaubt. Ist
aber einer von ihnen stolz auf sein handwerkliches
Können, weil er dem Kloster Nutzen zu bringen glaubt,
so nehme man solch einen von seinem Handwerk weg
und lasse ihn nicht wieder zu ihm zurückkehren, außer
er verdemütige sich, und der Abt beauftrage ihn etwa
wieder.*

*Soll aber von den Arbeiten der Handwerker etwas
verkauft werden, so mögen sich jene, die den Handel
abschließen, vor Unredlichkeit hüten. Sie sollen immer
an Ananias und Saphira denken, damit nicht etwa sie
selbst und alle, die mit den Sachen des Klosters
irgendwie unredlich umgehen, den Tod an der Seele*

*erleiden, den jene am Leib zu ertragen hatten. Bei der Festlegung des Preises schleiche sich nicht das Laster der Habsucht ein. Man verkaufe vielmehr immer etwas billiger, als es sonst Weltleute tun können, damit in allem Gott verherrlicht werde (Kapitel 57).*

Der Satz „Bete und arbeite" (ora et labora) wird gern als der Kern-Gedanke benediktinischer Lebensgestaltung angesehen. Wenn man dabei anerkennt, daß beides: Beten und Arbeiten, einander bedingt und aufeinander zugeordnet ist, nämlich als Weg zur Integration der seelisch-geistigen und der leiblichen Dimension im Menschen und letztlich beides Ausdruck einer Grund-Haltung ist, nämlich der des Christus-Dienstes, so kann man nur zustimmen.

Zum rechten Verständnis muß zunächst festgehalten werden, daß Arbeit (labor) bei Benedikt einen doppelten Sinn hat, nämlich einmal Arbeit im heutigen Sinn, bei ihm vor allem als Handarbeit verstanden (für die zu Benedikts Zeiten meistens die Sklaven da waren). Und andererseits Arbeit ganz allgemein als Mühe und Anstrengung verstanden (ähnlich der alten Bedeutung des Wortes im Deutschen). So hörten wir schon zu Beginn im Prolog von der Rückkehr „durch die Mühe

320

(labor) des Gehorsams" zu dem, von dem man durch die „Trägheit des Ungehorsams" abgewichen war. So wird zumindest in Umrissen deutlich, daß für den benediktinischen Weg zu Gott der Arbeit eine überragende Bedeutung zukommt.

Für Benedikt ist die Überwindung des Müßiggangs und damit die Überwindung der Trägheit (als Folge des Sündenfalls) die erste und wichtigste Sinngebung der Arbeit. Arbeit ist für den Mönch (und für den Christen) eine grundlegende asketische Übung und ist somit für ihn „Arbeit an sich selbst". Arbeit ist Selbstverwirklichung durch Selbstüberwindung, um dem wahren Ich, der „Dimension der Tiefe" – des Herzens –, auf Gott hin zum Durchbruch zu verhelfen.

Arbeit war – wie schon gesagt – vorwiegend, wenn nicht sogar ausschließlich Handarbeit. Diese wurde meist von Gebet begleitet, nämlich vom „Murmeln" („Meditieren") längerer oder kürzerer heiliger Texte, wodurch die Arbeit intensiviert wurde und umgekehrt auch das Gebet. „Es ist schwer zu sagen", sagt Johannes Cassian von den Mönchen des Morgenlandes, „ob sie sich aus dem Grunde unaufhörlich mit Handarbeit be-

321

schäftigen, um besser zu ‚meditieren', oder ob ihnen durch diesen Arbeitsfleiß solch Geistesschwung und so erleuchtetes Wissen zufloß.'' Hier liegt der Grund, warum normalerweise in den Klöstern das Leben durch ununterbrochene Beschäftigung geregelt ist. Eifriges, mich zwar forderndes, aber zugleich ruhiges Arbeiten legt wie ein unbeweglicher Anker die Flüchtigkeit des Geistes fest und bindet die schweifende Phantasie, die die eigentliche Zerstreuung darstellt. So werde ich auf Gott hin gesammelt.

Die Formel: ,,Mich zwar forderndes, aber zugleich ruhiges Arbeiten'' bringt auch die Wechselwirkung in bezug auf das Beten zum Ausdruck. Arbeit (nicht nur körperliche), die mich bis zur Erschöpfung fordert und mir damit meine Grenzen zu Bewußtsein bringt, öffnet mich in einer eigentümlichen Weise für Gott und gibt meinem Gebet neue Tiefe. Diese neue Tiefe öffnet sich mir aber auch durch die Begegnung mit der zuweilen recht rauhen Wirklichkeit, wie sie mir auf Grund meiner verschiedenen Arbeitsverpflichtungen Tag für Tag entgegentritt und zur Bewältigung mein Gebet verlangt. Zwar warnt Benedikt immer wieder vor Überforderung des einzelnen

wie auch der Gemeinschaft; aber der unterfor-
derte Mönch bzw. Christ ist auf seinem geistlichen Weg genauso gefährdet wie der überfor-
derte.

Es fällt aber auch von meiner Gebetserfah-
rung her helles Licht auf meine Arbeit: nämlich daß ich sie als Gottesdienst tue, genauso
wie mein Beten, und daß ich dabei Gott bzw.
den Nächsten meine und nicht mich selbst,
d. h. meine Leistung, mein Geld (auch wenn es
für die Gemeinschaft verdient wird), meinen
Erfolg, mein Ansehen, meine Anerkennung.
Aller Stress und alle Hektik sind ja weithin
nur Ausdruck des „ungelassenen Menschen"
(in der Sprache deutscher Mystik), der aus
Angst um seine Anerkennung und Bestätigung nicht mehr gelassen, d. h. ruhig arbeiten
kann. All diesen Gefahren sieht Benedikt in
Kapitel 57 klar ins Auge. Die dort genannte
Habsucht ist ein in vielerlei Formen erschei-
nendes Kennzeichen dessen, der innerlich
noch an sich selbst hängt und sich nicht
losgelassen hat und ganz auf Gott baut, daß
nämlich seine Kraft in unserer Schwachheit
zur Vollendung kommt. Vom Gebet her sollte
sich auch mein Verhältnis zu den Mitarbei-
tern in positiver Weise klären, meine Einstel-

lung zum Klima am Arbeitsplatz. Fragen, die noch einmal auf dem Weg der Demut von Belang sein werden.

„Gottes-Verherrlichung durch selbstloses Dienen", wie Arbeit hier letztlich zu verstehen ist, bringt Benedikt auch dadurch noch zum Ausdruck, daß er den Mönch im Prolog und in Kapitel 7 ganz einfach „Arbeiter des Herrn" nennt, wobei „Arbeiter" im Sinne von „Taglöhner" zu verstehen ist. Das bedeutet: mit meiner Arbeit vertrauensvoll im Heute leben, ohne Sorge für das Morgen (vgl. Mt 6, 24).

Dabei darf folgendes nicht übersehen werden: Wenn die Arbeit als asketische Übung „Arbeit an sich selbst" ist, so ist Arbeit als selbstloser Dienst für andere zugleich „Arbeit am anderen", nämlich im Sinne der geistlichen Auferbauung durch das Sichtbarmachen der Liebe Christi! Dadurch hat die Arbeit eine ungemeine gemeinschaftsstiftende Bedeutung, und zwar für das Kloster selbst wie für dessen Beziehung nach außen. Daß gemäß der Überlieferung des frühen Mönchtums gerade die Handarbeit und diese als Arbeit am „letzten Platz" bevorzugt wurde, bedeutet dann eine besondere Solidarität mit den unterprivilegierten Schichten, in denen für Benedikt Christus ja in besonderer Weise zugegen ist.

Daß die Arbeit, wie Benedikt in Kapitel 48 andeutet, dem Mönch bzw. dem Kloster helfen soll, seine Autonomie und Autarkie gegenüber allen gesellschaftlichen Zwängen und Verpflichtungen zu wahren, führt uns schon zum nächsten Kapitel.

## Neuntes Kapitel

## DAS EINFACHE LEBEN

*Besonders dieses Laster* [des Eigenbesitzes] *muß aus dem Kloster mitsamt der Wurzel ausgerottet werden: Keiner nehme sich also heraus, ohne Erlaubnis des Abts etwas zu verschenken oder anzunehmen oder etwas als eigen zu haben, durchaus nichts: weder ein Buch noch eine Schreibtafel noch einen Griffel, sondern gar nichts. Sie haben ja nicht einmal das Recht, über ihren Leib und die Regungen des Willens eigenwillig zu verfügen. Alles Notwendige dürfen sie aber vom Vater des Klosters erwarten; nur soll es nicht erlaubt sein, etwas zu besitzen, was der Abt nicht gegeben oder zugestanden hat.*

*„Alles sei allen gemeinsam", wie geschrieben steht, „und keiner nenne etwas sein eigen" oder beanspruche es für sich. Stellt sich heraus, daß einer an diesem sehr schlimmen Laster Gefallen findet, so werde er einmal und noch ein zweites Mal verwarnt. Bessert er sich nicht, so verfalle er der Strafe (Kapitel 33).*

*Geschrieben steht: „Einem jeden ward zugeteilt, wie er es brauchte." Damit sagen wir nicht, daß ein*

*Ansehen der Person gelte, was ferne sei, sondern Rücksichtnahme auf die Bedürftigkeit. Wer also weniger braucht, danke Gott und sei nicht traurig; wer aber mehr braucht, demütige sich ob seiner Bedürftigkeit und erhebe sich nicht wegen der Vergünstigung. Und so bleiben alle Glieder im Frieden.*

*Vor allem zeige sich nie das Laster des Murrens aus irgendeinem Grund, in irgendeinem Wort oder nur in einer Andeutung. Wird einer dabei ertappt, so verhänge man eine Strafe von besonderer Schärfe über ihn (Kapitel 34).*

*Wir glauben, daß zur täglichen Hauptmahlzeit, sei sie zur sechsten oder zur neunten Stunde, für jeden Tisch zwei gekochte Gerichte genügen, mit Rücksicht auf die Bedürfnisse der einzelnen; wer von der einen Speise etwa nicht essen kann, hat so die Möglichkeit, sich an der anderen zu sättigen. Zwei gekochte Gerichte sollen also für alle Brüder genügen; ist noch Obst oder frisches Gemüse zu haben, so mag man noch ein drittes hinzugeben.*

*Ein gut gewogenes Pfund Brot dürfte für den Tag genügen, ob man nur einmal ißt [an den Fasttagen], oder am Mittag und Abend [an den Nicht-Fasttagen]. Für ihren Abendimbiß [der Nicht-Fasttage] behalte der Cellerar von diesem Pfund ein Drittel zurück, um es beim Abendimbiß zu geben.*

*War die Arbeit aber etwas anstrengender, so bleibt es dem freien Ermessen des Abts überlassen, etwas mehr zu gewähren, sofern es zuträglich ist. Doch muß Unmäßig-*

327

*keit vor allem vermieden werden, und nie darf sich beim Mönch Übersättigung einschleichen; denn nichts steht so im Gegensatz zu jedem Christen wie die Unmäßigkeit. Sagt doch unser Herr: „Seht zu, daß eure Herzen nicht durch Unmäßigkeit beschwert werden."*

*Den Knaben in jüngeren Jahren reiche man aber nicht das gleiche Maß wie den Erwachsenen, sondern weniger; und überall achte man auf Sparsamkeit.*

*Vom Genuß des Fleisches vierfüßiger Tiere aber sollen sich alle vollständig enthalten, mit Ausnahme der ganz schwachen Kranken (Kapitel 39).*

*„Jeder hat eine besondere Gabe von Gott: der eine diese, der andere aber jene." Und deshalb bestimmen wir mit einer gewissen Ängstlichkeit das Maß der Nahrung für andere. Indessen glauben wir mit Rücksicht auf die Bedürfnisse der Schwachen, daß für jeden Tag eine Hemina Wein [ca. ein Viertelliter] genügt. Wem Gott aber die Kraft gibt, sich davon zu enthalten, der wisse, daß er einen besonderen Lohn empfangen wird.*

*Sollten indes die Ortsverhältnisse oder die Arbeit oder die Sommerhitze mehr fordern, so sei dies dem freien Ermessen des Obern anheimgestellt; unter allen Umständen sehe er darauf, daß sich nicht volle Sättigung oder gar Trunkenheit einschleiche. Zwar lesen wir, der Wein passe überhaupt nicht für Mönche; weil man aber in unserer Zeit die Mönche davon nicht überzeugen kann, so wollen wir uns wenigstens dazu verstehen, nicht bis zur vollen Sättigung zu trinken,*

328

*sondern weniger; denn ,,der Wein bringt sogar Weise
zum Abfall".*

*Wo es die Ortsverhältnisse aber mit sich bringen, daß
nicht einmal das oben angegebene Maß, sondern viel
weniger oder gar nichts aufzubringen ist, da sollen
jene, die dort wohnen, Gott preisen und nicht murren.
Das mahnen wir zuallererst, das Murren zu unterlassen (Kapitel 40).*

*Den Brüdern gebe man Kleider, die der Lage und dem
Klima des Wohnorts entsprechen; denn in kalten
Gegenden braucht man mehr, in warmen aber weniger.
Es ist also Sache des Abts, dies zu berücksichtigen ...
Über die Farbe oder den [mehr oder weniger]
groben Stoff all dieser Sachen sollen sich die Brüder
nicht aufhalten; man nehme vielmehr das, was am
Wohnort zu finden oder billiger zu beschaffen ist
(Kapitel 55,1–3.7).*

Benedikt redet nicht von der Armut, es sei
denn für den Ausnahmefall. Was aus all
seinen Bestimmungen entgegenleuchtet, ist
das Bild des einfachen, anspruchslosen Lebens, wo alles miteinander geteilt wird. Daß
hier alle in Betracht kommenden Kapitel fast
vollständig gebracht werden, soll deutlich
machen, daß sie in keiner Weise zeitgebunden
sind, daß sie im Gegenteil für unsere Zeit von

329

besonderer Wichtigkeit sind, gerade in bezug auf die Integration der leiblichen Dimension des Menschen, die heute weithin auch im Kloster vernachlässigt wird. Wir geben uns leibbejahend (im Gegensatz zu einer angeblichen mittelalterlichen Leibfeindlichkeit), sind aber im Grunde überaus leibfremd, da wir infolge der Überzivilisation den natürlichen Lebensrhythmus verloren haben.

Kennzeichnend für alle zitierten Texte ist das Maßvolle und Behutsame in Benedikts Anordnungen, der sogar im einzelnen Kompromißbereitschaft zeigt, wie z.B. beim Weingenuß. Hingegen ist Benedikt kompromißlos in der Frage des Eigenbesitzes, der für ihn Ausdruck des Eigenwillens und des Egoismus ist. Dieser Eigenbesitz verstößt gegen die vom Heiligen Geist gewirkte totale Vergemeinschaftung des Besitztums innerhalb der christlichen Urgemeinde (Apg 6), die Benedikt in der Mönchsgemeinde als einer Art Heilig-Geist-Kommune (wenn das Wort der Deutlichkeit halber hier gestattet ist) nachbilden will. Gerade das Kloster als freiwilliger geistlicher Liebesbund macht aber auch deutlich, unter welchen Bedingungen so etwas wie „Kommunismus" überhaupt möglich ist.

330

Durch das einfache Leben des Mönches und der Mönchsgemeinde soll im wesentlichen Folgendes zeichenhaft sichtbar gemacht werden:

1. Sichtbarmachen der inneren und äußeren Freiheit des einzelnen wie der Gemeinschaft, sowohl gegenüber den eigenen Bedürfnissen als auch gegenüber den Konventionen und dem Konsumzwang, die der Lebensstil unserer heutigen spätbürgerlichen bzw. nachproletarischen Industriegesellschaft ganz allgemein auferlegen möchte.

2. Sichtbarmachen der inneren Erfüllung, die mir Gott im geistlichen Leben schenkt, der gegenüber äußere Güter zweitrangig erscheinen: „Gott allein genügt.‟

3. Sichtbarmachen der hieraus erwachsenden Einfachheit – Einfalt – als innerer Haltung, die durch Konzentration auf das Wesentliche, auf das eine Notwendige dieses ohne Umschweife unmittelbar ansteuert, unter Zurücklassung all dessen, was für dessen Verwirklichung unwesentlich bzw. hinderlich ist.

4. Sichtbarmachen der Herrlichkeit Christi in allen Dingen, die als seine Gabe angenommen werden und daher Botschafter seiner Liebe

und Güte sind, mögen sie zunächst noch so klein und gering erscheinen. Der Geschenkcharakter aller Dinge kommt durch die Zuteilung seitens des Abtes zum Ausdruck, der ja im Kloster die Rolle Christi wahrnimmt. Aber erst auf dem Hintergrund eines einfachen Lebens kann das einzelne Ding – über seinen Nutz- oder Genußwert hinaus – seine einzigartige, auf Christus verweisende Qualität als Geschöpf entfalten. Diese erschließt sich allerdings nur dem ehrfürchtigen und dankbaren Umgang damit. So sagt denn Benedikt vom Klosterverwalter, was grundsätzlich für jeden gilt, der ein geistliches Leben führen will: „Alle Geräte und die ganze Habe des Klosters betrachte er wie kostbares Altargerät. Nichts glaube er vernachlässigen zu dürfen" (Kapitel 31,10).

Für einen aus dem Schweigen kommenden, gesammelten und dankerfüllten Umgang mit den Dingen sei folgende kleine Übung empfohlen: In den verschiedenen Tätigkeiten zwischendurch einige Augenblicke innehalten, um das jeweilige Gerät oder Ding bewußt in Händen zu halten und anzuschauen (etwa wie ein kostbares Erbstück oder Geschenk von einem lieben Menschen), um dann zwei

332

bis drei Minuten ganz langsam und im Gefühl der Dankbarkeit damit zu hantieren, mit dem Bewußtsein: Ich darf damit arbeiten; ich darf damit umgehen. Das gleiche gilt in entsprechender Weise vom Essen, wo ja jedes Mahl seine Weihe und Würde vom Letzten Abendmahl Christi bzw. von der Feier der Eucharistie her empfängt.

5. Sichtbarmachen der natürlichen Ordnung durch ein naturgemäßes Leben. Benedikt kennt ja noch – nach Art der antiken Stundenzählung – den natürlichen Rhythmus des Sonnenjahres mit einer gleitenden Zeit für Aufstehen und Schlafengehen und damit auch für das Stundengebet (wie es heute allerdings nur in ganz wenigen Klöstern gehalten wird bzw. gehalten werden kann). Ganz anders sieht es dagegen mit den Speisevorschriften der heiligen Regel aus. Wer sich die Mühe macht, den altrömischen Eßgewohnheiten nachzugehen, wird feststellen, daß Benedikt hier die einfachen Leute, die unteren Schichten im Auge hat. Die „zwei gekochten Gerichte" (pulmentaria) meinen im wesentlichen einen Cerealien-Brei, vor allem von Spelt (Dinkel, Grünkern) oder auch von Hirse, dann aber auch Hülsenfrüchte oder die aus dem

griechischen Bereich kommende Polenta aus Gerste und Leinsamen. Das frische Gemüse und Obst ist als Rohkost gemeint. Es handelt sich also um eine weithin vegetarische und im übrigen den heutigen Ernährungsgrundsätzen entsprechende Reformkost. (Geflügel galt als Delikatesse und von daher als Spezialität für die oberen Schichten. Fische waren nur je nach Ortsverhältnissen oder als Salzfisch vorhanden.)

Das Motiv für das strikte Verbot des Genusses vom Fleisch vierfüßiger Tiere, das für das frühe Mönchtum allgemein galt, ist nicht eindeutig: Der dem Fleisch eigentümliche Wohlgeschmack könnte zu einer gewissen Eßgier und Genußsucht verleiten und im Menschen jene „animalischen" Bedürfnisse wecken, die er als „Leidenschaft" durch die Enthaltsamkeit gerade zu überwinden sucht. Fleisch wurde zu Benedikts Zeiten in den unteren Schichten überhaupt wenig gegessen. Vielleicht muß hier auch noch erwähnt werden, daß im Paradies dem Menschen die samentragenden Kräuter und die samenhaltigen Früchte der Bäume zur Nahrung angewiesen waren (Gen 1, 29). Der Genuß von Tieren wird ausdrücklich erst nach

334

der Sintflut gestattet (Gen 9,3). Und der Mönch sucht ja nach dem verlorenen Paradies ...

In unserer Zeit zum einfachen Leben hinzufinden erfordert nicht nur Selbstdisziplin, sondern auch schöpferische Phantasie zu seiner Gestaltung, d.h. zur immer stärkeren Vereinfachung eben dieses Lebens, und zwar in seinen verschiedenen Bereichen wie: Wohnung, Freizeit, Eßgewohnheiten usw. Die Hilfen, die aus einer solchen Vereinfachung dem geistlichen Leben erwachsen, sind allerdings beträchtlich, vor allem um den Geschenkcharakter meines Daseins immer tiefer zu begreifen.

Hier wäre nun noch ein ausführlicher Abschnitt über die Rolle des Fastens einzufügen, das wohl als die Übung schlechthin zur Integration der leiblichen Dimension des Menschen zu gelten hat. Bei Benedikt hat sie ihren selbstverständlichen Platz, und zwar nicht nur in der österlichen Bußzeit, sondern auch das Jahr hindurch (vgl. Kapitel 41). Im frühen Mönchtum und besonders im ostkirchlichen galt das Fasten als die entscheidende Hilfe, um „Erleuchtung" zu finden, das heißt die volle Entfaltung des österlichen Bewußtseins. Aber Einzelangaben sind in der hier gebotenen Kürze kaum zu machen. Bei allen praktischen Hinweisen, die heute von ärztlicher Seite gegeben werden, ist zu bedenken, daß Fasten nur dann eine Hilfe zur „Erleuchtung" (im genannten Sinne) sein kann, wenn es unter Stillschweigen, Gebet und göttlicher Lesung geübt wird.

336

# Zehntes Kapitel

## DIE SCHULUNG DURCH DIE GEMEINSCHAFT

*Es gibt bekanntlich vier Arten von Mönchen.*

*Die erste ist die der Cönobiten, das sind jene, die im Kloster leben und unter Regel und Abt Kriegsdienst leisten.*

*Die zweite Art sodann ist die der Anachoreten, das heißt jener Einsiedler, die nicht im Erstlingseifer des geistlichen Lebens, sondern nach langer Bewährung im Kloster, durch die Hilfe vieler geschult, gegen den Teufel zu kämpfen gelernt haben und nun, durch den Kampf im brüderlichen Verband für den Kampf in der Einsamkeit belehrt, imstande sind, sicher, ohne die Hilfe eines anderen, allein, mit eigener Hand und eigenem Arm gegen die Verderbnis des Fleisches und der Gedanken mit Gottes Hilfe zu kämpfen.*

*Die dritte, ganz abscheuliche Art von Mönchen ist die der Sarabaiten, die durch keine Regel mit der Erfahrung als Meisterin bewährt sind wie Gold im Feuerofen, sondern weich wie Blei in ihren Werken der Welt immer noch die Treue halten und so offenkundig Gott mit der Tonsur belügen. Zu zweit oder zu dritt oder selbst einzeln, ohne Hirte, nicht in den Hürden des*

*Herrn, sondern in den eigenen eingeschlossen, gilt ihnen als Gesetz ihr Begehren und Behagen; denn alles, was immer sie meinen und vorziehen, nennen sie heilig, und was sie nicht wollen, halten sie für unerlaubt.*

*Die vierte Art von Mönchen aber ist die der sogenannten Gyrovagen, die ihr ganzes Leben lang in den verschiedenen Klöstern zu Gast bleiben, immer unstet und nie beständig, Sklaven der Regungen ihres Eigenwillens und der Gaumenlust und in jeder Hinsicht noch schlimmer als die Sarabaiten.*

*Doch ist es besser, vom erbärmlichen Wandel all dieser zu schweigen als zu reden.*

*Lassen wir sie also beiseite und gehen wir daran, mit Gottes Hilfe der stärksten Art, den Cönobiten, eine Ordnung zu geben (Kapitel 1).*

*Man halte im Kloster die Rangordnung so ein, wie sie durch die Zeit des Eintritts und den würdigen Lebenswandel bestimmt und vom Abt festgesetzt wird.*

*Die Jüngeren sollen also ihre Älteren ehren, die Älteren ihre Jüngeren lieben. Nennt einer den anderen beim Namen, so darf er ihn nicht mit dem bloßen Namen anreden; vielmehr sollen die Älteren ihre Jüngeren „Bruder" nennen, die Jüngeren aber ihre Älteren „Nonnus", was „ehrwürdiger Vater" bedeutet.*

*Der Abt aber werde „Herr" und „Abt" genannt, weil Glaube in ihm die Rolle Christi wahrnimmt; das maß er sich nicht selber an, vielmehr ehrt und liebt man*

*[in ihm] Christus. Er denke aber daran und verhalte
sich so, daß er solcher Ehre würdig ist.*

*Wo immer die Brüder einander begegnen, bitte der
Jüngere den Älteren um den Segen. Geht ein Älterer
vorüber, so stehe der Jüngere auf und räume ihm den
Platz zum Sitzen ein; und der Jüngere nehme sich nicht
heraus, sich wieder zu setzen, außer der Ältere fordere
ihn dazu auf. So wird erfüllt, was geschrieben steht:
„Sie kommen einander in Ehrerbietung zuvor" (Kapitel 63,1.10–17).*

*Das Gut des Gehorsams sollen alle nicht nur dem Abt
erweisen, sondern die Brüder sollen auch einander
gehorchen, in der Überzeugung, daß sie auf diesem Weg
des Gehorsams zu Gott gelangen.*

*Freilich muß der Befehl des Abts oder auch des von
ihm eingesetzten Priors immer den Vorrang haben, und
wir erlauben nicht, daß persönliche Befehle [der
Brüder] vorgehen. Im übrigen sollen alle Jüngern
ihren Älteren mit aller Liebe und Bereitwilligkeit gehorchen. Erweist sich einer als streitsüchtig, so werde er
zurechtgewiesen.*

*Wird aber ein Bruder vom Abt oder einem Obern aus
einem noch so geringen Grund zurechtgewiesen oder
spürt und merkt er, daß der Obere im Herzen gegen ihn
zürnt oder auch nur ein wenig aufgebracht ist, so werfe
er sich alsbald unverzüglich auf den Boden nieder,
bleibe zu seinen Füßen liegen und leiste so lang
Genugtuung, bis sich die Erregung durch den Segens-*

339

*spruch gelegt hat. Wer dies aus Geringschätzung zu tun unterläßt, verfalle körperlicher Züchtigung oder werde, wenn er widerspenstig ist, aus dem Kloster gestoßen (Kapitel 71).*

In den bisherigen Kapiteln ist immer wieder deutlich geworden, daß sich alle Übung und Schulung innerhalb der Gemeinschaft vollzieht. Dabei muß aber gesehen werden, daß diese Gemeinschaft selbst durch ihre verschiedenen Mitglieder jeweils an dem einzelnen die entscheidende Schulung vornimmt. Was ist das Ziel dieser Schulung? Es ist der vollkommene Bruder bzw. die vollkommene Bruderschaft, etwa im Sinne eines Verses von Christian Morgenstern: „Allen Bruder sein! / Allen helfen, dienen! / Ist, seit ER erschienen, / Ziel allein!"

Universale Bruderschaft oder, wenn man so will, universale Kommunikation mit allen Menschen, ja mit allen Wesen als lebendiger Austausch von Geben und Empfangen ist ja die Lebensform, zu der Christus den Menschen befreien will, und ist auch genau das, was der Mönch auf seine Weise leben will.

Damit aber eine solche Lebensform nicht eine Illusion oder eine schöne Träumerei

340

bleibt, will sie konkret eingeübt sein. Es ist aufschlußreich zu sehen, daß Benedikt viel häufiger vom „Bruder" als vom „Mönch" spricht. „Bruder" ist eins der häufigsten Worte in der ganzen Regel. Den wahren Bruder gilt es also in der Gemeinschaft heranzubilden. Zwar sieht Benedikt das Eremitentum als legitime Möglichkeit, vielleicht auch als Hinweis darauf, daß alle Gemeinschaft immer wieder sich selbst transzendieren muß, aber gerade am Gegenbild des Eremiten zeigt Benedikt die Schulung auf, die dem einzelnen durch die Gemeinschaft in so hohem Maße zuteil wird. Am Gegenbild der Sarabaiten und Gyrovagen wird deutlich, welchen Täuschungen man unterliegt und wie man in sich selbst verfangen und daher unerlöst bleibt, wenn die Gemeinschaft nicht durch die klar umschriebene Autorität eines geistlichen Meisters, des Abtes, zur verpflichtenden Gemeinschaft wird. (Wer erkennt nicht in diesen von Benedikt so heftig getadelten Formen des Mönchstums so manche Gemeinschaftsversuche unserer Zeit – auch auf religiöser Basis – wieder ...!)

An die Gemeinschaft nun bindet sich der Mönch auf dreifache Weise, indem er in seiner

Profeß verspricht, in der Gemeinschaft, das heißt für Benedikt: in diesem konkreten Kloster, ein Leben lang zu ‚bleiben' (Gelübde der Beständigkeit; vgl. Joh 15, 1–17); ferner, indem er das Hinhören und Eingehen und damit den Gehorsam verspricht, nicht nur dem Abt gegenüber, sondern auch dem jeweils vom Klostereintritt her Älteren (Gelübde des Gehorsams); und schließlich, indem er sich zur Übernahme des asketischen Lebensstils verpflichtet (Gelübde des „klösterlichen Wandels" bzw. der „Bekehrung der Sitten", wie man conversatio morum bzw. conversio morum übersetzt).

Die Schulung in der Gemeinschaft und durch die Gemeinschaft basiert auf Ehrfurcht und Liebe. Ehrfurcht vor dem tiefen Geheimnis, das jeder von uns ist als Bild und Gleichnis Gottes, das sich nur hingebender Liebe enthüllt. Gerade die in Kapitel 69 beschriebene Einübung in die Ehrfurcht ist von ungemeiner Wichtigkeit für das geistliche Leben. Ohne Ehrfurcht gibt es keine wirkliche spirituelle Erkenntnis und damit auch keinen Fortschritt auf dem inneren Weg. Im übrigen wird durch die liebevolle Zuwendung seitens des Älteren gegenüber dem Jüngeren Väterlichkeit eingeübt, die dann so etwas wie die Vollendung der Brüderlichkeit darstellt, wie wir schon im zweiten Kapitel sahen.

Etwas befremdend erscheint zunächst der Schluß von Kapitel 71. Wer aber länger in einer Gemeinschaft lebt, weiß, daß festgelegt werden muß, wer auf den anderen zuzugehen hat, wenn Unstimmigkeiten auftreten. Das heißt: Einer muß sich überwinden und die Initiative ergreifen, sonst wachsen sich die Unstimmigkeiten leicht zu einer dauernden Brunnenvergiftung innerhalb der Gemeinschaft aus. Die Sanktionen, die Benedikt androht, zeigen nur zu deutlich, welche Gefahren er für die Gemeinschaft sieht, wenn keiner zum Einlenken bereit ist. Und bei ihm geht es immer vom Jüngeren zum Älteren, der ja auch wieder seinen „Älteren" hat.

Im Grunde ist ja jeder „andere", d.h. jeder, der mit mir zusammen lebt, in etwa mein „Meister", und auch die Gemeinschaft übt als Ganze eine Art meisterliche Funktion aus. Die Reaktionen des einzelnen wie der Gemeinschaft zeigen, wie es um mich selbst steht, sie sind weithin ein Spiegel meiner selbst. Alle Unstimmigkeiten sind eine Frage an mich, zwingen mich zur Selbsterkenntnis, zur

343

Wahrhaftigkeit, zum Wahrsein und damit zur Demut! In welche Tiefen und damit aber auch zu welchen Höhen dieser Weg führt, zeigt das Herzstück der ganzen Regel, das siebente Kapitel „Von der Demut".

Hier muß abschließend festgehalten werden, daß geistliches Leben immer in irgendeiner Form nach Bewährung in Gemeinschaft verlangt. Darum gilt es immer wieder nach Gemeinschaft zu suchen, um sich dort in irgendeiner Weise zu engagieren, selbst wenn diese Gemeinschaft als solche möglicherweise zunächst gar kein geistliches Gepräge hat.

Elftes Kapitel

# DEMUT ALS WEG DER WAHRHAFTIGKEIT

[1]*Brüder, die göttliche Schrift ruft uns zu:* „Jeder, der sich erhöht, wird erniedrigt, und wer sich erniedrigt, wird erhöht werden." [2]*Mit diesen Worten zeigt uns die Schrift, daß jede Erhöhung eine Art Stolz ist.* [3]*Davor hütet sich der Prophet, wie seine Worte zeigen:* „Herr, mein Herz ist nicht stolz, meine Augen blicken nicht überheblich. Ich habe keine großartigen Pläne und befasse mich nicht mit Dingen, die mir zu hoch und zu wunderbar sind. [4]*Aber was geschieht,* wenn meine innere Haltung nicht demütig ist, wenn ich meine Seele stolz werden lasse? Dann behandelst du meine Seele, wie man ein Kind behandelt, das man [gewaltsam] von der Mutterbrust wegnimmt."

[5]*Brüder, wenn wir den höchsten Gipfel der Erniedrigung erreichen und rasch zu dieser Erhöhung im Himmel gelangen wollen, zu der man durch die Erniedrigung in diesem Leben aufsteigt,* [6]*dann müssen wir durch unsere aufsteigenden Taten jene Leiter errichten, die dem Jakob im Traum erschien und* „auf der er Engel herab- und hinaufsteigen sah". [7]*Dieses Herab-*

und Hinaufsteigen wird von uns ganz sicher nur so
verstanden, als daß man durch Erhöhung herab- und
durch Erniedrigung hinaufsteigt. ⁸*Die aufgerichtete
Leiter ist unser irdisches Leben, das der Herr himmel-
wärts aufrichtet, wenn unser Herz demütig geworden
ist. ⁹Die Holme der Leiter deuten wir auf unseren Leib
und unsere Seele. In diese Holme hat der göttliche
[Gnaden-]Ruf die verschiednen Stufen der Demut
und der Zucht eingefügt, die wir ersteigen sollen.*

¹⁰*Auf der ersten Stufe der Demut stellt sich der
Mensch immer die Gottesfurcht vor Augen und flieht
gar sehr das Vergessen. ¹¹Immer denkt er an alle
Weisungen Gottes, und immer erwägt er in seinem
Herzen, wie das Feuer der Hölle die Gottesverächter
wegen der Sünden brennt, daß aber auch das ewige
Leben den Gottesfürchtigen bereitet ist. ¹²Jederzeit soll
sich der Mensch vor Sünden und Fehlern bewahren –
vor Gedankensünden, vor Sünden der Zunge, der
Hände, der Füße und des Eigenwillens, aber auch vor
den Begierden des Fleisches, ¹³und es sei ihm bewußt:
Gott schaut immer vom Himmel her auf ihn herab. Das
Auge der Gottheit sieht überall sein Tun und Lassen,
und die Engel erstatten allezeit Meldung.*

¹⁴*Darauf weist der Prophet uns hin und zeigt, daß
Gott in unseren Gedanken immer gegenwärtig ist; er
sagt:* ,,Gott prüft Herz und Nieren.'' ¹⁵*Und:* ,,Der
Herr kennt die Gedanken der Menschen.'' ¹⁶*Und er
sagt auch:* ,,Du durchschaust meine Gedanken von
fern.'' ¹⁷*Und:* ,,Das Denken des Menschen wird dir
sich öffnen.'' ¹⁸*Um aber seine verkehrten Gedanken*

gewissenhaft zu überwachen, soll der taugliche Bruder in seinem Herzen immer das Wort wiederholen: Nur dann „bin ich untadlig vor ihm, wenn ich mich in acht nehme vor meiner Bosheit".

[19] *Den eigenen Willen zu tun verwehrt die Schrift, wenn sie uns sagt:* „Wende dich ab von den Regungen deines eigenen Willens!" [20] *Auch flehen wir zu Gott im Gebet,* daß sein Wille in uns geschehe. [21] *Mit gutem Grund werden wir also belehrt, nicht unseren eigenen Willen zu tun. So beachten wir die Mahnung der Heiligen Schrift:* „Es gibt Wege, die den Menschen recht erscheinen, die aber am Ende zur Tiefe der Hölle hinabführen." [22] *Wir zittern auch vor dem Wort, das über die Nachlässigen gesagt ist:* „Verwerflich und abscheulich sind sie geworden, weil sie ihrem Willen gehorcht haben."

[23] *Daß uns Gott in den Begierden des Fleisches immer gegenwärtig ist, glauben wir, weil der Prophet zum Herrn sagt:* „All mein Begehren liegt offen vor dir." [24] *Hüten wir uns also vor dem bösen Begehren; denn der Tod lauert an der Schwelle der Lust.* [25] *Deshalb gebietet die Schrift:* „Geh deinen Begierden nicht nach!"

[26] *Es gilt somit:* „Die Augen des Herrn beobachten Gute und Böse; [27] der Herr schaut immer vom Himmel auf die Menschenkinder herab, um zu sehen, ob noch ein Verständiger da ist, der Gott sucht", [28] *die Engel, die uns zugeteilt sind, melden dem Herrn täglich bei Tag und bei Nacht unser Tun und Lassen.* [29] *Wir müssen also in jedem Augenblick auf der*

347

*Hut sein, damit uns Gott nicht irgendeinmal, wie der Prophet im Psalm sagt, „abtrünnig und verdorben" sehen muß.* [30]*Er soll nicht, weil er uns in seiner Güte jetzt schont und auf unsere Bekehrung und Besserung wartet, dereinst zu uns sagen müssen:* „Das hast du getan, und ich habe geschwiegen."

[31]*Auf der zweiten Stufe der Demut liebt der Mönch seinen eigenen Willen nicht und findet kein Gefallen daran, seine Wünsche zu erfüllen,* [32]*sondern richtet sich in seinem Tun nach dem Wort des Herrn, der sagt:* „Ich bin nicht gekommen, um meinen Willen zu tun, sondern den Willen dessen, der mich gesandt hat." [33]*Ebenso heißt es in einer Schrift: Eigenwille bringt Strafe, Gebundenheit [an fremden Willen] erwirbt die Krone.*

[34]*Auf der dritten Stufe der Demut unterwirft sich der Mönch seinem Oberen aus Liebe zu Gott in vollkommenem Gehorsam. So ahmt er den Herrn nach, von dem der Apostel sagt:* „Er war gehorsam bis zum Tod."

[35]*Auf der vierten Stufe der Demut übt der Mönch den Gehorsam in der Weise, daß er auch bei harten Aufträgen und bei solchen, die ihm zuwider sind, ja sogar bei jeglichem zugefügten Unrecht stillbleibt und bewußt die Geduld bewahrt.* [36]*Er erträgt das alles, ohne sich entmutigen zu lassen oder wegzulaufen; denn er denkt an das Wort der Schrift:* „Wer bis zum Ende standhaft bleibt, der wird gerettet", [37]*und das andere Wort:* „Stark sei dein Herz und ertrage den Herrn!" [38]*Um zu zeigen, daß der Getreue für den Herrn auch alles Widrige ertragen muß, legt die Schrift*

*denen, die leiden, diese Worte in den Mund:* „Um deinetwillen werden wir hingemordet Tag für Tag und wie Schafe behandelt, die zum Schlachten bestimmt sind." [39] *Weil sie aber zuversichtlich auf Gottes Vergeltung hoffen, fügen sie freudig die Worte hinzu:* „Doch all das überwinden wir durch den, der uns geliebt hat." [40] *Und anderswo sagt die Schrift:* „Gott, du hast uns geprüft, du hast uns im Feuer geläutert; du hast uns in die Schlinge geraten lassen, hast drückende Lasten auf unsere Schultern gelegt. [41] *Und um zu zeigen, daß wir unter einem Oberen stehen müssen, fügt sie hinzu:* „Du hast uns in die Gewalt von Menschen gegeben." [42] *Sie erfüllen aber auch das Gebot des Herrn durch ihre Geduld bei Unrecht und Kränkung: Wenn* „sie auf eine Wange geschlagen werden, halten sie auch die andere hin; dem, der ihnen das Hemd wegnimmt, überlassen sie auch den Mantel; werden sie gezwungen, eine Meile mitzugehen, dann gehen sie zwei mit". [43] *Wie der Apostel Paulus ertragen sie* falsche Brüder *und* Verfolgung *und* „segnen die Menschen, die sie verfluchen".

[44] *Auf der fünften Stufe der Demut bekennt der Mönch seinem Abt demütig, und ohne etwas zu verbergen, alle bösen Gedanken, die in seinem Herzen aufsteigen, und alles Böse, das er heimlich getan hat.* [45] *Dazu mahnt uns die Schrift mit den Worten:* „Offenbare dem Herrn deinen Weg und vertraue ihm!" [46] *Sie sagt auch:* „Bekennt dem Herrn; denn er ist gütig; denn ewig währt sein Erbarmen." [47] *Und der Prophet sagt:*

„Ich bekannte dir meine Sünde, und mein Unrecht deckte ich nicht zu. ⁴⁸Ich sagte: Ich will mich anklagen und vor dem Herrn mein Unrecht gestehen. Da hast du alle Bosheit meines Herzens verziehen.“

⁴⁹*Auf der sechsten Stufe der Demut ist der Mönch mit dem Allergeringsten und Schlechtesten zufrieden, und bei jedem Auftrag, den er erhält, betrachtet er sich als schlechten und nichtswürdigen Arbeiter.* ⁵⁰*Er sagt sich mit dem Propheten:* „Ich bin zunichte geworden und war ohne Verstand. Wie ein dummes Tier bin ich vor dir. Und doch bleibe ich immer bei dir.“

⁵¹*Auf der siebten Stufe der Demut bekennt sich der Mönch nicht nur mit der Zunge als den Niedrigsten und Geringsten von allen, sondern ist davon auch im innersten Herzensgrund überzeugt.* ⁵²*Er demütigt sich und sagt mit dem Propheten:* „Ich bin ein Wurm und kein Mensch, der Leute Spott, vom Volk verachtet. ⁵³Ich habe mich erhoben, da wurde ich erniedrigt und beschämt.“ ⁵⁴*Und wieder:* „Es war gut für mich, daß du mich gedemütigt hast; so lernte ich deine Gebote.“

⁵⁵*Auf der achten Stufe der Demut tut der Mönch nur das, wozu die gemeinsame Regel des Klosters und das Beispiel der Älteren mahnen.*

⁵⁶*Auf der neunten Stufe der Demut hält der Mönch seine Zunge vom Reden zurück, bleibt still und redet nicht, bis er gefragt wird.* ⁵⁷*Lehrt doch die Schrift, daß man* „beim vielen Reden der Sünde nicht entgeht“

[58]*und daß* „der Schwätzer auf der Erde keine Richtung hat".

[59]*Auf der zehnten Stufe der Demut ist der Mönch nicht leicht zum Lachen bereit, weil geschrieben steht:* „Nur der Tor bricht in schallendes Gelächter aus."

[60]*Auf der elften Stufe der Demut spricht der Mönch, wenn er redet, freundlich und ohne zu lachen, bescheiden und gesetzt; er sagt wenige und überlegte Worte und macht kein Geschrei,* [61]*wie es in einer Schrift heißt: Den Weisen erkennt man an der Kürze seiner Rede.*

[62]*Auf der zwölften Stufe der Demut ist der Mönch nicht damit zufrieden, seine Demut im Herzen zu haben, sondern offenbart sie auch immer in seinem Leib denen, die ihn sehen.* [63]*Das heißt: beim Gottesdienst, im Oratorium, im Kloster, im Garten, unterwegs, auf dem Feld, kurz überall; mag er sitzen, gehen oder stehen, senkt er immer den Kopf und richtet den Blick auf den Boden.* [64]*Wegen seiner Sünden hält er sich jederzeit für schuldig und denkt, er sei bereits vor das schreckliche Gericht Gottes gestellt.* [65]*Immer spricht er in seinem Herzen die Worte des Zöllners im Evangelium, der den Blick auf den Boden richtete und sprach:* „Herr, ich Sünder bin es nicht wert, meine Augen zum Himmel zu erheben." [66]*Und mit dem Propheten sagt er:* „Gebeugt bin ich und tief gedemütigt."

[67]*Hat nun der Mönch alle diese Stufen der Demut erstiegen, dann gelangt er bald zu jener Gottesliebe,* „die vollkommen ist und die Furcht vertreibt". [68]*In der Kraft dieser [Liebe] beginnt er, alle Vorschriften, die er bisher nur aus Angst beobachtete, jetzt ohne*

*Mühe, infolge der Gewöhnung, wie von selbst zu erfüllen,* [69] *nicht mehr aus Furcht vor der Hölle, sondern aus Liebe zu Christus, und weil das Gute ihm zur Gewohnheit, die Tugend zur Freude geworden ist.* [70] *Diesen Zustand der Vollendung wird der Herr durch den Heiligen Geist huldvoll an seinem Arbeiter offenbar machen, der rein geworden ist von Fehlern und Sünden.*

Nur mit großer Behutsamkeit und Ehrfurcht können wir an diesen Text herantreten. Es ist unmöglich, ihn in der hier gebotenen Kürze in seinem ganzen Reichtum zu erschließen. Außerdem verlangt gerade dieses Kapitel, wie ja die ganze Regel überhaupt, zum wirklichen Verstehen eine lange Erfahrung im klösterlichen Leben bzw. in einer festen Gemeinschaftsbindung.

Zunächst einige allgemeine Grundsätze zum Verstehen des Ganzen:

1. Der hier beschriebene Weg ist ein Weg gnadenhafter innerer Führung, nicht ein Weg selbstgemachter und aus eigener Kraft erklommener Stufen. Das zeigt nicht nur der Hinweis auf den Heiligen Geist (70), sondern schon die Erwähnung des göttlichen Gnadenrufes (9).

2. Dieser Weg ist ein Weg unter dem Ge-

heimnis des Kreuzes. Bei der Beschreibung der einzelnen Stufen lehnt sich Benedikt – wenn auch frei – an einen Text von Johannes Cassian an, in dem der Mönchsvater Pinufius anläßlich einer Profeß das Mönchsleben als Sinnbild des Kreuzes und der Abtötung beschreibt. Kommt bei Benedikt die Nachfolge des Gekreuzigten ausdrücklich nur bei der dritten Demutsstufe zur Sprache, so ist doch die Jakobsleiter (6) für das frühe Mönchtum ein Symbol des Kreuzes Christi, durch das der Christ in der Erniedrigung mit Christus hinabsteigt, um auch mit ihm hinaufzusteigen. Und wenn Benedikt im Prolog seine „Schule des Herrendienstes" gerade in der Teilnahme am Leiden Christi verwirklicht sieht, dann darf das als unausgesprochener Hintergrund für dieses Kernstück der heiligen Regel gelten.

3. Es geht im Demutskapitel vor allem um die Erschließung der Herz-Dimension bzw. um das gereinigte Herz. (Das Wort ‚Herz' erscheint zehnmal in diesem Kapitel: 3, 8, 11, 18, 37, 44, 48, 51, 62, 65).

4. Es handelt sich um eine seelisch-leibliche Übung, wie 9 zeigt. Außerdem wird ab der achten Demutsstufe beschrieben, wie die innere Haltung ihren leibhaftigen Ausdruck findet.

353

5. Die vielen Schriftzitate (hier im Druck eigens hervorgehoben), vor allem aus den Psalmen, dienen nicht nur als eine Art „biblischer Beleg", sondern sind „Herzworte", deren beständiges „Murmeln", d. h. „Meditieren", die jeweilige Haltung einüben soll.

6. Die einzelnen Stufen lösen einander nicht ab, sondern sind vielmehr als die verschiedenen Aspekte derselben Sache, nämlich des Wahrhaftigwerdens, der wachsenden Selbsterkenntnis, zu verstehen. Diese verschiedenen Aspekte konvergieren dann alle in der „Liebe ohne Furcht" (67–70), wo sich der „Kreuzträger" endgültig als „Geistträger" erweist, um in der Sprache des frühen Mönchtums zu reden.

Zum Sich-Hineinleben in den Demutsweg sind folgende Einzelschritte notwendig:

1. Sich den Worten des hl. Benedikt wie der lebendigen Anrede eines gegenwärtigen Meisters öffnen.

2. Dem dreifachen Fundort des Zitats „Jeder, der sich selbst erhöht..." in seinem Zusammenhang nachgehen, nämlich: Lk 14,7–11; Mt 23,1–12 und Lk 18,9–14.

3. Ebenso dem Psalm 131 (130), der von seinem ursprünglichen Wortlaut her mich

gleichsam vor die Frage stellt, warum ich denn nicht in mir selbst ruhe, und somit zum Aufspüren meiner geheimen Fehlhaltungen beiträgt.

4. Sich einlassen auf das für das ganze Kapitel so entscheidende Bild der Jakobsleiter (Gen 28,10–19), das im Mönchtum Ausgangspunkt für eine ganze Gattung geistlicher Literatur über den ,,Aufstieg zu Gott" geworden ist. Die Gewinnung des neuen Bewußtseins der Christusnähe, die dieser Traum-Bericht letztlich meint, geht aber nur über den Abstieg! Und zwar als Abstieg in mich selbst, in die eigene Tiefe und in die eigenen Abgründe: bis dorthin, wo ich ganz in der Tiefe meiner selbst auf jenem ,,Stein" ruhe, der gesalbt ist – auf Christus –, der so mein Innerstes als ,,Haus Gottes" und ,,Pforte des Himmels" offenbar macht. Darüber hinaus aber auch als ,,Abstieg" in mein konkretes Alltagsleben, d. h. als Ja zur konkreten Gestalt meines Lebens, und das bedeutet dann auch das Ja zu jeder Art von Gemeinschaftsbindung, in der ich stehe. Beide ,,Abstiege" bedingen einander und sind im Grunde nur ein Abstieg.

5. Nicht nur im stillen Michversenken die Frage stellen: ,,Wer bin ich?", indem ich die

Innenräume meiner Gedanken, Willensregungen und Begierden vor Gott ausbreite (erste Demutsstufe), sondern ebenso – als notwendige Ergänzung – die Wahrheit über mich selbst zu erfahren suchen durch rückhaltlose Offenheit gegenüber meinem geistlichen Vater, der mir hilft, mit meinem „Schatten" umzugehen (fünfte Demutsstufe); schließlich aber auch durch die regelmäßige, verpflichtete Beziehung zu einer Gemeinschaft (geistlich wie weltlich, familiär wie beruflich). Gerade dadurch kann ich mich in all meinen menschlichen Beziehungen mit ihren Problemen und Schwierigkeiten auf den verschiedenen Stufen der Demut wiederfinden, immer verbunden mit dem Bemühen, dabei der Christuswirklichkeit Raum zu geben bis hin zur Summe aller Erkenntnis: „Ich bin nichts, aber ich bin bei dir."

6. Besonders bedenken, daß es bei der sechsten und siebten Stufe der Demut nicht um ein Sichvergleichen mit anderen geht, um so etwas wie Minderwertigkeitskomplexe zu züchten, sondern um meine Selbsteinstufung vor Gott, wo bekanntlich die größten Heiligen sich als die größten Sünder erfuhren. Sie erkannten nämlich ihr totales Zurückbleiben

hinter den angebotenen Möglichkeiten, aber
nur um sich dann um so bedingungsloser dem
Wirken der göttlichen Gnade auszusetzen, bis
hin zu dem „österlichen" Durchbruchserleb-
nis (67–70)! Dieses Erlebnis ist nicht erzwing-
bar. Aber ich kann in meiner Bereitschaft zum
Abstieg (mit all seinen, oft sehr schmerzlichen
Konsequenzen) die Voraussetzungen dafür
schaffen. Mit sparsamsten Worten deutet Benedikt hier mystische Erfahrungen – das „Leben in Auferstehung" – an, ähnlich wie am
Ende vom Prolog und vom Kapitel 4.

7. Beachten, daß auf der Demutsleiter dem
inneren „Leerwerden von mir selbst" ein
äußeres, gesammeltes Sichzurücknehmen innerhalb der Gemeinschaft entspricht: einmal
im Verzicht auf jede gewollte „Originalität"
(achte Demutsstufe), wie auch sonst in meinem gesamten Gehabe (neunte bis zwölfte
Demutsstufe). Dabei ermöglicht die Zurück-
nahme meiner selbst ein um so intensiveres
Eingehen auf den anderen, eben aus der
Sammlung heraus, wie denn überhaupt im
bewußten Schweigen oftmals eine sehr viel
tiefere Kommunikation sich ereignen kann als
im gesprochenen Wort.

## Zwölftes Kapitel

# DIE ERFÜLLUNG IN DER LIEBE

*Wie es den bitteren und bösen Eifer gibt, der von Gott trennt und zur Hölle führt, so gibt es auch den guten Eifer, der von der Sünde trennt und zu Gott und zum ewigen Leben führt.*

*Diesen Eifer sollen also die Mönche mit glühendster Liebe (amor) betätigen, das heißt: „Sie sollen einander in Ehrerbietung zuvorkommen" (Röm 12,10). Sie sollen ihre leiblichen und sittlichen Schwächen mit größter Geduld aneinander ertragen. Sie sollen sich in gegenseitigem Gehorsam überbieten. Keiner suche, was er für sich, vielmehr, was er für die anderen als nützlich erachtet. Die brüderliche Liebe (caritas) sollen sie einander in selbstloser Gesinnung erweisen.*

*Gott sollen sie in Liebe (amor) fürchten.*

*Ihren Abt sollen sie in aufrichtiger und demütiger Liebe (caritas) lieben (diligere).*

*Christus sollen sie gar nichts vorziehen; er führe uns alle zusammen zum ewigen Leben (Kapitel 72).*

Die zentralen Texte der hl. Regel, so wie wir sie im Prolog, in Kapitel 4 und Kapitel 7 kennenlernten, verweisen am Ende alle auf die Liebe als Ziel und Erfüllung des geistlichen Weges. Auch sonst kehrt die Mahnung zur Liebe in einer Vielzahl von Kapiteln wieder. So könnte man über den benediktinischen Weg das 26. Instrument der „geistlichen Kunst" stellen: „Von der Liebe nicht lassen!", und zwar in einem doppelten Sinn: Nicht müde werden, selbst zu lieben; aber auch nicht aufhören, Liebe zu erwarten. Letzteres ist die Entsprechung zum 74. Instrument: „An der Barmherzigkeit Gottes niemals verzweifeln!"

So braucht es uns nicht zu verwundern, wenn vor dem eigentlichen Epilog die Regel selbst mit einem Kapitel über die Liebe ausklingt. Dieses Kapitel ist so etwas wie die Summe der ganzen Regel. Es bringt gleich zu Beginn nochmals die Grundfrage und Grundentscheidung meines Lebens: Ob ich in erster Linie mit dem Blick der Liebe das Positive, das Gute sehe und zu verwirklichen trachte oder ob ich mißgünstig mit scheelem Blick zuerst das Negative, das Böse sehe, weniger um es zu tun als vielmehr, weil ich meine, davon betroffen zu sein als einer, der beständig zu kurz gekommen und enttäuscht worden ist und dadurch in jenes „Murren" verfällt, das sein Leben letzten Endes sinnlos erscheinen läßt (vgl. S. 61 f.).

Die Entscheidung für den „guten Eifer" führt zum „ewigen Leben", d. h. zum eigentlichen, erfüllten Leben, das mit dem Tode nicht endet, sondern zu einer neuen, noch erfüllteren Form sich wandelt. Der mich eigentlich dahin führt, ist Christus, aber nie mich als einzelnen, sondern stets in Gemeinschaft! Vorausgesetzt, daß ich meinen guten Eifer in der Gemeinschaft habe zur Tat werden lassen aus „glühendster Liebe", zu Christus nämlich.

Dieses Wort „Liebe" folgt dann in Kapitel 72 noch viermal. Um es recht würdigen zu können, muß man allerdings wissen, daß im lateinischen Text der Regel dafür drei verschiedene Worte stehen: amor, caritas, dilectio bzw. diligere. Diese drei Wörter haben eine je eigene Bedeutung bzw. Sinnspitze.

„Amor" als Wiedergabe des griechischen Wortes „Eros" schließt eigentlich alle Bereiche der Liebe ein, den sinnlichen (das „Erotische") wie auch den geistigen und den geistlich-übernatürlichen („Eros" im Sinne von Platon und Plotin oder aber im christlichen Sinn des Origenes). In allen Bereichen meint

360

„amor" aber ein den ganzen Menschen erfassendes, aus einer tiefen Sehnsucht erwachsenes leidenschaftliches Hingerissensein. Gerade dieses Wort behält sich nun Benedikt für die Kennzeichnung der Liebe des Menschen zu Gott bzw. zu Christus vor! Er deutet damit an, daß der Mönch in der Christusbeziehung seine volle menschliche Erfüllung zu finden vermag, auch bei Verzicht auf die „erotische" Beziehung im menschlichen Bereich, genauer: auf die Ehe. Ehe meint natürlich mehr und schließt ebenfalls das mit ein, was der Mönch an zwischenmenschlicher Beziehung erleben und erfahren kann durch jene Liebe, die Benedikt mit „caritas" bezeichnet.

„Caritas" ist jene Wertschätzung der anderen Person, die man sich selbst den Einsatz und die Hingabe der eigenen Person kosten läßt. Diese Wertschätzung nimmt ihren Maßstab von der Wertschätzung Christi uns gegenüber und hat daher wenig Gefühlshaftes an sich, sondern drängt in klarer Einschätzung der im Blick auf Christus mir erschlossenen wirklichen Situation des anderen auf konkretes Handeln, d.h. auf selbstloses Dienen. „Caritas" meint bei Benedikt also zwischenmenschliche Liebe.

361

Dazu kommt dann noch das Wort „diligere". Das wird zum Beispiel verwendet bei „Die Älteren sollen ihre Jüngeren lieben". Dieses Wort verweist auf die personal-geistige Qualität menschlicher Liebe und kann dann auch die Liebe zu Gott mit einschließen; so dann auch am Ende des Prologs und des Kapitels 4. Beide Worte „caritas" und „dilectio" entsprechen dem griechischen Wort „agape", dem eigentlichen Wort für Liebe im Neuen Testament!

Es mag noch der Hinweis auf das Wort „keusch" erlaubt sein, mit dem Benedikt die brüderliche Liebe kennzeichnet. Es meint das Freisein von sexuellen Ambitionen auch in noch so subtilen Formen und überhaupt von jeder ichbezogenen Zuwendung zum anderen. Es ist interessant, festzustellen, daß Benedikt der (für ihn selbstverständlichen) sexuellen Enthaltsamkeit des Mönches wenig Aufmerksamkeit widmet. Das 64. Instrument der „geistlichen Kunst" lautet ganz einfach „Die Keuschheit lieben". Im übrigen nennt Benedikt gelegentlich die „Begierden des Fleisches". Dagegen fehlt das Wort „Frau" einfachhin in der ganzen Regel. (Zum Thema „Benedikt und die Frau" vgl. Einleitung zu:

E. Jungclaussen (Hrsg.), Benedictus. Eine Bild-Biographie, Regensburg 1980.)

Im Grunde braucht uns dieser Tatbestand nicht zu verwundern. Das Hauptproblem für Benedikt ist ja der Eigenwille des Menschen, d. h. der an sein eigenes Ich versklavte Mensch; ihn will Benedikt durch die leidenschaftliche Liebe zu Christus und durch den liebeerfüllten Dienst an den Brüdern zur vollen Reife seiner Persönlichkeit führen, und zwar auf dem Weg der Integration seiner leiblichen wie seelisch-geistigen Dimension. Dafür stellt er in seiner Regel die entsprechenden Übungen bereit, wie wir sehen durften. Darum ist für ihn die – aus besonderer Berufung – frei gewählte Ehelosigkeit auch wirklich lebbar, und er ermutigt uns Heutige, den jeweiligen Anruf zu einer solchen Lebensform zu prüfen und endlich entschlossen (ohne jene heute oft übliche beständige Problematisierung dieser Lebensform) den Weg zu gehen gerade auch im Blick auf die schon erwähnte „universale Kommunikation".

Wie der Liebe kein Ende ist, so ist auch des Weges zu ihrer Verwirklichung kein Ende. Darum kann Benedikt am Ende nichts anderes tun, als sein Werk, die Regel, über sich

selbst hinausweisen zu lassen, indem er auf
jenes Weggeleit verweist, das uns die Heilige
Schrift, die Mönchsväter und die geistlichen
Lehrer der Kirche überhaupt (die ,,katholi-
schen Väter") anbieten. Die Namen, die er
nennt: Basilius den Großen, oder die er andeutet, z.B. Johannes Cassian (dessen Werke
er nur nennt), ließen sich heute vermehren um
die Namen all der vielen Meister, die seither
ihre geistliche Erfahrung niedergeschrieben
haben: im Osten von den Vätern der ,,Philoka-
lie" bis zu den russischen Starzen des 19. Jahrhunderts; im Westen von den deutschen und
spanischen Mystikern, Franz von Sales und der
sogenannten ,,Französischen Schule" – bis
hin zu den geistlichen Lehrern unserer Zeit.

So erweist sich die Regel als eine offene
Regel, genauer, sie trägt jenes Kennzeichen,
das den Weg zur Vollendung schlechthin
darstellt: sie ist demütig. Sie will nur im
Rahmen der großen spirituellen Überlieferung
des Christentums den bescheidenen Dienst
einer ,,Einführung in das geistliche Leben"
leisten. Das aufzuzeigen sollte in den zwölf
Kapiteln dieses Buches versucht werden.

*Diese Regel haben wir aber geschrieben, damit wir durch ihre Beobachtung im Kloster einigermaßen einen würdigen Wandel und einen Anfang im geistlichen Leben bekunden.*

*Wer darüber hinaus zur Vollkommenheit im geistlichen Leben eilt, der hat ja die Lehren der heiligen Väter, deren Beobachtung den Menschen zur Höhe der Vollkommenheit emporführt. Ist nicht überdies jede Seite und jeder Ausspruch der von Gott beglaubigten Schriften des Alten und Neuen Testaments eine ganz gerade Richtschnur für das menschliche Leben? Oder welches Buch der heiligen katholischen Väter redet nicht laut davon, wie wir geraden Laufes zu unserem Schöpfer kommen sollen? Aber auch die „Unterredungen" der Väter, ihre „Einrichtungen" und „Lebensbeschreibungen" sowie die „Regel" unseres heiligen Vaters Basilius: was sind die anderes als Tugendwerkzeuge für Mönche, die recht leben und gehorsam sind? Wir Träge aber, die wir bös leben und nachlässig sind, müssen vor Scham erröten.*

*Wenn du also zum himmlischen Vaterland eilst, so befolge zunächst diese geringe Regel, die wir mit Christi Hilfe für Anfänger geschrieben haben. Und dann erst wirst du die überaus erhabenen Höhen der Lehre und Tugend, die wir oben erwähnt haben, unter Gottes Schutz erreichen. Amen. (Kapitel 73.)*

# NACHTRAG

# EIN STILLER BEGLEITER
# DER SELIGE HEINRICH SEUSE

Wer geistliche Unterweisung gibt, sei es in
Form von Exerzitien, Einkehrtagen, einzelnen
Vorträgen oder als Meditationsübungen, und
dabei vielleicht auch auf längere Zeit für einzelne die Aufgabe der geistlichen Begleitung –
um nicht zu sagen der geistlichen Vaterschaft
– übernimmt, der wird hin und wieder nach seinen „Vätern" und „Begleitern" gefragt, die ihn
selbst auf den Weg geistlicher Erfahrung geführt haben. Von den Lebenden spricht man
nicht gern, beziehungsweise es wird nicht selten von deren Seite den Schülern Schweigen
auferlegt. Aber von nicht geringerer Bedeutung
sind die „verstorbenen" geistlichen Meister,
und zwar durch ihre Schriften, ihr Leben, soweit es bekannt ist, und durch ihre Fürbitte –
oder einfach nur durch ihre Ausstrahlung, die
ein eigentümliches Gefühl ihrer geistigen Nähe
vermittelt. Der heilige Franz von Sales, nach
seinem eigenen Seelenführer gefragt, zog aus
seiner Tasche das Büchlein von Lorenzo Scu-

poli „Der geistliche Kampf" hervor, mit dem Bemerken: „Das, was ein früherer Herrscher
einmal sagte, seine treuesten Ratgeber seien
Tote, nämlich Bücher, das gilt auch von den
Seelenführern: Die verläßlichsten sind die
geistlichen Bücher."

Es waren ihrer viele, die mir aus der geistigen Welt das Geleit gaben, nicht nur christliche
Heilige, sondern ebenso Dichter, aber auch
Weise aus dem Fernen Osten, wenn auch die
Dichter und Weisen oft nur für gewisse Zeit Begleiter waren. Hingegen waren es christliche
Heilige, die früh und bleibend – das heißt: in
den verschiedenen Lebensabschnitten in je
neuer Weise – in mein Leben traten, Impulse
vermittelten und die Ermutigung gaben, den
geistlichen Weg zu wagen beziehungsweise
weiterzugehen. Franz von Assisi war der erste.
Ihm begegnete ich mit dreizehn Jahren, und
zwar zunächst in den „Fioretti". Von der anhaltenden Lebensbegegnung mit ihm habe ich versucht, in den Büchern „Beten mit Franz von
Assisi" (vgl. jetzt die Neuausgabe als Erster Teil
im vorliegenden Band) und „Die Fülle erfahren" (vgl. die leicht gekürzte Wiedergabe in:
Schritte in die innere Welt, Freiburg – Basel –
Wien 1991, 172–207) Zeugnis zu geben.

Nur wenig später trat Heinrich Seuse in mein Leben und gewann darin einen kaum geringeren Einfluß, vor allem was meine Hinwendung zum mönchischen Leben anbetrifft. Von einem Geldgeschenk, das ich zu meinem vierzehnten Geburtstag (1941) bekommen hatte, kaufte ich mir Rilkes Ausgewählte Werke, Novalis' Fragmente und Heinrich Seuses „Büchlein der ewigen Weisheit" (Insel-Bücherei Nr. 472).

„Wer ist Heinrich Seuse?" hatte ich zuvor den mich begleitenden, in der Germanistik bewanderten älteren Freund gefragt. „Ein mittelalterlicher Mystiker!" Trotz der nur vagen Vorstellung, die ich damals mit dem Wort „Mystik" verband, war die Faszination groß. Sollte es vielleicht etwas Vergleichbares zu dem sein, was mich bei Rilke und Novalis anzog? Zudem schloß ja das Nachwort dieses Insel-Bändchens: „Er (Heinrich Seuse) ist der Dichter unter den Mystikern. Die Schönheit und Ausdruckskraft seiner Sprache machen dieses Werk zu einem kostbaren und einzigartigen Denkmal spätmittelalterlicher deutscher Prosa." Dieses Nachwort vermittelte mir überhaupt die ersten Kenntnisse zur Person des Mystikers Heinrich Seuse:

„Heinrich Seuse wurde um das Jahr 1295 in Überlingen oder Konstanz am Bodensee geboren. Er stammt aus einem adligen Geschlecht von Berg, aber aus Verehrung für seine Mutter, die eine sehr fromme und gottesfürchtige Frau gewesen sein soll, hat er später deren Familiennamen angenommen. Sein Vater gehörte wahrscheinlich zu den ins Bürgertum übergehenden Rittern, wie sie sich zur damaligen Zeit aus wirtschaftlichen Gründen häufig in das Patriziat der Städte einreihten. Bereits mit 13 Jahren trat der Knabe als Novize in das Dominikanerkloster zu Konstanz ein, in dem er den größten Teil seines Lebens verbracht hat. Als einziger Eindruck von seiner frühen Kindheit, der schwer lastend und nachhaltig in sein geistliches Leben übergegangen ist, blieb ihm die Erinnerung an die tiefe Gegensätzlichkeit seiner Eltern. Der Zwiespalt zwischen dem heftigen, weltfreudigen Wesen seines Vaters und der weltflüchtigen Frömmigkeit seiner Mutter liegt als gefährliches Erbteil in seinem Blut. Seuse ist keine einseitig veranlagte Natur. Das „Zarte" und das „Wilde" – zwei Lieblingsbegriffe in Seuses Sprachschatz – sind die natürlichen Pole seines Wesens, zwischen denen sich sein Dasein in Anspannung und Entspannung als beständiger Prozeß der Selbstüberwindung erfüllt. „Er hate gar ein leblich natur in siner jugende." Diese Lebhaftigkeit hat er in späteren Jahren nicht verloren, sondern er hat sie gemeistert. Seine wilde, leidenschaftliche Seele war an einen zarten, kränklichen Körper gebunden, der zudem durch jahrelange strenge Askese geschwächt war. Aus der ererbten und angeborenen Zwiespältigkeit seiner Natur wächst

371

als reife schöne Frucht die Kraft unermüdlichen Ausgleichs und milder friedenbringender Versöhnung, die nicht eher ruht, bis sie den Liebesbogen zwischen Himmel und Erde gespannt hat …

Seuses Leben fällt in eine Zeit politischer und geistiger Unruhe und religiöser Gärung, die auch vor den Klöstern nicht haltmachte. In dem Streit Ludwigs von Bayern mit dem Papste waren die papsttreuen Dominikaner sogar gezwungen, für Jahre das Inselkloster zu Konstanz zu verlassen und in der Verbannung zu leben. Obwohl Seuse als einer der begabteren Ordensbrüder von seinen Oberen sogar auf die Ordenshochschule nach Köln geschickt wurde, wo er zu den Füßen Meister Eckharts saß, hat er, von gelegentlichen Anspielungen abgesehen, nicht unmittelbar in den Streit um die brennenden kirchlichen und politischen Fragen eingegriffen. Dazu war er viel zu sehr umstellt von den Schwierigkeiten und Hindernissen seiner persönlichen Entwicklung.

Erst nach langen Jahren inbrünstigen Suchens nach der Gnade, nach Jahren des Zweifels, der Niedergeschlagenheit und strengster körperlicher Askese fühlte er sich – etwa um sein 40. Lebensjahr – gefestigt genug, um als Seelsorger aus der klösterlichen Zurückgezogenheit hervorzutreten. Sein Wirken entspringt dem heißen Verlangen, die mühsam an sich selbst gewonnene Erfahrung des Heilsweges allen „anvahenden menschen" mitzuteilen. Seuse, dem vor allem die Seelsorge in den Frauenklöstern seines Ordensbezirks oblag, übte auf die Gemüter eine außerordentliche Wirkung aus. Doch sind auch diesem reinen und edlen

372

Menschen Anfeindungen und gehässige Verleumdungen nicht erspart geblieben; auch an ihnen hat er die Demut, Leidenskraft und Standhaftigkeit echten Christentums bewährt. Sicher überliefert ist sein Todestag: Er starb am 25. Januar 1366 zu Ulm."

So begann ein langsames, aber stetiges Vertrautwerden mit dem Menschen und Mystiker Heinrich Seuse, in dem ich – wie es in jener Altersstufe nicht selten üblich ist – so manches von mir selbst zu entdecken glaubte: „Es hatte sich ein wildes Gemüt bei seiner ersten Auskehr aus sich selbst verirrt in die Wege der Ungleichheit." Damit beginnt das erste Kapitel des „Büchleins der Ewigen Weisheit". Und war es nicht meine Stimme, die dann weiter sprach: „Liebster Herr, mein Gemüt hat seit Kindestagen irgend etwas mit dürstendem Verlangen gesucht; Herr, aber was es ist, das habe ich noch nicht vollkommen begriffen. Herr, ich habe ihm viele Jahre heftig nachgejagt, und es konnte mir doch nie recht zuteil werden, denn ich weiß nicht recht, was es ist, und es ist doch etwas, das mein Herz und meine Seele an sich zieht und ohne das ich niemals recht zur Ruhe kommen kann"?

So war es zunächst der suchende und ringende Seuse, in dem ich mich wiederfand, bald aber auch der leidende. Wie tröstlich klangen in dem immer härter spürbar werdenden Kriegsgeschehen seine Worte, zum Beispiel aus dem Kapitel „Vom unermeßlichen Adel zeitlichen Leidens"! Als die Kampfhandlungen an der Oder im Februar 1945 zum Verlassen der Heimat zwangen und damit zum Abschied nicht nur von lieben Menschen, sondern auch von liebgewonnenen Dingen, zu denen auch meine Bücher gehörten, da mußten Novalis und Rilke zurückbleiben, ebenso Buddha und Laotse. In dem spärlichen Fluchtgepäck fand neben dem Neuen Testament und Johannes Pfeiffers „Anfechtung und Trost im deutschen Gedicht" nur das „Büchlein der Ewigen Weisheit" Platz.

Die völlig veränderte geistige Situation der Zeit der ersten Nachkriegsjahre erlaubte philosophische und literarische Begegnungen, die vorher nicht oder nur im geheimen möglich gewesen waren, unter anderem mit dem Existentialismus, zumal in seiner nihilistischen Ausprägung. Was bei einer solchen Begegnung erfahren wurde, war allerdings weithin die Widerspiegelung und Verdeutlichung eigener Problematik, deren Klärung und Lösung damals auch ein Seuse-Wort mit ermöglicht hat, das

auf seine Weise half, den endgültigen Sprung
in den Glauben zu tun: „Die tiefste Gelassenheit ist Gelassensein in Verlassenheit" (aus
dem 9. Kap. „Warum sich Gott seinen Freunden
oft nach Herzenslust entzieht und woran man
seine wahre Gegenwart erkennt").

Wenige Jahre später – zu Beginn des Theolo-
giestudiums – stieß ich auf die Vita, das „Leben" des Seligen, das heißt: auf seine Autobiographie, der ja als solcher in der deutschen
Literaturgeschichte eine besondere Stellung
zukommt (ohne hier die Frage nach der Redak-
tionsgeschichte dieses Werkes beziehungsweise nach dem Anteil Elsbeth Stagels, der
geistlichen Tochter Seuses im Kloster Töß bei
Winterthur, erörtern zu wollen). Wenn Seuses
„Leben" gleichsam die exemplarische Veran-
schaulichung seiner Lehre vom geistlichen
Weg ist, dann mußte der junge Theologe, der
sich für den geistlichen Weg des Priestertums
entschieden hatte, darin Bestärkung und Weg-
weisung finden. Da war es vor allem im 3. Kapitel Seuses Vermählung mit der Ewigen Weisheit als die ihm eigene Form der Logos-Mystik,
die in ihrem universalen Charakter für die Beziehung zu Christus ganz neue Dimensionen
erschloß:

„Eines Tages las man bei Tisch Worte der Weisheit vor, von denen sein Herz bis in den Grund bewegt ward ... Da gedachte er bei sich: Wie ist das doch wahr! und sprach ohne Zaudern zu sich selbst: ‚Wahrlich, so muß es recht sein! Sie muß mein Lieb und ich ihr Diener werden!' Und er dachte: Ach, Gott, könnte ich mein Lieb nur einmal sehen und das Wort an sie richten. Ach, wie mag es doch aussehen, das so viel erfreuliche Eigenschaften in sich birgt? Ist es Gott oder Mensch, Frau oder Mann, Erleuchtung oder Wissenschaft oder was sonst? Und soweit er sich aus den erklärenden Auslegungen der Schrift mit seinen inneren Augen ein Bild von ihr machen konnte, erschien sie ihm in folgender Weise: Sie schwebte hoch über ihm auf einem Wolkenthron, strahlte wie der Morgenstern, glänzte wie die blinkende Sonne; ihre Krone war Ewigkeit, ihr Gewand Seligkeit, ihr Wort Lieblichkeit, ihre Umarmung alles Verlangens Stillung. Sie war fern und doch nahe, hoch und niedrig, gegenwärtig und doch verborgen. Sie ließ mit sich umgehen, doch ergreifen konnte sie niemand. Sie überragte die höchste Höhe des Himmels und berührte Gottes tiefsten Abgrund; sie dehnte sich kraftvoll von Ende zu Ende und ordnete alles in Güte. Glaubte er, ein schönes Edelfräulein vor sich zu sehen, geschwind erblickte er einen stolzen Junker; ihr Gebaren war jetzt das einer weisen Meisterin, dann das eines schönen Liebs. Gar gütig neigte sie sich zu ihm hernieder, grüßte ihn gar freundlich und sprach liebreich zu ihm: ‚Mein Kind, gib mir dein Herz!' ...

In der Folge, wenn er irgendeinmal in seinen Gedanken bei der Lieblichen war, kam eine innerliche Frage

376

an sein liebebedürftiges Herz, und die war so: ‚Ach, mein Herz, sieh, woher kommt alle Liebe, alle Wohlgefälligkeit? Woher Schönheit und Zierde, herzliches Wohlgefallen und Lieblichkeit? Kommt es nicht aus dem hervorströmenden Quell der lauteren Gottheit? Wohlauf denn, mein Herz, mein Sinn und mein Verlangen! Hinein in den unergründlichen Abgrund aller lieblichen Dinge! Wer könnte mich daran hindern? Ach, heute noch will ich dich nach meines glühenden Herzens Sehnsucht umfassen!' Und dann strömte – ich weiß nicht, wie – in seine Seele der Urquell alles Guten, in dem er auf geistige Weise alles erfuhr, was schön, lieblich und begehrenswert ist, und das in unbegreiflicher Weise.

Solch Erleben ward ihm zur Gewohnheit."

Es bedurfte allerdings vieler Jahre, bis aus der erneuten Beschäftigung mit der Vita deutlich wurde, daß die Echtheit und damit Dauerhaftigkeit solch beseligender Christus-Erfahrungen an ein Zweifaches gebunden ist, nämlich erstens an die Erprobung und Läuterung durch das Leid und zweitens an die Übung; Leid hier nicht so sehr im allgemeinen Sinn, von dem bereits die Rede war, als vielmehr in dem besonderen von Ungerechtigkeit und Verdemütigung!

Was die oben mitgeteilte Lebensskizze nur kurz andeutet, daß nämlich Seuse Anfeindung und gehässige Verleumdungen nicht erspart geblieben sind, durchzieht schicksalhaft in vielfacher Form seine Lebensgeschichte. Herausragend sind dabei der Häresie-Verdacht als Schüler Meister Eckharts, was zu seiner Absetzung als Lektor im Konstanzer Kloster führte, und die Verleumdung, Vater eines unehelichen Kindes zu sein, was wohl die Entfernung als Prior und die Versetzung nach Ulm mit sich brachte. Beide Anschuldigungen wurden später – auch offiziell – als vollkommen haltlos erwiesen. Wie Seuse mit ihnen innerlich fertig wurde, gehört zu den bewegendsten Kapiteln seines „Lebens".

Es geht aber Seuse nicht nur um die Läuterung im Leid, sondern – eng damit verbunden – um die bewußte Einübung in die Gelassenheit und mystische Schau, und damit auch um das, was wir heute „Meditation" nennen: die Kunst des Sich-Versenkens. Von ihr ist ja zur Zeit vielerorts die Rede, gerade auch im Hinblick auf die Frage nach dem Beitrag der christlichen Überlieferung! Was hatte mir Seuse hier zu sagen?

Nach fast zwei Jahrzehnten klösterlichen Lebens war es mir vergönnt, im Fernen Osten noch einmal intensiv – zwei Monate lang – den

378

Erfahrungen Buddhas und Laotses nachzuspüren, die mir schon früh Impulse vermittelt hatten, lange bevor eine grundsätzliche Entscheidung über den geistlichen Weg gefallen war. Kurz vor meiner Abreise nahm ich noch einmal die Schriften Seuses in die Hand, um sie dann einfach auf meinem Schreibtisch liegenzulassen. So waren sie bei meiner Rückkehr das erste Buch, in dem ich las und das mir nun half, die auf meiner nicht nur geographischen, sondern auch geistigen „Morgenlandfahrt" geschöpften Erfahrungen zu verarbeiten. Das tat zunächst vor allem das „Büchlein der Wahrheit", das der junge Seuse einst als sehr behutsame Verteidigungsschrift für Meister Eckhart verfaßt hatte, der ja sein Lehrer gewesen war. Seine auf nur sieben kurze Kapitel verteilten Erwägungen über das Nichts des Menschen und das Nicht Gottes, über wahre und falsche Gelassenheit, über wahre Einkehr und falsche Freiheit, bekamen auf dem Hintergrund meiner Morgenlandfahrt so unerwartet klare und wegweisende Konturen, daß sie für die Zuordnung christlicher und außerchristlicher Meditation außerordentlich hilfreich wurden. Dazu kamen die gedankentiefen Ausführungen der letzten acht Kapitel des zweiten Buches der Autobiographie, die sich insgesamt an Elsbeth Stagel richten und auf eine Reihe ihrer Fragen Antwort geben. Unter ihnen befindet sich als das 49. Kapitel eine Zenturie, eine Hundertspruchlehre nach Art der frühen Mönchsväter. Evagrius Ponticus (✝ 399) war der erste, der diese literarische Form in die geistliche Unterweisung des Christentums einführte. Sie war beliebt vor allem in der Ostkirche, und zwar im Bereich dessen, was wir den Hesychasmus und die Kunst des Immerwährenden Herzensgebetes, des Jesus-Gebetes, nennen. So finden sich auch mehrere Zenturien in der „Philokalie", die in den „Aufrichtigen Erzählungen eines russischen Pilgers" so oft erwähnt wird. Die durch die gleiche äußere literarische Gestalt angedeutete innere Verbindung zwischen dem Weg Seuses und dem des Hesychasmus kann an dieser Stelle nicht weiter ausgeführt werden. Für mich jedenfalls schloß sich damit in etwa der Kreis geistlicher Erfahrung trotz aller Verschiedenheit des Ansatzes und der Ausdrucksform: Seuses Geleit begegnete sich mit dem der ostkirchlichen Meister ...

Die Zenturie Seuses ist eine Zusammenfassung seiner geistlichen Lehre. Einige Sprüche daraus mögen das deutlich machen:

„Wer der tiefsten Innerlichkeit angehören will, muß sich aller zerstreuenden Vielheit entschlagen. Er muß auf all das verzichten, was das Eine nicht ist."

„Wenn ich mich als das Eine, das ich sein soll, und als das All, das ich sein soll, finde, welche Lust kann dann noch größer sein?"

„Im Inneren des Menschen gibt es irgend etwas Einfaches; da liebt der Mensch nicht die Gegenwärtigkeit des Bildes, sondern das ist dort, wo der Mensch und er selbst und alle Dinge eins sind, und das ist Gott."

„Halte dich innerlich und erzeige dich dem Nichts gleich: andernfalls wirst du zu leiden haben."

„Ein gelassener Mensch muß dem Geschöpflichen entbildet, in Christus gebildet und in der Gottheit überbildet werden."

„Was ist das geringste Hindernis? Ein Gedanke. Welches das größte? Daß die Seele unter der Herrschaft ihres Willens bleibt."

„Verschließe deinen Sinn vor allen gegenwärtigen Formen; entledige dich all dessen, was die ausschauende Einsicht auswählt, den Willen verstrickt und der Erinnerung Freude bereitet."

„Kehre in dich zurück, wende dich wieder und wieder in deine innere Einmütigkeit und erfreue dich an Gott."

„Bleibe fest und sei niemals zufrieden, bis du in dieser Zeitlichkeit das gegenwärtige Jetzt der Ewigkeit er-

381

langst, soweit das menschlicher Schwachheit möglich ist."

In diesen kurzen Aussagen sind wesentliche Momente des Meditierens klar zu erkennen. Zu ergänzen wäre, daß – vor allem in Seuses „kleinem Briefbüchlein" – der Gestalt Jesu Christi die zentrale Stellung im Meditationsgeschehen zukommt:

„Da aber die Seele durch des beschwerlichen Leibes Schwäche dem lauteren Gut in unbildlicher Weise nicht unvermischt anzuhängen vermag, muß sie etwas Bildhaftes haben, was sie wieder dorthin zurückführt, und das beste dazu ist nach meinem Verständnis die liebliche Gestalt Jesu Christi. Denn da hat man Gott und Mensch, man besitzt den, der alle Heiligen geheiligt hat ... Und wenn ein Mensch gemäß diesem selben Vorbild gestaltet wird, wird er dann durch Gottes Geist in des himmlischen Herrn göttlicher Herrlichkeit umgestaltet von Klarheit zu Klarheit, aus der Klarheit von Christi zarter Menschheit zur Klarheit seiner Gottheit. Je häufiger wir ihn mit sehnenden Augen liebend betrachten und unser ganzes Leben nach ihm gestalten, um so edler werden wir uns in Ewigkeit seiner wesenhaften Seligkeit erfreuen" (10. Brief).

Wer, durch diese Zeilen angeregt, Seuse persönlich in seinen Schriften begegnen möchte, der sei hier auf die Neuausgabe hingewiesen: Heinrich Seuse, Deutsche mystische Schriften.

382

Aus dem Mittelhochdeutschen übertragen und herausgegeben von Georg Hofmann. Mit einer Hinführung von Emmanuel Jungclaussen. Düsseldorf: Patmos Verlag 1986 (Nachdruck der 1. Auflage von 1966), 436 Seiten.

# Ein anspruchsvolles Meditationsbuch, das tiefer in den Vollzug des Glaubens führt

Emmanuel Jungclaussen
## Schritte in die innere Welt
Geistliche Übungen

272 Seiten, gebunden mit Schutzumschlag
ISBN 3-451-22417-8

Schritte in die innere Welt, das bedeutet, sich auf den Weg des Meditierens zu begeben. Dieser Weg zur Mitte des Menschen bedarf der stetigen Übung. Hierfür Anleitung und Begleitung zu geben, ist das Anliegen dieses Buches. So bietet es Hilfe für Stunden der Stille und Tage der Einkehr. Es geht um die zentrale Übung des Sich-Versenkens oder auch des inneren Gebets; aber nicht isoliert für sich, sondern das ganze Leben soll zur Übung, zu einem inneren Weg werden. Schritt für Schritt wird dieses Übungsbuch zu einem Lebensbuch.

**Verlag Herder Freiburg · Basel · Wien**